Lk² 1394

Par l'Abbé Papon.

VOYAGE
LITTÉRAIRE DE PROVENCE;

Contenant tout ce qui peut donner une idée de l'état ancien & moderne des Villes, les Curiosités qu'elles renferment ; la position des anciens Peuples, quelques Anecdotes littéraires, l'Histoire-Naturelle, les Plantes, le Climat, &c. & cinq Lettres sur les Trouveres & les Troubadours.

PAR M. P. D. L.

A PARIS,

Chez BARROIS l'aîné, Libraire, Quai des Augustins.

―――――――――

M. DCC. LXXX.
Avec Approbation, & Privilege du Roi.

A MONSIEUR,
FRERE DU ROI.

MONSEIGNEUR,

En faisant paroître sous vos auspices le Voyage Littéraire de Provence, je rappelle au Public que c'est à votre amour pour les Lettres qu'il est redevable de l'Histoire générale de cette Province.

ÉPITRE.

Il est des bienfaits, Monseigneur, dont le souvenir est aussi borné que les avantages momentanées qu'ils procurent. Mais faire débrouiller les annales d'une grande Province, pour mettre sous les yeux de tout un Peuple l'expérience des siecles passés; pour éclairer les Savans sur l'antiquité, les villes sur leurs prérogatives, l'ancienne noblesse sur l'éclat de son origine; c'est une de ces faveurs dont l'utilité se perpétue d'âge en âge, & transmet à tous les siecles le nom chéri du Bienfaiteur.

Si les braves Chevaliers qui suivirent Charles d'Anjou à la conquête de Naples, pouvoient être encore sensibles à la gloire, ils joindroient leur reconnoissance à la nôtre; & la récompense la plus flatteuse de leurs exploits, ce seroit de voir leurs noms tirés de l'oubli par la protection d'un Fils de France,

ÉPITRE.

en qui ils trouveroient réunies les qualités qu'ils chérissoient dans les siecles de la chevalerie, & des connoissances qu'on admire dans le nôtre.

Je suis, avec un très profond respect,

MONSEIGNEUR,

Votre très-humble & très-obéissant serviteur,

P. D. L.

PRÉFACE.

Il nous a paru que dans un siecle où tant de personnes voyagent, ce seroit leur rendre service que de rassembler dans un volume les connoissances qu'elles doivent avoir sur la Provence, & qu'elles n'auroient ni la patience ni le loisir de se procurer. Nous les présentons au Public avec d'autant plus de confiance, que nous croyons pouvoir répondre de leur exactitude. Elles sont le résultat d'un très grand nombre de recherches. Quelques-unes même sont déjà consignées dans le premier tome de l'Histoire générale de Provence, avec cette différence qu'on les trouvera ici dépouillées de tout ce que les analyses de la critique ont de plus rebutant pour le commun des Lecteurs. Là nous prouvons tout ce qui a rapport à la géographie ancienne, aux antiquités, à l'histoire; ici nous nous bornons à l'indiquer : & peut-être trouvera-t-on par la maniere dont les choses sont fondues, que celles mêmes, que nous avons traitées ailleurs, ont dans ce voyage l'intérêt de la nouveauté.

Au reste, nous n'avons pas la foiblesse de croire que tout est beau dans le Pays que nous habitons. La Provence n'a qu'une grande ville, qui est Marseille, singuliérement intéressante par ce mouvement que le commerce maritime imprime à un peuple dont le caractere est déjà si bouillant, & le génie si actif. Après ce coup-d'œil on ne trouve à Marseille ni Palais, ni Eglises, ni places publiques, qui méritent l'attention du voyageur. Mais la moitié de la ville est très bien bâtie & frappe par la beauté des rues :

PRÉFACE.

on ne se détourne point pour aller voir à Arles quelques restes de la grandeur romaine. Aix, si vous en exceptez le cours, le baptistaire, &, pour les amateurs de peinture, quelques tableaux dans des Eglises ou chez des particuliers, n'offre aucune des curiosités qu'on recherche. Toulon n'a que les Forts, l'Arsenal & la caisse pour la construction des vaisseaux; Fréjus quelques restes d'antiquités pour lesquels rarement on s'arrête; parcequ'on ne les connoît pas: on arrive à Antibes, où l'on sent en arrivant le besoin de s'embarquer; on fait voile, & l'on croit avoir vu la Provence dans quinze jours.

Les autres provinces du royaume, nous osons le dire, n'offrent rien de plus remarquable en apparence; & beaucoup de voyageurs font le tour de la France dans moins de six mois, sans être plus instruits au terme de leur voyage que le jour du départ. Heureux encore, si la plupart ne revenoient pas chez eux avec des remords & quelques ridicules de plus !

Pour nous qui ne croyons pas que ce qu'il y a de plus intéressant dans une Province soient les grandes villes, les places, les édifices publics, ni même les tableaux & les statues, nous avons réuni, dans cet Ouvrage, tout ce qu'un homme éclairé doit être jaloux de savoir, soit qu'il voyage en Provence, soit qu'il cherche à connoître cette Province par le secours des livres sans sortir de son cabinet.

Nous avons rapproché la géographie ancienne de la géographie moderne, de maniere qu'en traversant des villes, des bourgs, des villages, qui paroissent dénués d'intérêt, on aura peut-être un plaisir secret à se rappeller qu'il y

PRÉFACE.

paſſoit une voie romaine; qu'elle fut rétablie ſous tel Empereur; qu'on y découvre encore l'inſcription milliaire; qu'avant les Romains c'étoit un canton habité par un tel Peuple, que ces vainqueurs le défricherent, qu'ils y remporterent une victoire, y bâtirent une ville, & la décorerent de divers établiſſements dans l'ordre civil & dans l'ordre de la Religion; qu'enfin, cette ville fut gouvernée par des Magiſtrats dont les fonctions ont encore pour nous quelque choſe d'intéreſſant, &c. Nous y ajoutons enſuite tout ce qui peut en faire connoître l'état actuel, & les curioſités.

Nous citons quelquefois, mais rarement & ſans affectation, un trait remarquable, lorſqu'il regarde un homme fameux, un littérateur célebre, un militaire distingué. S'il se présente quelqu'anecdote de Troubadour à rapporter, quelque usage à rapprocher des usages anciens, nous tâchons de les répandre dans l'Ouvrage avec ce discernement qui fait éviter d'un côté la sécheresse, & de l'autre la satiété.

Un voyageur qui se borneroit à ces connoissances, n'auroit, suivant nous, qu'une idée imparfaite de la Provence. Il est juste qu'il en connoisse le climat & les productions; puisque c'est par-là surtout qu'elle est célebre dans le reste de la France & chez l'Etranger. Il faut aussi qu'il ait une idée de l'organisation des montagnes, dont cette Province est hérissée; des plantes qu'elle produit; des fossiles qu'elle renferme; des révolutions physiques qu'elle a éprouvées. Ces différents objets réunis dans notre Ouvrage, seront tout autant de voix qui s'éleveront sur la route du voyageur pour l'instruire; & tel endroit, qui, sans le secours de nos recherches, n'auroit été qu'un endroit affreux & stérile, s'animera d'orénavant, & fera parler la nature & l'histoire. L'article des fossiles est beaucoup plus étendu & plus détaillé dans cet Ouvrage que dans le premier tome de l'Histoire de Provence; nous osons même dire qu'il paroîtra neuf: nous y avons ajouté la description de quelques lieux pittoresques, & des observations qui en releveront l'intérêt.

On nous reprochera peut-être de n'avoir point indiqué les cabinets de livres, de tableaux, d'estampes & d'Histoire-naturelle, qui se trouvent chez des particuliers, soit à Marseille, soit à Arles, soit à Aix: mais ces cabinets changent souvent de maître: nous aurions pu en oublier quelqu'un; il falloit d'ailleurs en parler avec la distinction que le mérite du choix doit y faire mettre : l'oubli même auroit pu passer pour une omission volontaire; ainsi nous avons cru devoir négliger un article auquel il est aisé de suppléer en arrivant dans une ville par les renseignemens qu'on peut se procurer chez le premier Libraire.

Nous ne dirons rien non plus des mœurs des Provençaux. Il ne faut pas qu'un voyageur se promette d'avoir une idée juste du génie du Peuple chez lequel il voyage. C'est un privilege réservé aux personnes en place, qui sont nées dans le pays ou qui y habitent depuis long-temps. Encore faut-il que ces personnes aient un coup-d'œil qui n'est pas donné à tout le monde. Nous nous permettrons seulement une réflexion que nous soumettons volontiers au jugement des lecteurs. Le caractere des Provençaux nous paroît être la nuance par laquelle l'esprit humain passe des modifications, que les causes physiques & morales lui donnent en Italie; à celles que d'autres causes morales & physiques lui donnent en France; de maniere que les Provençaux participent du caractere des deux nations.

Nous avons également omis ce qui regarde les habillemens, les coëffures, les danses, quelques mets particuliers, champ fertile où l'imagination de l'Ecrivain s'égaie ordinairement pour réveiller l'attention du lecteur. Ce n'est pas au reste que nous ayons cru devoir faire ce sacrifice uniquement par bienséance; c'est que des sujets pareils, décrits exactement, ont rarement de l'intérêt.

Auſſi la plupart des Ecrivains, en les traitant, ſe plaiſent-ils à donner un libre eſſor à l'eſprit, à défigurer la vérité, en relevant par des deſcriptions brillantes des choſes très ſimples en elles-mêmes; en donnant un air ſingulier à des objets frivoles qui n'ont rien que de commun. Il en eſt auſſi qui recueillent quelqu'anecdote piquante, quelqu'aventure extraordinaire, & ils vous les font regarder comme des choſes qui ne ſont point rares chez le Peuple dont ils parlent; ils vous les donnent comme des traits qui tiennent au caractere national. Si l'on vouloit ſuivre cette méthode, en parlant de la Provence, où d'un côté le commerce maritime, & de l'autre la vie retirée & frugale des gens de la montagne, mettent tant de différence dans les uſages, combien ne trouveroit-on pas en

PRÉFACE. xvij

fait d'habillemens, de coëffures, de danfes & de mets, en fait d'anecdotes même, de modeles propres à être ornés & à figurer dans un Ouvrage uniquement fait pour amuſer? Cette reſſource peut être bonne pour un Auteur, qui parle d'un pays éloigné, où peu de gens vont le prendre en défaut: mais elle ne fert de rien quand il s'agit d'une Province, où une infinité de perſonnes abordent, & où le gouvernement donne aux habitants à-peu-près le même ton & le même caractere qu'aux autres habitants du royaume. Nous laiſſerons au voyageur le plaiſir de remarquer lui-même les uſages qui le frapperont davantage; nous ferons ſeulement connoître ceux qui méritent une attention particuliere, ſoit parcequ'on ne les trouve point ailleurs, ſoit parcequ'ils tiennent à des uſages anciens, ou à des usages qui regnent encore en Italie.

Un article plus intéressant, parcequ'il est vraiment utile par son objet, & qu'il porte sur des notions plus sures, est l'administration de la Province. Il n'est pas long, & il ne doit pas l'être; mais il l'est tout autant qu'il faut pour donner au lecteur des idées claires sur cette importante matiere.

Nous terminerons cet Ouvrage par cinq Lettres sur les *Trouveres* & les *Troubadours*, dans lesquelles nous examinerons si les Trouveres, c'est-à-dire, si les premiers Poëtes, qui ont écrit en françois, doivent être regardés comme les Restaurateurs de la poésie moderne, & comme les modeles sur lesquels les Poëtes des autres nations se sont formés. C'est une gloire qu'on avoit attribuée jusqu'à présent aux Trou-

PRÉFACE.

badours, c'est-à-dire aux Poëtes Provençaux, & c'est pour la leur conserver, que nous avons fait ces lettres. Comme elles serviront à donner une idée de l'ancienne Littérature provençale, il est tout naturel de les insérer dans un Ouvrage qui a pour objet de faire connoître la Provence.

Nous mettons à la fin du volume quelques inscriptions intéressantes que nous avons découvertes depuis peu, & le nombre des postes d'un endroit à l'autre.

N. B. Par-tout où je parle de la lieue, j'entends la lieue de Provence, qui est d'un peu plus de trois mille toises.

VOYAGE

VOYAGE LITTÉRAIRE DE PROVENCE.

La Provence est de toutes les Provinces du royaume la plus méridionale & une des plus intéressantes à connoître par son commerce & ses productions, & par les différents objets de curiosité qu'elle renferme.

Bornée au nord par le Dauphiné; au levant par les Alpes & par le Var, qui la séparent des états du Roi de Sardaigne; au midi par la Méditerranée; au couchant par le Rhône, qui lui sert de limites avec le Languedoc; elle a du midi au nord quarante lieues d'étendue, & trente-deux du levant au couchant.

A

État de la Provence, 1°. avant la fondation de Marseille.

Il est inutile de chercher à savoir ce qu'étoit cette Province dans les tems les plus reculés : nous n'avons aucun monument qui remonte à sept cents ans avant J. C. Tout ce qu'on peut raisonnablement conjecturer, c'est que la partie Méridionale fut habitée la premiere ; parceque la facilité de la pêche, la douceur du climat, & la fertilité du sol, fixerent les premiers hommes qui y aborderent ; au lieu que la partie Septentrionale n'eut des Habitans qu'après qu'une nombreuse population les eut forcés d'abandonner les bords de la mer.

Je ne dirai rien non plus de leurs mœurs ; la Provence étant séparée de l'Italie par des montagnes inaccessibles, & de la Grece par une mer orageuse, fut inconnue aux Ecrivains qui précéderent la conquête des Gaules par les Romains.

Les côtes seules furent connues des anciens Navigateurs ; mais cette découverte fut faite par des Pirates qui n'y trouverent que des Pirates comme eux, & qui ne pouvoient enrichir l'Histoire par leurs relations, quand même il y auroit eu des Historiens attentifs à les recueillir. Tout ce qu'on peut dire de plus probable, c'est que les Habitans n'avoient ni Villes, ni Arts, ni Police; qu'ils ne connoissoient d'autre loi que la force; d'autre regle que le besoin. Ceux qui habitoient les côtes, & qu'on appelloit *Liguriens*, vivoient de la pêche & de la piraterie; deux professions, dont l'une excluoit l'amour du travail, & l'autre la bonne foi & l'humanité.

Les Habitans des montagnes, errants & chasseurs, toujours en guerre avec les bêtes fauves, disputoient avec elles de courage & de férocité.

Dans la moyenne région de la Provence on étoit moins grossier: le sol & le besoin invitant à la culture des plantes annuelles, on avoit quelque idée de la propriété; & cette idée, toute confuse qu'elle étoit, en suppose beaucoup d'autres. Ils habitoient sous des cabanes éparses, grossiérement construites, & couvertes de terre grasse & de roseaux. Ce furent les Phocéens, fondateurs de Marseille, qui leur apprirent à se rassembler dans des Villes, à cultiver la vigne & l'olivier, & une infinité d'arbres fruitiers, avec beaucoup d'especes de légumes apportés de la Grece.

A ij

2°. Après la fondation de Marseille.

Alors on vit naître des besoins, des intérêts & des vices inconnus auparavant: il fallut avoir des arts méchaniques pour cultiver la terre; des loix pour régler les différentes manieres de posséder & d'acquérir; une Police pour contenir des hommes réunis dans la même enceinte: Les Marseillois ayant éclairé les Provençaux sur tous ces objets; les mœurs commencerent à s'adoucir & la Province se peupla; car, il ne faut pas s'imaginer que la population soit nombreuse chez des Sauvages: elle tient plus à la société qu'à la nature; & si les hommes se multiplient, c'est lorsque le commerce, l'agriculture & les arts les mettent en état de se défendre & de se secourir mutuellement. Ces causes de la population n'existoient pas dans les Gaules six cents ans avant J. C., c'est-à-dire du tems de la fondation de Marseille. Les Habitants passoient six mois de l'année dans une profonde oisiveté; consumant le peu de provisions qu'ils avoient recueillies sur la fin de l'été, & qui consistoient en bled & en légumes: encore ces légumes n'étoient-ils pas aussi multipliés qu'ils le sont aujourd'hui; nous en connoissons un grand nombre de variétés

H. de Pr. t. 1. p. 103 & 561.

qui n'exiſtoient pas dans les Gaules à l'époque dont nous parlons: ainſi, retranchons des productions de la terre alors connues, tous les arbres étrangers, dont nous donnerons ci-après un notice, le vin & les trois quarts de légumes; retranchons encore les productions que le commerce nous procure, & nous verrons que les Provençaux & les autres Gaulois étoient, en ces tems reculés, dans le même état à-peu-près où ſont aujourd'hui quelques Peuples de l'Amérique: de-là venoient ces émigrations fréquentes dont l'Hiſtoire fait mention, & qu'il ne faut attribuer qu'à la miſere.

Ce qui contribua réellement à civiliſer les Provençaux, ce furent les colonies Marſeilloiſes fondées ſur la côte pour faire le commerce. Elles animerent inſenſiblement l'agriculture & l'induſtrie, & tranſmirent aux Peuples voiſins avec les arts de premiere neceſſité, quelques opinions & quelques uſages d'une origine grecque, les caracteres grecs pour l'écriture, & pluſieurs cérémonies religieuſes que le gouvernement romain ne put faire oublier. Telle étoit par exemple celle que Valere Maxime remarqua

A iij

dans quelques Villes voisines de Marseille ; les Habitants prêtoient de l'argent dans ce monde pour en retirer le paiement dans l'autre ; ils enterroient avec les cendres des morts les comptes arrêtés & les obligations, par une superstition grossiere dont les simples étoient la dupe au profit des gens rusés. Cette pratique tenoit au systême de la Métempsycose, & avoit une origine étrangere, ainsi que les Divinités adorées par les Gaulois avant qu'ils passassent sous la domination romaine.

Ce fut 166 ans avant J. C. que les Romains, invités par les Marseillois leurs Alliés, entreprirent de porter les armes en-deçà des Alpes. Ils dominoient déjà dans toute l'Italie, depuis la Sicile jusqu'à Gênes, & il ne leur restoit plus à soumettre que les Liguriens qui habitoient le long de la mer entre cette Ville & le Var. Ces Barbares, maîtres de tous les passages, pouvoient arrêter une armée dans les montagnes, tandis qu'avec leurs barques ils infestoient les mers, & troubloient la navigation. Quoiqu'ils ne manquassent ni de résolution ni de courage, ils n'attaquoient jamais en bataille rangée : une action générale leur eût été trop désavantageuse ; ils se tenoient dans les défilés, dans les bois, derriere les rochers, & tomboient sur les ennemis brusquement & avec beaucoup d'impétuosité : leurs femmes les suivoient dans leurs brigandages ; car chez eux, dit un ancien, les hommes ont la force des animaux, & les femmes celle des hommes, dont elles partagent les fatigues & les travaux. Il fallut donc les aller chercher dans des cavernes, dans les bois, sur des rochers, pour les combattre : cette poursuite avoit plutôt l'air d'une chasse que d'une guerre. Ce ne fut qu'avec beaucoup de peine que les Romains vinrent à bout de les soumettre, & de se frayer un chemin à travers leur pays, pour venir dans les Gaules. Ils passerent le Var, environ dix ans après ; & enfin ils furent maîtres de tout le pays aujourd'hui compris dans la Provence, 124 ans avant J. C.

Les Colonies que ces Conquérans fonderent, l'administration qu'ils y établirent, & cette politique constante qu'ils eurent d'altérer le caractere d'un peuple conquis, & de lui faire adopter leurs loix, leur religion, leurs usages & leurs mœurs, changerent en peu de

3°. Sous les Romains.

A iv

temps la face de la Province. Les habitants, devenus sujets d'un grand Empire, sentirent leur ame s'élever. Animés du desir de la gloire, ils se livrerent à l'étude des connoissances humaines, dont Marseille étoit devenue le berceau ; &, sous l'empire de Claude, on auroit dit, suivant Tacite, qu'ils étoient nés à l'ombre du Capitole : Pline lui-même assure que, de son temps, la Province Narbonnoise étoit si bien cultivée, ses campagnes si agréablement ornées, ses habitants si polis, qu'on l'auroit prise pour une portion de l'Italie : il est du moins certain qu'on ne la regardoit pas comme une Province étrangere : les Sénateurs Romains, qui en étoient originaires, pouvoient y venir sans congé, quoiqu'il leur fût expressément défendu de quitter l'Italie sans la permission de l'Empereur.

Au reste, cet Etat florissant ne fut, pour ainsi dire, qu'éphémère. Les liaisons intimes que la Provence avoit avec l'Italie ; le commerce qu'elle faisoit avec les Grecs & les Africains, la livrerent aux vices des Nations étrangeres : d'un autre côté, l'Empire Romain touchoit à sa décadence. La Provence partagea ses vicissitudes & ses pertes : placée entre l'Italie & les Gaules, elle fut en proie à tous les partis qui se formerent en-deçà des Alpes. Les Bourguignons s'emparerent de la partie occidentale jusqu'à la rive gauche de la Durance en 474; les Ostrogoths occuperent le reste en 480 ; enfin, les François en chasserent ces Peuples, & furent absolument maîtres de cette Province par la cession que leur en fit l'Empereur Justinien en 536.

Ce fut alors qu'elle prit le nom de *Provincia*, d'où est venu celui de *Provence*. Sous les Gaulois elle n'avoit point de nom qui lui fût propre : sous les Romains, elle fut d'abord comprise dans la *Province Romaine*, ensuite, du temps d'Auguste, dans la Province Narbonnoise, qui renfermoit le Languedoc, le Vivarais, la Savoie & le Dauphiné. Enfin, quand on fit la troisieme division des Gaules, vers l'an 368 de J. C., la Provence forma la Narbonnoise seconde : depuis lors elle n'a plus souffert de division ; mais elle a été restrainte dans des limites plus étroites par la perte d'Avignon & du Comtat Venaissin, qui ont passé sous la domina-

A v

tion de la Cour de Rome; & par le démembrement du Comté de Nice qui appartient à la Maison de Savoie.

<small>4°. Sous les Francs.</small> La Provence ne fut point heureuse sous les Francs. Les divisions qui régnoient parmi les Souverains la livrerent au despotisme des Gouverneurs & aux ravages des Normands, des Lombards, des Saxons, des Hongrois & des Sarrazins sur-tout: les excès que ces derniers commirent, servirent de prétexte à Bozon, Gouverneur des Etats de l'Empereur Louis II, en-deçà des Alpes, pour se faire couronner à Mantaille en 879, dans une Assemblée composée des Evêques & des Seigneurs du Pays. Alors commencerent, à proprement parler, les Rois de Provence. Il y en eut trois, qui sont:

Bozon, depuis l'an 879, jusqu'en 887.

Louis, son fils, surnommé l'*Aveugle*, couronné Roi en 890, & Empereur en 901. Il mourut vers l'an 929.

Hugues, son parent, qui gouverna du vivant de Louis, & fut couronné Roi de Lombardie en 929.

Il céda la Provence en 933 à Rodolphe II, Roi de la Bourgogne transjurane.

Hugues ne prit jamais le titre de Roi de Provence, quoiqu'il fît tous les actes de la Souveraineté.

Ce fut ce Rodolphe qui transmit la Provence aux Empereurs ses successeurs. Il établit des Comtes, qui, n'étant d'abord qu'électifs-héréditaires, s'attribuerent ensuite la propriété du fief. Le premier fut Bozon II en 948 ; ses descendants regnerent successivement sur toute la Provence jusqu'en 1054. Cette année ils se la partagerent, & formerent deux Comtés : celui d'Arles passa dans la Maison des Vicomtes du Gevaudan en 1095, & ensuite dans celle de Barcelone en 1112.

Celui de Forcalquier, après avoir été porté par des héritieres dans la Maison d'Urgel en 1093, & dans celle de Sabran vers l'an 1175, fut réuni en 1193 à celui de Provence, qui étoit alors possédé par les Comtes de Barcelone. Ceux-ci finirent dans la personne de Raimond-Berenger IV, mort à Aix le 19 Août 1245, n'ayant que quatre filles.

5°. Sous les Comtes.

Charles d'Anjou, frere de S. Louis, épousa, à la fin de la même année, ou au commencement de la suivante, la derniere des quatre, nommée *Béatrix*, qui étoit l'héritiere; & forma la premiere Maison d'Anjou, qui régna sur la Provence & sur le Royaume de Naples jusqu'en 1382.

La seconde Maison d'Anjou commença la même année, & finit en la personne du Roi René en 1480.

Voilà en abrégé le tableau des révolutions qu'essuya la Provence. Ceux qui les voudront connoître à fond, consulteront l'Histoire de cette Province, où ils les trouveront assez au long. Pour nous, contents de faire connoître la Provence relativement à la Géographie ancienne, aux Antiquités, au Climat, à l'Histoire naturelle, nous ne rapporterons en fait d'Anecdotes historiques, que celles qui pourront répandre quelque variété dans cet Ouvrage. Nous suivrons l'ordre des Dioceses, comme étant le seul auquel on doive s'assujettir dans un sujet tel que celui-ci, où il faut éviter la confusion: nous commencerons d'abord par les Dioceses situés dans l'intérieur de la Provence; nous contihuerons par ceux qui sont le long des côtes, & nous finirons par Glandeves & Senez. Cependant comme Avignon est sur la frontiere, & que la fontaine de Vaucluse attire la plupart des Voyageurs par sa célébrité, nous ferons connoître l'une & l'autre, puisqu'on les trouve sur la route, quand on va de Lyon en Provence.

La ville d'Avignon est fort ancienne; je croirois volontiers qu'il faut en rapporter l'origine aux Gaulois, parceque son nom est dérivé d'un mot Celtique, qui signifie *Riviere*. Quelques habitants de Marseille étant ensuite venus s'y établir pour faire le commerce & pour recevoir les marchandises qu'on leur envoyoit par le Rhône, s'y enrichirent, en attirerent d'autres, & formerent, sinon la plus grande partie, du moins la partie la plus riche des habitants. Delà on a cru qu'Avignon étoit une Colonie Marseilloise; on s'est trompé: les villes que les Marseillois fonderent, avoient un nom Grec, & celle-ci porte un nom Celtique. Elle étoit comprise dans le pays des *Cavares*, qui occupoient ce qui forme les Dioceses de Cavaillon, d'Avignon & d'Orange.

Avignon.

Avignon. M. Pelerin a fait graver des médailles frappées à Avignon. Elles représentent la tête d'un jeune homme couronné de laurier, sans légende, & au revers un sanglier, avec ces lettres grecques: ΑΟΥΕ. Ces lettres ont fait croire que les Marseillois avoient fait frapper ces monnoies; il est plus simple de les attribuer aux Gaulois, car on trouve le Sanglier représenté sur les médailles d'un grand nombre de leurs villes. On sait d'ailleurs que les Gaulois avoient des monnoies: ils y mettoient des caracteres grecs, parceque c'étoient les seuls dont ils se servissent dans les actes publics & sur les monuments, avant que Rome étendît sa domination en-deçà des Alpes.

Les Romains envoyerent à Avignon une Colonie, qui me paroît être du même temps que celle d'Orange & d'Arles, c'est-à-dire, de l'an 48 avant J. C. Ce fut alors que la ville prit une forme nouvelle. Elle étoit bâtie sur le rocher de *Dons*, & défendue par des murailles dont on voit encore des traces dans des maisons de la *petite Fusterie*. On croit que sur le sommet de ce rocher il y avoit un Temple de Diane, bâti en forme de rotonde, incrusté de marbre en dedans, & orné de belles colonnes. On a trouvé tout auprès un piédestal sur lequel étoit l'inscription suivante, en l'honneur d'Hercule, qui paroît avoir eu un Temple en cet endroit. Ce Dieu étoit protecteur de la Ville ; & pour cette raison on lui donne dans l'Inscription le titre d'Avignonois, *Avennico*. Les Habitants lui érigerent, on ne sait quel monument, pour s'acquitter d'un vœu qu'ils avoient fait.

HERCULI AVENNICO
DEO PROTECTORI
C. TUSCILLIUS
PRO CIVIUM AVENNICORUM
SUSCEPTO VOTO
T. M. D. D.

La ville d'Avignon a été plus sujette que beaucoup d'autres aux ravages des Peuples du Nord, qui, vers la fin de l'Empire, passerent de France en Italie, ou qui vinrent d'Italie en France. Ses révolutions furent les mêmes que celles de la Provence ; mais dès l'an 1220 elle se mit sous une espece de gouvernement républicain, qui dura environ 30 ans, & eut, comme les Républiques d'Italie, des Potestats dont nous ferons connoître les fonctions & les prérogatives dans l'histoire où nous donnerons la liste de ses Magistrats.

Les deux feres de S. Louis, Charles d'Anjou & Alphonse de Poitiers, ayant épousé, l'un l'héritiere du Comté de Provence, & l'autre celle du Comté de Toulouse, se trouverent maîtres par indivis de la ville d'Avignon, qui leur députa neuf citoyens (*), dont les premiers étoient tirés du Corps de la Noblesse, pour traiter avec eux des conditions auxquelles ils leur remettroient la Ville. La Reine Jeanne, descendante de Charles d'Anjou, la vendit ensuite au Pape Clément VI pour la somme de quatre-vingt mille florins d'or : depuis cette époque, la Cour de Rome en a toujours été en possession ; elle y entretient un Vice-Légat, qui commande en même temps dans le Comtat-Venaissin.

Les Papes ont fait durant l'espace de 70 ans leur séjour dans Avignon : ç'a

---

(*) Ces députés étoient Berengarius Raymundi, Guillelmus Cavalerii, Bermundus mille solidos, Guillelmus Arnuldus, Bertrandus Berengarius, Bertus Macates, Rostanus Magister, Bertrandus Taulerius, Joannes Faber.

été une des causes de la destruction des anciens monuments, parcequ'on eut besoin des matériaux & du local pour loger ce grand nombre d'Etrangers que la Cour Pontificale attiroit.

Cette Ville est bâtie dans une grande plaine fertile, & sur le bord du Rhône, qui, malgré sa rapidité, ne laisse pas d'être d'un grand avantage pour le commerce, quand on sait en profiter. La Ville est grande, mais n'est pas assez peuplée relativement à sa grandeur ; car on n'y compte qu'environ vingt-six mille ames. En général elle est mal bâtie, les maisons en sont basses, & les rues étroites : ce qu'il y a de plus remarquable, ce sont les murailles à creneaux qui regnent tout autour, & les promenades.

Le vent souffle assez fréquemment dans Avignon ; & quoiqu'il contribue à la salubrité de l'air, il ne laisse pas d'être fort incommode : de-là vient le proverbe, *Avenio ventosa, sine vento venenosa, cum vento fastidiosa.* Cependant il y regne à peu près, comme dans beaucoup d'autres endroits de la Provence ; & cette Ville offre, du côté de

Avignon. la société, des agréments qui rachetent ce défaut.

Il faut moins attribuer cette fréquence du vent à la rapidité du Rhône qu'au voisinage des hautes montagnes, & surtout du Mont-Ventoux, dont le sommet est couvert de neige la plus grande partie de l'année : l'air y est par conséquent plus dense & plus frais que celui de la plaine, & s'y précipite avec une force augmentée par le resserrement de ces montagnes, qui donne plus d'activité au courant.

Curiosités. Les Curiosités d'Avignon ne sont pas bien considérables. On peut aller voir dans l'Eglise Métropolitaine plusieurs Mausolées, dont le plus remarquable est celui de Jean XXII.

Aux Cordeliers, dans la seconde Chapelle à droite en entrant dans l'Eglise, le tombeau de la Belle-Laure, femme de Hugues de Sade, tant célébrée par les Vers de Pétrarque. Ce Poëte, quoique riche de son propre fonds, le devint davantage par le sentiment dont il étoit animé. Il fit en l'honneur de Laure jusqu'à 318 sonnets & 88 chansons, qui prouvent combien la réputation de ces deux Amans étoit attachée au sort qui les unit. Laure mourut à Avignon en 1348.

Avignon.

Dans l'Eglise des Célestins, le Mausolée de Clément VIII. Dans une des salles, un Tableau sur lequel on voit un squelette de grandeur naturelle, & un cercueil enveloppé dans une toile d'araignée, peinte avec beaucoup de vérité. Au bas du Tableau, on lit des Vers, en lettres gothiques, qui attestent que ce squelette est celui d'une femme célebre par sa beauté. On dit que le Roi René l'avoit aimée, & qu'ayant ensuite éprouvé des remords, il avoit voulu faire sentir l'aveuglement de sa passion, en représentant sous cette forme hideuse la beauté dont il avoit été idolâtre. J'avoue que ce trait est tout-à-fait conforme au caractere de ce Prince naturellement tourné vers la joie, les plaisirs & la morale, & qui associoit quelquefois ces trois choses d'une maniere fort bisarre. Cependant l'idée de ce Tableau pourroit bien avoir été conçue par quelque Religieux qui l'auroit fait exécuter ; mais la tradition chez les Peres Célestins l'attribue au Roi René.

L'Eglise des Peres de l'Oratoire est d'une architecture d'un très bon goût.

Avignon. C'est une des plus jolies qu'il y ait en France.

Dans la Chapelle des Pénitents noirs, quelques bons Tableaux, & entr'autres celui de la Cene.

Enfin, le Palais du Vice-Légat.

Les piliers de pierre qu'on voit sur le Rhône, en venant de Lyon, sont les restes du pont que fit bâtir en 1127 F. Benezet, berger de profession. Il avoit dix-neuf arches, & passoit pour une merveille ; mais la rapidité du fleuve en emporta plusieurs en 1669 : le reste a été emporté depuis.

Je dirai en passant, que le fameux Alain Chartier, Secrétaire des Rois Charles VI & Charles VII, fut inhumé dans l'Eglise, ci-devant occupée par les Chanoines Réguliers de S. Antoine.

Fontaine de Vaucluse. D'Avignon on peut aller voir la fontaine de Vaucluse, si célèbre par les noms de Pétrarque & de Laure, & par ces Vers où l'on dit, en parlant de l'Amour :

> Dans les champs de Provence il vole vers Vaucluse
> Asyle encor plus doux, lieux où dans ses beaux jours
> Petrarque soupira ses vers & ses amours.

Ce voyage, si on le fait dans la belle

saison, sera d'autant plus agréable, que pour y aller on traverse la plus belle partie du terroir d'Avignon & celui de Lîle qui est dans une plaine charmante. On passe ensuite dans un vallon, le long duquel s'éleve, en fer à cheval, une montagne de pierre vive, & l'on arrive par un chemin étroit & pierreux, au pied d'un rocher fort haut & taillé à pic, où l'on trouve un antre assez vaste, dont l'obscurité a quelque chose d'effrayant. On peut y entrer, si l'eau est basse; on y voit deux grandes cavernes, dont la premiere a plus de soixante pieds de haut sur l'arc qui en forme l'entrée; l'autre paroît avoir cent pieds de large, presque autant de profondeur, & n'a qu'environ vingt pieds d'élévation. C'est vers le milieu de cet antre que s'éleve, sans jet & sans bouillon, dans un bassin ovale, d'environ dix-huit toises dans son plus grand diametre, la source abondante qui forme la Sorgue, & porte bateau, presque en sortant du rocher.

Quand elle est dans son état ordinaire l'eau s'échappe par des conduits souterreins jusqu'à son lit; mais, après de grandes pluies, elle s'éleve au-dessus d'une espece de mole qui est devant l'an-

Fontaine de Vaucluse.

Fontaine de Vaucluse. tre, y forme un bassin dont la surface est unie comme la glace, ensuite elle se précipite avec un bruit affreux à travers les débris des rochers, les blanchit de son écume, & semble faire des efforts pour fuir vers l'endroit où ne trouvant plus d'obstacle, elle prend un cours paisible & tranquille. Je l'ai vue dans cet état, & il faut avouer que le bruit de l'eau, répété par l'écho, l'écume bondissante, la solitude du lieu, l'aridité & la hauteur du rocher; les blocs énormes, qui, étant déjà séparés de la masse par de larges crevasses, sont suspendus sur votre tête, & semblent vous menacer; ceux qui sont près de s'arracher, par leur pesanteur & par leur situation inclinée, du terrein rapide dans lequel ils se sont enfoncés de quelques pieds en tombant de la montagne; tous ces objets font sur l'ame une impression qu'il faut avoir éprouvée, & ne sont point rendus dans la description suivante, qui peint d'ailleurs assez bien le cours de la fontaine, à la prendre depuis sa source jusqu'à la plaine.

> Là, parmi des rocs entassés,
> Couverts d'une mousse verdâtre,
> S'élancent des flots courroucés
> D'une écume blanche & bleuâtre.

La chûte & le mugissement,
De ces ondes précipitées
Des mers par l'orage irritées
Imitent le frémissement.
Mais bientôt, moins tumultueuse
Et s'adoucissant à nos yeux,
Cette fontaine merveilleuse
N'est plus un torrent furieux :
Le long des campagnes fleuries,
Sur le sable & sur les cailloux,
Elle caresse les prairies
Avec un murmure plus doux.
Alors elle souffre sans peine
Que mille différens canaux
Divisent au loin dans la plaine,
Le trésor second de ses eaux.
Son onde toujours épurée,
Arrosant la terre altérée
Va fertiliser les sillons
De la plus riante contrée.

L'eau de cette fontaine est claire & pure comme le crystal, & ne forme ni mousse ni dépôt. Cependant elle ne vaut rien pour boire, tant elle est crue, pesante, indigeste ; mais elle est excellente pour la tannerie & la teinture, & fait croître une herbe qui a la vertu d'engraisser les bœufs & d'échauffer les poules, propriétés dont il est parlé dans Pline & dans Strabon.

Les habitants de Vaucluse ne man-

Fontaine de Vaucluse. queront pas de vous dire que le vieux château que vous voyez perché sur la montagne inaccessible, au pied de laquelle la Sorgue serpente, est le château de Pétrarque ; ils se trompent. Il a de tout temps appartenu à l'Evêque de Cavaillon, Seigneur de cet endroit ; & le fameux Philippe de Cabassole, lorsqu'il occupoit le Siege de cette Eglise, venoit souvent dans ce château pour voir Pétrarque son ami. Celui-ci étoit logé près du village, dans une petite maison de paysan, dont il ne reste plus aucuns vestiges : il la comparoit à la maison de Fabrice ou de Caton.

« Ici, dit-il, je fais la guerre à mes
» sens ; je ne vois que le ciel, l'eau &
» les rochers : ni or, ni pierreries, ni
» ivoire, ni pourpre. La seule femme qui
» s'offre à mes yeux est une servante noi-
» re, seche & brûlée comme les déserts
» de la Lybie. Je n'entends que des
» bœufs qui mugissent, des moutons
» qui bêlent, des oiseaux qui gazouil-
» lent, & des eaux qui murmurent.
» Je garde le silence depuis le matin
» jusqu'au soir, n'ayant personne à qui
» parler : le peuple uniquement occupé
» à cultiver sa vigne & ses vergers, ou
» à

» à tendre ses filets, ne connoît ni la
» conversation ni la société. Je me con-
» tente souvent du pain noir de mon
» valet, & je le mange même avec une
» sorte de plaisir. Les figues, les raisins,
» les noix, les amandes, font mes délices.
» J'aime les poissons dont ce fleuve
» abonde ; c'est un plaisir pour moi de
» les voir prendre au filet, & de les
» prendre quelquefois moi-même. Je
» ne parle pas de mes habits ; tout est
» changé : je ne porte plus ceux dont
» j'aimois tant à me parer ; vous me
» prendriez pour un laboureur ou pour
» un berger ». Mais en lisant ses lettres
& ses sonnets, on le prend avec raison
pour le plus bel esprit de son siecle.

De Vaucluse on vient reprendre à Avignon la route de Provence ; & à deux lieues de cette ville on passe la Durance près de la Chartreuse de Bon-Pas, ancien Monastere qui avoit appartenu aux Templiers. *La Durance*

La Durance est une riviere inégale dans son lit, & fort rapide, comme le sont toutes celles qui ont leur source dans les Alpes, & qui reçoivent plusieurs torrents : aussi est-elle appellée par le Poëte Ausone, *sparsis incerta Druentia*

B

Durance. *ripis.* On lit dans Tite-Live, que, de toutes les rivieres des Gaules, c'est la plus difficile à traverser. Elle n'est pas navigable, dit-il, parceque n'étant pas contenue dans un lit fixe, elle forme à chaque instant de nouveaux gués & de nouveaux gouffres : elle entraîne le gravier de dessous les pieds, roule de grosses pierres, & présente par-tout des difficultés ou des dangers. Le Poëte Silius Italicus rend les mêmes idées avec beaucoup de force dans les vers suivants :

.... Nam qui, montibus ortus,
Avulsas ornos & adesi fragmina montis
Cum sonitu volvens, fertur latrantibus undis;
Ac vada translato mutat fallacia cursu,
Non pediti fidus, patulis non puppibus æquans.

Malgré des témoignages si précis, nous pouvons assurer que la Durance étoit anciennement navigable, & qu'elle l'a été jusqu'au seizieme siecle. On peut en voir les preuves dans l'Histoire de Provence, tom. I, p. 72.

Noves. Le premier endroit qu'on trouve, quand on a passé la Durance, est *Noves*; je le nomme, parcequ'il paroît que la belle Laure y prit naissance, & que son pere en étoit Seigneur. Nous connoissons un Troubadour du nom de *No-*

res, qui se rendit fameux en 1236, par des poésies où il célebre la galanterie, comme un sentiment fait pour inspirer l'amour de la gloire & de la vertu. C'est du moins ainsi qu'il la peint dans des vers adressés à la Comtesse de Provence, qui fut l'objet de ses chansons, & qu'il appelle *Beldesir*. Les Dames du premier rang faisoient leur amusement des goûts brillants de la Chevalerie; & quiconque pouvoit les flatter, soit Chevalier, soit Poëte, étoit admis indistinctement à leur faire sa Cour, dans un temps, surtout, où il y avoit beaucoup de vraie grandeur & peu d'étiquette.

Après Noves on ne trouve rien qui soit digne de la curiosité des Voyageurs; on observera seulement combien les montagnes, si variées par la diversité de leur direction, de leur hauteur & de leur aspect, mettent de variété dans les sites, parmi lesquels on en rencontrera quelques-uns de pittoresques. On verra surtout avec plaisir, que, quoique le sol soit en général stérile, il est, en certains endroits, d'une fertilité peu commune.

Lambesc est une petite ville dont la Seigneurie appartient à la Maison de Lorraine-Brionne, sous le titre de Prin-

Noves.

Histoire de Provence, t. 2. p. 46.

Lambesc.

cipauté. C'étoit autrefois un fief dépendant d'une Maison souvent nommée dans les chartes sous le nom de *Lambesc*, de laquelle il se forma plusieurs branches qui sont éteintes, ou qui rampent dans l'obscurité sous un nom étranger; car nous sommes persuadés, comme nous l'avons dit ailleurs, qu'il y a presqu'autant de faux roturiers que de faux nobles, & que souvent toute la différence qu'il y a entre deux hommes d'un rang tout-à-fait opposé, c'est que l'un a des titres, & que l'autre en manque. Les Communautés de la Province tiennent tous les ans leurs Assemblées à Lambesc. On tire du terroir de cette Ville un marbre qui a le fond rouge, mêlé de taches jaunes & noires.

Lambesc.

Histoire de Prov. t. 2. p. 533.

Le marbre abonde en Provence; & si l'on vouloit s'en occuper, on en trouveroit qui orneroit les maisons & les églises aussi bien, & avec moins de frais que celui de l'Etranger. Le marbre de Lambesc se travaille à Aix, ainsi que la brêche du Tolonet, qui est fort belle. Elle a un fond jaune, mêlé de taches brunes & noires, qui font un joli effet. Celle de *Beaurecueil*, dont les Marbriers de la même ville font cas, paroît plus jaune, plus barriolée, plus belle ; mais en général on peut dire qu'elle est de la même qualité. La brèche est un amas de cailloux irréguliers, collés les uns aux autres, d'une maniere si unie, que les masses qui s'en forment ne sont pas veinées comme les marbres ordinaires, mais marquées de taches circonscrites & distinctes, qui laissent appercevoir la différence des cailloux

De Lambesc on va à S. Cannat. A une lieue de ce village, au midi, on découvrit au commencement du siecle une pierre milliaire posée l'an 21 de J. C., sous l'Empire de Tibere. C'étoit-là que passoit la Voie Romaine, qui alloit d'Aix à Arles ; elle traversoit ensuite le terroir d'Alanson, & conduisoit à un endroit nommé *Pisavæ*, dont la position se trouvoit sur les confins du terroir de *Pelissane* & de *Salon*. De S. Cannat à Aix, on compte deux lieues.

St. Cannat.

La ville d'Aix, Capitale de la Provence, est la plus ancienne que les Romains aient eue dans les Gaules : elle fut bâtie dans le pays des *Salyes*, qui, suivant Strabon, étoient divisés en dix Cantons, avant qu'ils fussent soumis aux Romains. Ils levoient des troupes

Aix.

considérables d'infanterie & de cavalerie; & l'on comprenoit sous leur dénomination plusieurs peuples subalternes. Les *Salyes*, proprement dits, avoient leur quartier principal aux environs d'Aix, & occupoient au moins tout ce qui forme le Diocese. Leur Roi fit aux Marseillois une guerre dont on peut voir les détails dans l'Histoire de Provence, & fut obligé de se retirer chez les Allobroges, lorsque les Romains vinrent au secours de Marseille leur alliée. Le Consul C. Sextius Calvinus ayant défait ces Barbares, mit son camp dans l'endroit où il les avoit battus, 123 ans avant J. C.

 Les Soldats y logerent d'abord sous des especes de cabanes de bois; ils bâtirent ensuite des maisons; & la ville étoit déjà formée, quand César y envoya une Colonie, 46 ans avant J. C. l'an 707 de Rome. Les eaux thermales que les Romains trouverent en cet endroit, & que la rigueur du climat leur rendoit nécessaires, déciderent de leur choix. Peut-être aussi eurent-ils égard au voisinage de Marseille : comme ils avoient passé les Alpes pour la défense de cette République, ils vouloient être à portée de la secourir, en cas de besoin, & même

[marginal notes: Aix. — T. 1. p. 523, & suiv. — Commencement de la ville d'Aix.]

d'en tirer les provisions de toute espece que les difficultés du chemin, dans un pays couvert de bois, ne leur permettoient pas de tirer de l'Italie.

Cette Colonie se rendit considérable parmi celles que les Romains avoient en Provence : à juger de son enceinte par les antiquités qu'on a découvertes, elle s'étendoit depuis Saint-Sauveur jusqu'au-delà des Minimes. Elle eut, comme les autres, des Temples, dont les uns étoient desservis par des Prêtres, & les autres par des Prêtresses; des édifices publics, des Duumvirs, des Décurions, des Ediles, des Questeurs & un Dépositaire des registres publics, contenants un dénombrement exact de tous les biens des citoyens; ce qui me feroit croire qu'il étoit également chargé de recouvrer les contributions. On peut voir les noms de ces différens Officiers dans les inscriptions que je rapporte, & leurs fonctions dans le premier tome de l'Histoire de Provence, pag. 39 & suiv. 582 & suiv. L'ancienne ville d'Aix fut bâtie à l'endroit où étoit le Palais qu'on vient de détruire. Il y avoit trois tours, dont deux subsistent encore. Celle qu'on a commencé de démolir, & qu'on appelloit *la Tour de l'horloge*, étoit massive : on y a trouvé deux urnes cinéraires, de marbre, d'un très bon goût, enchassées dans de grosses pierres, creusées exprès : elles contenoient des débris d'ossements brûlés ; & le vuide qu'elles laissoient dans le creux des pierres, étoit rempli de cendres, parmi lesquelles il s'est trouvé une médaille de Marseille.

Toutes ces circonstances me font croire que cette Tour étoit le tombeau de quelque famille considérable, pareil à ceux dont on voit encore des vestiges en quelques endroits de l'Italie : les deux tours qui subsistent encore, devoient avoir la même destination. On trouve aussi, aux environs de la ville, quelques restes d'un aqueduc superbe, qui conduisoit des eaux de source de fort loin.

Dans le douzieme siecle, la ville d'Aix étoit divisée en trois parties : on appelloit celle du milieu, *Ville Comtale*, parceque les Comtes y faisoient leur résidence ; les deux autres étoient des fauxbourgs, l'un qui s'appelloit *Ville des Tours*, *Villa de Turribus*, étoit bâti là où sont les Minimes, & paroît avoir été le premier habité par les Chrétiens, puisque l'Evêque y demeuroit. Ce Fauxbourg étant plus exposé aux attaques des ennemis, par sa situation, & devant servir de rempart à la ville, étoit vraisemblablement flanqué de tours, selon l'usage du temps, qui vouloit que chaque maison eût la sienne; d'où lui vint le nom de *Villa de Turribus*.

L'autre fauxbourg étoit celui de Saint Sauveur.

La ville d'Aix, située à cinq lieues au nord de Marseille, est une des plus jolies du royaume, parmi celles du second ordre, & réunit tous les avantages qui distinguent une capitale; elle n'est pas grande & ne l'a jamais été, parce que le Peuple n'est nombreux que dans les villes de commerce, où l'industrie appelle tous ceux qui ont des bras à lui offrir. Il y a dans cette ville un Parlement, une chambre des Comptes, à laquelle est réunie la cour des Aides; une Université, un bureau des finances, une Sénéchaussée, un hôtel des monnoies & une chambre souveraine Ecclésiastique. Les Consuls sont Procureurs-nés du pays, & l'Archevêque Président-né de l'assemblée des trois états.

Cette ville fut le séjour ordinaire des Comtes; mais, à proprement parler, elle

Alx.

ne commença de le devenir que sous Alphonse II, Roi d'Arragon, qui fut le premier de son nom en Provence. Protecteur des Troubadours, & Troubadour lui-même, il encouragea la poésie & chanta ses amours.

Mœurs & cour des anciens Comtes.

Sa Cour étoit l'asyle des talents « je l'ai fréquentée, disoit Peyre Vidal, à un Jongleur, & j'y ai vu tant de bons exemples, que j'en suis devenu meilleur. Si vous y aviez été, vous auriez vu comme moi ce siecle heureux dont votre pere vous parloit, & où brilloient les hommes amoureux & généreux. Vous auriez entendu les Troubadours raconter comme ils étoient régalés & entretenus dans les cours qu'ils visitoient; vous auriez vu aussi les selles de leurs chevaux garnies de flocons; des équipages superbes, des brides dorées, des palefrois, que vous en auriez été dans l'admiration. Les uns venoient d'outre-mer, les autres d'Espagne, & ils trouvoient le Roi Alphonse qui les combloit de joie & de marques de générosité; vous auriez vu la même chose chez le Seigneur de Blacas & chez Guillaume le bon, Seigneur de Baux.

Ce fut donc sous Alphonse que commença cette galanterie, qui, suivant l'expression des Troubadours, *animoit les Chevaliers à la gloire, & les Dames à la vertu.* Elle se répandit parmi la noblesse avec l'amour de la poésie, ou comme on disoit, avec le *gaï saber*, lorsque Raymond Berenger IV & Béatrix de Savoie sa femme, eurent pris les renes du gouvernement. Raymond Berenger aimoit les plaisirs honnêtes & les choses d'agrément, & avoit tout ce qu'il falloit pour rendre sa cour une des plus brillantes de l'Occident. Il fut heureusement secondé dans ses goûts par la Comtesse son épouse, dont les Troubadours vantent l'esprit & les graces.

Elle avoit amené de la cour de Savoie plusieurs Dames d'un nom illustre, Aguesine de Saluces; sa cousine, la Comtesse Béatrix, la dame de Massa de la maison Malaspina, la Comtesse de Carret, & la Princesse Barbossa, fameuse parmi les Poëtes par sa sagesse, sa beauté & par la connoissance qu'elle avoit, disent-ils, *des sept arts libéraux.* Ces circonstances & plusieurs autres concoururent à introduire à la cour & même dans toute la Province, ces mœurs chevaleresques tant vantées dans le XIIIe & XIVe siecles, & auxquelles on est redevable de quelques institutions qui en portent l'empreinte, quoique défigurées par le mélange d'une religion mal entendue. Telle est par exemple la fameuse procession de la Fête-Dieu à Aix.

Procession de la Fête-Dieu.

Le Roi René, Comte de Provence, l'institua vers l'an 1462 ; c'est le tems où les freres de la passion représentoient les mysteres sur le théâtre de Paris. Ce Prince ne voulut pas que sa pieuse farce fût bornée dans l'enceinte d'une place ou d'une salle ; il lui donna toute la ville pour lieu de la scene, & cinq jours de suite pour amuser le public ; car ces jeux commencent le dimanche de la Trinité ; d'où vient qu'on dit : *lou jour de la trinita lei diables s'assajoun*, c'est-à-dire le jour de la Trinité les diables s'essaient, afin que tout soit en état de paroître le jour de la Fête-Dieu. Voici la marche de cette procession.

Un roi, vêtu d'une longue robe blanche, & la couronne en tête, paroît le premier entouré d'une douzaine de diables, qui le harcelent avec de longues fourches. Ce Prince saute tantôt d'un côté, tantôt d'un autre, se servant comme il peut de son sceptre pour écarter les fourches, & après s'être bien débattu, il finit son jeu par un grand saut. Parmi ces diables on distingue la diablesse, reconnoissable à son habillement & à sa coëffure. Je ne sais pourquoi le Peuple veut que ce Prince soit Herode; je ne vois rien qui l'annonce. On verra plus bas ce que je pense de ce personnage. On appelle ce jeu le grand jeu des diables, *lou grand juec deis diables*.

Vient ensuite le petit jeu, *lou pichoun juec deis diables*, autrement dit *l'armetto*, ou la petite ame. Cette *armetto* est représentée par un enfant en corcet blanc, les bras & les jambes nues, portant une croix de bois d'environ cinq pieds de haut. Quand on fait le jeu, il appuie la croix à terre, en la tenant de la main gauche; un ange habillé de blanc, ayant des ailes, l'auréole en tête & un coussin sur le dos, la tient aussi de son côté; ils sont placés de maniere qu'ils se trouvent vis-à-vis l'un de l'autre. Ils ont auprès d'eux quatre diables, dont trois poursuivent la petite ame, & le quatrieme est acharné contre l'ange, à qui il donne de grands coups de massue sur le coussin. Aux deux premiers coups, l'ange

& *l'armetto* sautent comme pour fuir, sans abandonner pourtant la croix ; au troisieme le jeu est fini. L'ange saute de joie, d'avoir sauvé la petite ame.

Les Diables, dans ces deux jeux, ont un corcet & de très longues culottes noires, sur lesquelles sont peintes des flammes rouges ; leur têtiere est aussi noire & rouge, hérissée de cornes ; le tout ensemble rend assez bien la forme des diables, tels qu'on les représente. Le grand Diable a une têtiere un peu plus hideuse, & quelques cornes de plus : ils sont armés d'une fourche, & portent deux cordons de quinze à vingt sonnettes chacun, qui se croisent sur la poitrine. On peut s'imaginer le tintamarre qu'elles font quand ils dansent.

Tous ces Diables vont entendre la Messe à S. Sauveur le jour de la Fête-Dieu : ils entrent dans l'Eglise, la têtiere à la main ; & après la Messe, ils y jettent de l'eau-bénite dessus, en faisant le signe de la Croix, pour empêcher que quelque vrai diable ne se mêle à la troupe, & qu'à la fin il ne s'en trouve un de plus, comme cela est arrivé, disent-ils, il y a long-temps.

La troisieme scene représente l'adoration du Veau d'Or. Moyse y paroît, accompagné du Grand-Prêtre, ou plutôt d'un Prophete, & montre aux Juifs les Tables de la Loi. L'un deux porte le Veau d'or au bout d'un bâton ; les autres tournent autour de lui ; & en passant devant Moyse & devant le Grand-Prêtre, ils font avec la main un signe de mépris, en criant : *ou ho ou! ou ho ou!* Après avoir fait trois ou quatre fois le tour du Veau d'or, l'un des Juifs jette, aussi haut qu'il peut, un chat enveloppé dans de la toile, & assez ordinairement il ne le laisse pas tomber par terre. Le peuple frappé des cris de ce pauvre animal, appelle cette scene, *le jeu du chat, lou juec d'aou cat,* quoiqu'il fût plus naturel de l'appeller *le jeu du Veau d'or.* L'incident du chat me paroît avoir été ajouté après coup.

Je crois qu'après cette scene venoit celle des Propheres qui avoient prédit le Messie, & qu'on les a supprimés pour en laisser subsister un seul, qu'on a réuni à Moyse.

La Reine de Saba vient immédiatement après. Elle va voir Salomon, & se fait accompagner d'un Danseur lestement habillé, qui a beaucoup de petits

Aix. grelots aux jarretieres, & tient, de la main droite, une épée, au bout de laquelle est un petit château de carton. La Reine a trois Suivantes ou Dames d'atours, qui portent chacune une coupe d'argent à la main. Le jeu consiste en ce que la Reine de Saba met ses deux mains sur les côtés, & s'agite noblement & sans sortir de sa place, en se conformant à la cadence d'un air composé par le Roi René : dans le même temps le Danseur fait ses trois tours devant elle ; & toutes les fois qu'il baisse l'épée pour la saluer, la Reine le lui rend par un signe de tête. Après le troisieme salut, les trois Dames d'atours dansent ensemble.

Les trois Mages ne tardent pas à paroître : ils vont à Jerusalem, à la faveur d'une étoile portée au bout d'un long bâton par un homme vêtu d'une robe blanche. Il est suivi des trois Mages, qui ont chacun leur Page & un habit de diverses couleurs, avec une têtiere en forme de Couronne royale ; celle des Pages est en pain de sucre.

Quand ils veulent faire leur jeu, le Porteur de l'étoile se tourne du côté des Rois, & la fait aller deux ou trois fois à droite & à gauche. Les Rois & les Pages, qui sont tournés vers l'étoile, & à la file l'un de l'autre, suivent le même mouvement, & s'arrêtent quand l'étoile s'arrête. Un de ces Pages salue ensuite l'étoile, en lui tournant le dos, & en faisant un mouvement des fesses, qu'on appelle en Provençal, *lou reguigneou*. Ce jeu s'appelle *la belle étoile, la bello estello*.

Il est relevé par celui *deis Tirassouns*, ou des enfants qui se traînent par terre. C'est la représentation du massacre des Innocents, ordonné par le Roi Hérode. Ce Prince est suivi d'un Enseigne, d'un Tambour & d'un Fusilier : des enfants, au nombre de sept à huit, courent autour de lui en poussant des cris : le Soldat tire un coup de fusil ; ils tombent & se roulent par terre, d'où leur est venu le nom de *Tirassouns*. Ils ont une têtiere, & sont vêtus d'une chemise de toile rouge.

Dans la derniere scene, paroissent divers Personnages qui, dans l'origine, devoient former des scenes à part. Saint Siméon est représenté en Grand-Prêtre, donnant la bénédiction, & portant un panier d'œufs ; c'est le mystere de la Purification. S. Jean le Précurseur y paroît sous la forme d'un enfant, couvert d'une peau de mouton : ensuite vient Judas, à la tête des Apôtres, tenant dans la main une bourse où sont les 30 deniers : enfin, on voit J. C. allant au Calvaire, vêtu d'une robe longue, avec une ceinture de corde, & courbé sous le poids de la Croix.

Tout cela est terminé par un trait, qui est comme la moralité de la Piece. C'est S. Christophe, qui porte le Sauveur du monde, pour nous avertir que nous devons le porter dans le cœur.

Je croirois volontiers que les deux eux qui précedent la Piece, sont deux divertissements allégoriques & moraux, imaginés pour servir de prologue, & que par le premier qu'on appelle *le grand jeu des Diables*, le Roi René a voulu représenter les dangers de la royauté en général, sous la figure d'un Prince qui est obsédé par une troupe de démons.

Dans cette hypothese, le second représentera les dangers de l'homme, qui ne se sauve que par les secours de la Croix & de son bon Ange. Si l'on veut pourtant que ces deux jeux fassent partie de la Piece, il faudra regarder le premier comme représentant Adam chassé du Paradis, sous la forme d'un Roi, parcequ'il étoit le Roi des animaux; & le second représentera l'homme attaqué par le démon après la chûte du pere des humains, & n'ayant de ressource pour se sauver que dans la Croix & dans l'assistance de son Ange.

Je dis que la Piece me paroît terminée par la scène de S. Christophe : il faut donc regarder comme des ballets les trois jeux suivants, qui sont :

1°. *Leïs chivaous frux*, ou *les chevaux fringants*. Ce sont huit à dix jeunes gens qui portent des rubans de différentes couleurs au cou, aux bras & derriere la tête : ils ont en outre des épaulettes en or & des scapulaires de Notre-Dame du Mont-Carmel ; &c. Ils passent leur corps jusqu'à la ceinture dans un cheval de carton bien caparassonné ; & dans cet équipage, qui leur donne l'air de centaures, ils font des danses qui plaisent assez par la cadence & la vivacité des mouvements.

2°. *Leïs dansaires*, les danseurs sont en corcets, culottes & souliers blancs, ornés de rubans, avec un casque garni de diamants faux : ils ont au-dessous du genou des jarretieres garnies de petits grelots, & dans la main une baguette ornée de rubans, qui leur sert à marquer la cadence. Ils sont ordinairement suivis d'une troupe de petits danseurs qui dansent après eux, & qui méritent quelquefois autant d'applaudissements.

3°. Le troisieme ballet est figuré par des enfants mesquinement vêtus, appellés *Rascassetos* ou les *Teigneux*. Ils ont deux cordons de sonnettes, qui se croisent sur la poitrine & derriere les épaules, & pour tout habillement deux tabliers de mulets à frange, qu'ils mettent l'un devant, & l'autre derriere. Leur têtiere est rase. Un des *Rascassetos* a un grand peigne, l'autre des brosses, & le troisieme des ciseaux de tondeur. Leur jeu consiste à danser autour du quatrieme, à lui peigner une mauvaise perruque qu'il porte, à la brosser & l'agiter avec les ciseaux. Ce ballet doit être figuratif; mais il est difficile de deviner ce que le Roi René a voulu représenter par des Acteurs & par un jeu si sales & si dégoûtants.

Outre ces scenes allégoriques, il y a plusieurs Officiers, dont l'institution tient aux exercices de l'ancienne Chevalerie. On en a supprimé un, qui étoit le Prince d'amour, à cause des dépenses auxquelles il étoit assujetti : on n'a laissé subsister que son Lieutenant & ses Officiers.

Il y a aussi le Roi de la Bazoche & l'Abbé de la ville, qu'on nommoit peut-être anciennement *l'Abbé de la Jeunesse.* Tous ces Personnages sont bien mis. Ils sont élus avec beaucoup de solemnité, & marchent devant la Procession, accompagnés de leurs Officiers & de leurs Bâtonniers, & d'une suite nombreuse de parents & d'amis; ce qui forme un cortege assez brillant : il y a aussi beaucoup de fifres & de tambours.

La veille de la Fête-Dieu, à l'entrée de la nuit, le Capitaine des Gardes du Roi de la Bazoche, vêtu en Bâtonnier, & les trois autres Bâtonniers du Roi, se rendent devant l'Eglise de S. Sauveur, où ils trouvent les six Bâtonniers de l'Abbé, ayant tous leur habit de cérémonie & leur uniforme. Les six Bâtonniers de l'Abbé saluent les Officiers du Roi de la Bazoche, en leur présentant les armes d'une maniere qui leur est propre; ensuite ils courent comme s'ils alloient forcer un poste, en faisant rouler leurs bâtons autour du corps. Les quatre Bâtonniers du Roi les suivent à la distance d'environ mille pas, en faisant le même jeu : les fifres & les tambours jouent en même temps un air vif & animé, convenable à cet exercice. A dix heures & demie du soir, le Guet commence ; & voici les Personnages qui le composent.

1°. La Renommée à cheval, sonnant de la trompette : des tambours & des fifres ; des Chevaliers du Guet, d'autres tambours ; le Porte-Drapeau, précédé & suivi de Chevaliers : tambours & fifres.

2°. Le Duc & la Duchesse d'Urbin, montés sur des anes, & suivis de quatre Chevaliers : tambours & fifres.

3°. Momus à cheval ; Mercure & la Nuit à cheval : les Rascassetos & le jeu du chat.

4°. Pluton & Proserpine à cheval : le grand & le petit jeu des Diables.

5°. Troupe de Faunes & de Driades dansants au son des tambours, des fifres & des tympanons.

6°. Pan & Syrinx à cheval.

7°. Bacchus assis sur un tonneau, traîné sur un char.

8°. Mars & Minerve à cheval.

9°. Apollon & Diane à cheval : la Reine de Saba, & les Tambourins.

10°. Saturne & Cybele à cheval : les grands & les petits Danseurs, avec leurs Tambourins.

11°. Le grand char tout brillant, sur lequel on voit Jupiter, Junon, Venus, Cupidon, les Ris, les Jeux & les Plaisirs. Tous ces Personnages de la Fable sont distingués par leurs attributs.

12°. Les trois Parques à cheval : ces trois Personnages paroissent avoir été ajoutés par le Roi René, pour avertir que les grandeurs, les jeux & les plaisirs ont un terme où ils finissent. C'est ainsi que ce Prince a fait terminer la Procession le jour de la Fête par un personnage qui représente la Mort revêtue de tous les attributs, & dans l'action d'un Faucheur qui promene sa faux à droite & à gauche...... Si l'on veut en savoir davantage sur cette Procession, on consultera l'Ouvrage de M. Gregoire, de qui nous avons emprunté ces détails : tous les jeux y sont décrits & représentés avec beaucoup d'exactitude.

L'Eglise de S. Sauveur, dont je viens de parler, est métropole ; on y voit un superbe Baptistaire, dont le dôme est soutenu par huit grandes colonnes d'ordre Corinthien, qui paroissent avoir anciennement servi à un Temple de Payens ; car, outre les colonnes, on a déterré au même endroit celles qui sont dans le Cloître, des fragments de chapitaux, de frise, de statues & autres débris sur lesquels étoient des lettres qu'on n'a pu rassembler pour en former un sens suivi : on a seulement cru pouvoir conjecturer par quelques-unes, que le Temple étoit dédié au Soleil. Parmi les huit colonnes du Baptistaire, il y en a six de marbre & deux de granit.

L'Eglise est un édifice considérable, dont le frontispice est chargé de petites figures de Prophetes, d'Apôtres & de Saints, placées sans goût, sans choix & mal exécutées. La porte principale n'est point sans mérite, à cause des divers ornements dont elle est décorée.

Au côté droit du Maître-Autel, on voit le mausolée de Charles du Maine, dernier Comte de Provence, mort en 1481.

Au côté gauche, dans le mur, deux lions antiques, assez bien faits. Les deux enfants qu'ils dévorent sont d'un travail grossier : l'un a la partie supérieure du corps dans la gueule du lion, & l'autre la partie inférieure.

Derriere le même Autel, on voit le mausolée d'Hubert Garde, Seigneur de Vins, l'un des plus fameux Capitaines de de son siecle, mort le 20 Novembre 1589. Ce guerrier est représenté à genoux, mais la figure est sans noblesse & mal faite: les cuisses sont ce qu'il y a de mieux. Le marbre en fut apporté de Marseille; & l'on croit qu'il avoit servi à la décoration du Temple de Diane. Ce mausolée fut érigé aux dépens de la Province.

Dans l'Eglise de S. Jean, le tombeau de Raymond-Berenger IV, dernier Comte de Provence, de la Maison de Barcelone, & celui de Béatrix de Savoie sa femme. Leur fille Béatrix, Reine de Sicile, & femme de Charles Ier, y fut aussi enterrée. Son corps fut embarqué à Naples pour être porté en Provence, le premier Avril 1277.

Dans l'Eglise des Peres de l'Oratoire, six Tableaux de Mignard au Maître-Autel; & le Tableau de la Chapelle des Grimaldi.

Dans la Chapelle de la Cour, plusieurs Tableaux de Daret, Peintre d'Aix.

Dans la Chapelle des Pénitents blancs, un bas-relief de marbre, qui représente Notre-Dame de pitié, & au plafond, une Résurrection de Daret: c'est un de ses meilleurs ouvrages.

C

Aix.

Dans le Chœur de l'Eglise de S. Barthelemy, le Tombeau de Charles-le-Boiteux, Comte de Provence, remarquable par son extrême simplicité. Le squelette y est encore tout entier.

Dans l'Eglise des Carmes déchaussés, trois Tableaux de Daret. Celui de S. Jerôme, quoiqu'il ait des beautés, est ridicule, en ce que ce Saint est revêtu de la pourpre.

Il y a, dans une Chapelle de la Congrégation des Jésuites, deux beaux Tableaux de Pujet, l'un représentant l'Annonciation, & l'autre la Visitation.

Aux Capucins, on va voir un Crucifix de bois, qui reçut, dit-on, au bras gauche, un boulet, lorsque la ville fut assiégée en 1589 par le Duc d'Epernon : le bras n'en fut qu'un peu noirci, & le canon se brisa. On rapporte un trait pareil arrivé à Naples, lorsqu'Alphonse, Roi d'Arragon en faisoit le siege en 1438. *Un Crucifix de l'Eglise des Carmes, dit Brantome, voyant venir une canonade droit à lui, pour lui emporter la tête, la baissa fort bas, en sorte que la balle passa pardessus.*

Brantome rapporte le fait tel qu'on le raconte ; mais il se trompe, en ce qu'il le croit arrivé du temps que M. de Lautrec faisoit le siege de Naples.

Aix est la patrie de plusieurs Hommes illustres que nous ferons connoître dans l'histoire. On peut citer ici le P. Thomassin, que le Pape vouloit faire Cardinal pour l'attirer à Rome, & à qui Louis XIV fit manquer cette dignité, parcequ'il vouloit le garder à Paris; mais qui l'en auroit dédommagé, s'il n'eût agi dans cette occasion que par estime pour son mérite? Quoiqu'Auteur de plusieurs Ouvrages fort savants, le P. Thomassin avoit oublié, sur la fin de ses jours, qu'il eût écrit.

Le célebre Tournefort, dont le corps aussi bien que l'esprit, dit Fontenelle, avoit été fait pour la Botanique, & qui plus d'une fois dans ses observations, prit la nature sur le fait, nâquit aussi à Aix en 1656. Sa passion pour cette science étoit extrême. Un jour qu'il étoit allé herboriser sur les Monts Pyrénées, peu s'en fallut qu'il ne fût la victime de son ardeur; car une méchante cabane où il couchoit, tomba tout à coup, & il fut deux heures enseveli sous les ruines. Il y seroit mort, si on eût encore tardé quelque temps à l'en retirer.

Aix. La campagne d'Aix est fort belle, & produit les mêmes fruits que les autres endroits de la Provence, excepté des oranges. On y trouve des dépôts de la mer, tels que des empreintes de poisson, des ostracites, des cochlites & des néritites. Les fossiles les plus remarquables sont ceux qu'on découvrit le 28 Janvier 1765, à 150 toises de la ville, & à 160 au-dessus des eaux minérales. On les trouva à cinq pieds de profondeur dans le cœur d'un rocher, de la nature du marbre le plus dur, mêlé de veines jaspées & transparentes. Il étoit en forme de cailloutage, rempli de cavités, parsémé de limaçons ordinaires, & si dur qu'il fallut employer la poudre pour le faire sauter. On peut conclure de-là qu'il étoit dans son état primitif quand il fut ouvert : le gravier & les cailloux roulés qu'il contenoit, ressembloient, à ce qu'on prétend, au gravier & aux cailloux roulés par la mer ; on en a conclu que ces fossiles qu'on prenoit pour des têtes & des os de bras & de jambes humains, ne sont que des nautilles, des cornes d'Ammon & des côtes de gros poissons pétrifiées. Nous l'avons dit aussi (Hist. de Prov. t. 1, pag. 205) ; mais l'inspection du lieu & des fossiles nous portent à croire le contraire. Ce gravier & ces cailloux ressemblent parfaitement au gravier & aux cailloux qu'on trouve dans les petites rivieres & dans les gros ruisseaux qui durent toute l'année; & les fossiles à des os d'animal.

Aix.

Nous ne dirons rien des eaux minérales d'Aix, parceque leurs principes nous sont inconnus. Du temps de Strabon, elles avoient déjà perdu presque toute leur vertu par le mélange des eaux douces, ou par quelque autre cause qui nous est inconnue. Les Anciens les employoient dans les maladies de l'urêtre, s'il faut en juger par un monument découvert en cet endroit au commencement du siecle : c'étoit le symbole du Dieu des jardins, offert au Dieu de la source, pour désigner le genre de maladie dont on avoit été guéri.

Quand on sort d'Aix, & qu'on prend la route d'Italie, on passe à la grande Peigiere, distante d'environ trois lieues de cette Ville. C'est une auberge que je nomme, parcequ'on place au même endroit un lieu nommé *Tegulata* dans les Itinéraires, & qui paroît avoir été une station du temps des Romains.

Grande Peigiere.

Tretz. Presque vis-à-vis, & sur la gauche de Larc, est le village de Tretz, où l'on adoroit la Nymphe *Trittia*. M. de Peyresc y trouva l'inscription d'un vœu fait à cette Nymphe par *Marcus Vibius Longus*. Du mot *Trittia*, pourroit bien être venu celui de *Tretz*, désigné sous le nom de *Trittis*, dans les chartes. Ce village est bâti à peu près au même endroit que l'ancien.

Bataille de Marius. C'est dans le territoire de Tretz & dans celui de Pourrieres, que Marius livra aux Ambrons & aux Teutons cette fameuse bataille où ils perdirent deux cents mille hommes, suivant Tite-Live, & cent cinquante mille, suivant Velleius Paterculus. La riviere de Larc fut teinte du sang des morts, & le cours des eaux suspendu par les cadavres amoncelés. Les femmes de ces Barbares voyant leurs époux lâcher le pied dans le fort du combat, prirent les premieres armes qui leur tomberent sous la main ; & tout écumantes de rage & de douleur, elles frappoient sans distinction leurs ennemis & leurs époux, les uns pour les repousser, les autres pour les faire retourner au combat. Elles se précipiterent même dans la mêlée, saisissant avec leurs mains les épées nues de l'ennemi, portant & recevant des coups avec une intrépidité sans égale.

Bataille de Marius.

On lit dans les Lettres de S. Jerôme, que trois cents de ces femmes, qui étoient au nombre des prisonniers, ne pouvant se résoudre à vivre avec d'autres hommes qu'avec leurs époux, supplierent Marius de les donner à Cérès ou à Venus pour servir dans leurs Temples en qualité d'esclaves ; que Marius le refusa, & que ces femmes, poussées par le désespoir, massacrérent leurs enfants & s'étranglérent de leurs propres mains dans une nuit, préférant une mort violente à la honte de servir les caprices d'un maître, & de relever le triomphe du vainqueur.

Je crois que la montagne de Sainte-Victoire, qui est tout auprès, n'a été ainsi nommée, qu'à cause de cette fameuse journée, & que le mot de *Sainte* a été ajouté dans le moyen âge.

Marius fit élever sur le champ de bataille un arc de triomphe, dont on voit encore les fondements sur la rive gauche de Larc après avoir quitté la grande Peigiere, pour aller à S. Maximin.

S. Maximini.

Cette petite ville, appellée autrefois

Villalata, paroît moderne ; nous n'avons aucune preuve de son existence avant le dixieme siecle, quoiqu'il soit certain que le terroir a été habité du temps des Romains. Comme la voie militaire n'y passoit pas, & qu'elle se détournoit au Sud-Est vers la montagne ; leurs Itinéraires n'en font pas mention.

Le Prieuré fut donné aux Peres Dominicains en 1295, par Charles II, Roi de Naples & Comte de Provence. Ce Prince fit rebâtir l'Eglise qu'on peut regarder comme un des beaux monuments du treizieme siecle. L'ordre d'architecture est le même que celui des Eglises d'Italie, bâties en ce temps-là. Les reliques conservées dans une chapelle souterraine, sont dignes de la vénération des fideles ; elles furent visitées par Louis XIV, quand il vint en Provence avec la Reine sa mere, & son frere, en 1660.

A deux lieues environ de S. Maximin on voit la Sainte-Baume, où suivant la tradition du pays, Sainte-Magdeleine fit pénitence : cette grotte est taillée à 469 toises au-dessus du niveau de la mer, dans une montagne de marbre, qui contient des morceaux de fer ; l'on peut même en voir plusieurs dans des blocs façonnés en globe, placés devant la chapelle. Au fond de la grotte, derriere l'autel de la Magdeleine, il y a un réservoir dont l'eau est excellente : je ne connois point d'endroit dans la Basse-Provence, où elle soit aussi belle & aussi bonne ; propriétés qu'il faut attribuer à la pierre d'un grain très-fin, à travers laquelle cette eau filtre, & à l'élévation de la montagne, qui est cause que la pluie qui tombe à cette hauteur, est moins chargée d'exhalaisons que dans la région inférieure. Le Couvent des R. P. Dominicains est à côté de la chapelle, suspendu au milieu d'un rocher taillé à pic, & d'une élévation qui fait frémir les personnes qui n'y sont point accoutumées, quand elles regardent du haut des fenêtres.

De la Sainte-Baume, on monte au St. *Pilon* par un chemin pierreux, fort incommode, bordé d'arbres, parmi lesquels est le Nerprun, dont les baies, quand elles sont mûres, purgent violemment. Il faut éviter d'en mettre plusieurs dans la bouche pour juger de leur goût, comme ont fait quelquefois des voyageurs qui ne les connoissoient pas.

Description du lieu. La hauteur de la montagne au Saint-Pilon est de 504 toises; de-là on jouit du spectacle le plus imposant qu'il y ait en Provence. On découvre au loin plusieurs chaînes de montagnes qui s'élèvent graduellement les unes au-dessus des autres, & qui étonnent par leur hauteur; celle de Tende & le Mont-Visou, toujours couvertes de neige; le Mont-Ventoux, les Cevennes & d'autres montagnes du Languedoc, bornent l'horison au nord, depuis l'Est jusqu'à l'Ouest; le midi est terminé par la mer, sur les bords de laquelle on voit le lac de Berre, l'embouchure du Rhône, & un peu plus haut le cours de la Durance, qu'on distingue aux vapeurs qui s'élevent de son lit: en un mot, presque toute la Provence alors sera sous les yeux, & si on l'a déjà etudiée dans le détail, on aura le plaisir délicieux d'en observer en grand l'organisation générale.

J'exhorte, sur-tout quand on sera au St. Pilon, à jetter les yeux sur le précipice ouvert au-dessous, du côté du nord; la montagne taillée à pic dans une élévation de 60 toises, sur une largeur considérable, présente un aspect affreux: on y verra quelques arbustes qui s'y soutiennent à peine dans les fentes du rocher; des hirondelles & plus souvent des oiseaux de proie, & au bas, des masses énormes de pierres qui se sont détachées de la montagne, & qui, en tombant, ont laissé à découvert la grotte superbe, dont on a fait la chapelle de la Magdeleine: on verra dans la plaine une forêt magnifique, dont les arbres antiques, sillonnés par la foudre, forment en entrelaçant réciproquement leurs branches, une espece de berceau, qui présente l'aspect d'une riante prairie. Si c'est aux fêtes de la Pentecôte qu'on fait ce voyage, on rencontrera une infinité de personnes qui formeront dans la forêt mille groupes, où régnera une joie naïve, animée par l'amitié & contenue par la présence du lieu qui est l'objet de leur dévotion. Car, bien que les Pélerinages de la Sainte-Baume ne soient plus aussi fréquens qu'ils l'étoient autrefois; il y a peu de personnes parmi le Peuple, qui s'en dispensent la premiere année de leur mariage: & si ce voyage n'est pas stipulé dans le contrat, il est du moins regardé comme un preuve de la tendresse des époux pour leurs femmes.

Sainte-Baume.

Sainte-Baume.

Du Saint-Pilon, on peut aller à la pointe des Béguines; on verra au revers de la montagne, du côté du midi, des effets de l'action des feux souterrains, qui ont soulevé, déchiré, brisé les rochers ; les débris sont entassés confusément dans les endroits où l'action du feu a été la plus forte : mais il n'y a point eu d'éruption. Les pierres sont cassantes, & généralement criblées de petits trous, semblables à ceux qu'on voit à l'extrémité des os calcinés.

La pointe des Béguines, qu'on appelle aussi la montagne de S. Cassien, est appuyée sur une grotte qui va du nord au midi, dans une espace d'environ 50 pieds, depuis l'entrée jusqu'au fond, & de trente dans sa plus grande élévation : c'est du moins ainsi que j'en ai jugé à la vue simple. La matiere spatheuse, d'un grain très fin, a coulé en forme de lave, du côté du nord : on en distingue plusieurs couches l'une sur l'autre, qui font une masse d'environ trois pieds d'épaisseur. Celle qui a coulé du côté de l'Ouest-Sud-Ouest, forme en général des petites colonnes de différentes grosseurs. Vers l'autre bout de la montagne, à l'Ouest, on trouve la grotte des Œufs, dont les

Congellations sont plus belles & plus divertifiées. A la pointe des Béguines on est à 604 toises au-dessus de la mer.

[marginal: Sainte-Baume.]

En reprenant la route de S. Maximin, on traverse, au-dessous de la Sainte-Baume, le *plan d'Aups*, où j'ai trouvé des pierres à fusil, des balanites, des fungites, & l'huitre appellée pied d'âne de la plus belle conservation. On avoit commencé d'ouvrir en cet endroit une carriere de marbre qu'on a abandonnée. Le fond de la pierre est rouge, mêlé de taches jaunes & blanches qui font un joli effet. Le marbre est commun à *Nans* & dans tout le voisinage: mais il est grossier dans le terroir de *S. Maximin*. Les belles colonnes de port or, d'un noir & d'un jaune fort vif, qui parent le maître-autel de l'Eglise de S. Maximin, ont été tirées du terroir d'Ollieres, près de l'hermitage de Saint-Hilaire. On en a même employé quelques morceaux pour décorer l'Eglise de ces hermites.

Après Saint-Maximin, en suivant la grande route, l'Itinéraire fait mention de *Turrin*, aujourd'hui *Tourves*. On a trouvé à l'extrémité du territoire, du côté de Brignoles, un milliaire qui fut

[marginal: Tourves.]

Tourves. élevé la quatrieme année du regne de Néron, l'an 58 de J. C. Feu M. le Comte de Valbelle le fit placer au bas d'une rampe, dans le Parc de son château, qui est un des plus beaux de la Provence. La terre de Tourves fut inféodée par la Reine Jeanne en 1375, à Jacques d'Arcussia, originaire de l'Isle de Caprée, près de Naples. Anne d'Arcussia, unique héritiere de sa branche, ayant épousé Gaspard de Vintimille en 1518, lui porta cette terre, qui fut donnée en dot à Marguerite de Vintimille, fille de Magdelon de Vintimille, épouse de Jean-Baptiste de Valbelle, Seigneur de S. Simphorien &c. en faveur de qui la terre fut érigée en Marquisat au mois de Juin 1678.

Volcan éteint. Il y a dans le terroir de Tourves, un quartier nommé *Caudiere*, qui présente dans un terrein noir & fort maigre, beaucoup de fragmens de laves. La lave, dans les endroits où on la voit, est compacte, pesante & ressemble aux Basaltes: comme eux elle attire le fer, & lorsqu'on la casse on trouve dans l'intérieur des fragments de quartz altérés, mais reconnoissables. Elle n'est pas éloignée de la superficie de la terre, puisque la charrue ne peut entrer, sans s'arrêter, qu'à peu de profondeur dans la terre végétale. Les collines voisines de l'endroit, dont je parle, sont formées d'une pierre tendre, dans laquelle on apperçoit de petits galets ou clous de lave noir & compacte. C'étoit-là vraisemblablement qu'étoit la bouche du Volcan, & je présume que ces collines sont creuses, ainsi que le terrein d'alentour. C'est du moins ce qu'on peut conjecturer par les éboulements qui s'y sont faits quelquefois, & auxquels il faut rapporter l'origine des étangs de Tourves, dont l'un a environ 60 toises de diametre.

Le marbre du terroir seroit assez beau, si l'on vouloit se donner la peine d'ouvrir la carriere à une certaine profondeur. C'est une espece de brocatelle variée de différentes couleurs, parmi lesquelles le rouge, le jaune & le blanc dominent. La couleur rouge qu'on apperçoit dans ce canton là, vient du fer répandu dans la terre.

De Tourves on va à Brignolle, dont on prétend que le mot latin *Brinonia* est composé de deux mots celtiques, *brin*, prune, & *on*, bonne; ce qui paroît justifié par l'excellence des prunes qui abon-

Brignolle. dent dans le terroir. Cette étymologie, si elle est vraie, prouve que le prunier, qui est un arbre exotique, & vraisemblablement apporté dans les Gaules par les Marseillois, étoit cultivé en Provence avant que la Langue latine y fût devenue générale. Au reste, il est aisé de croire que le terroir de Brignolle étoit habité du temps des Gaulois, & encore plus du temps des Romains : cependant on n'y a découvert d'autres vestiges d'antiquités qu'une urne cinéraire, une inscription peu intéressante, & un tombeau de marbre d'une élégante structure, orné de différentes figures, dont quelques-unes étoient dégradées. M. de Peyresk, qui le regardoit comme un monument précieux, le fit transporter à Aix, où il ne se retrouve plus.

Les Comtes de Provence, & sur-tout Charles II, se plaisoient à Brignolle, où ils passoient quelquefois une partie de l'année. Ils accorderent à cette ville des privileges honorables. Saint Louis, Evêque de Toulouse, fils de Charles II, y vint au monde en 1274.

La Celle, Abbaye. Il y avoit près de Brignolle l'Abbaye de *la Celle* : c'étoit la plus ancienne du Diocese ; elle remontoit à l'an 1011.

Parmi les Religieuses de distinction qu'il y a eu dans cette Abbaye, nous pouvons citer Garsende de Sabran, Comtesse de Provence, & mere de Raymond-Berenger. Elle aimoit les talents & cette galanterie romanesque, si propre à flatter les goûts & la vanité des personnes de son sexe. Son Troubadour, car il étoit de l'honneur des Dames d'en avoir un qui fît des vers pour elles, comme il étoit de l'essence d'un Troubadour d'avoir une Dame à célébrer; son Troubadour, qui, dans toutes ses chansons, vantoit l'esprit, le mérite, la courtoisie, l'honnêteté & le savoir de cette Princesse, disoit ingénieusement, que pour se rendre digne d'elle, il vouloit prendre à Aimar sa politesse, à Trincaleo sa gentillesse, à Rendos sa générosité ; au Dauphin ses réponses obligeantes ; à Pierre de Mauleon, sa plaisanterie ; au Seigneur Beraud, sa bravoure ; à Bertrand, son esprit ; au beau Castillon, sa courtoisie ; à Nebles, sa magnificence dans les repas ; à Miravals, ses chansons ; à Pons de Cap d'œuil, sa gaieté ; à Bertrand de la Tour, sa droiture. « Un tel amant, disoit-il, sera » parfait ; tous deux vous ne sauriez

La Celle.

La Celle. « manquer de vous aimer, à cause de
» la ressemblance ». Louange délicate,
qui figureroit à côté des pieces les plus
ingénieuses de nos meilleurs Poëtes.

Le relâchement s'étant introduit dans
l'Abbaye de la *Celle*, les Religieuses furent transférées à Aix en 1659.

Au-delà de Brignolle, il n'y a rien
qui mérite de nous arrêter, excepté dans
le Diocese de Fréjus, qui aura son article à part.

Cadenet. Une partie du Diocese d'Aix est arrosée par la Durance, près de laquelle
est situé le village de Cadenet: on y a
trouvé une inscription qui paroît avoir
été posée sur le frontispice d'un petit
Temple dédié à la Fortune & aux Dieux
tutélaires des habitans de ce village.

DEXIVAE ET CAVDELLENSIBUS.

Cette inscription fut découverte en
1773, avec 37 médailles, dont la plus
récente est du premier Maximin, mort
en 238; une espece de médaille d'or,
portant une tête de femme, sans revers
& sans légende; plusieurs bijoux, tels
qu'un collier de grenat avec des glands
d'or; & enfin deux petits vases d'argent

avec un petit bouclier votif de même métal.

Le village de Cadenet a toujours eu des Seigneurs particuliers, depuis que la féodalité s'est introduite en Provence.

Celui qui le possédoit en 1165, étoit un pauvre Chevalier qui eut le malheur de voir détruire son château, lorsque les Comtes de Provence & de Toulouse porterent la guerre dans le Comté de Forcalquier. Son fils, encore enfant, fut emmené prisonnier. Il se fit Jongleur, quand il fut grand, & courut le monde sous le nom ignoble de *Baguas*, qui signifie *Garçon*, espérant de percer dans les Cours, & de trouver la fortune avec la gloire. Il eut des liaisons avec la Comtesse d'Auvergne, le Comte de Provence & la Reine Eléonore, sœur de Pierre II, Roi d'Arragon, épouse de Raymond VI, Comte de Toulouse ; car, dans les siecles de la Chevalerie, la galanterie & l'amour des vers rapprochoient tous les rangs.

« Les honneurs, disoit Cadenet,
» s'achetent cher ; avec plus de peine
» on obtient avec plus de gloire. Quand
» on n'y réussiroit pas, toujours est-il
» beau de s'être bien comporté ; du

Le Troubadour Cadenet.

« moins je vous ai aimée, Madame ;
« pour un bien qu'on ne sauroit me re-
« fuser : mon cœur est content dès que
« je puis étendre votre gloire. Quand
« je vois tour ou château, ou homme
« du pays où vous régnez, je me sens
« comblé de joie ; & quand je vais à
« votre demeure, je crois, dans mon
« impatience, reculer en avançant, jus-
« qu'à ce que je sois auprès de vous ».

« Si je pouvois, dit-il ailleurs, forcer
« ma volonté à suivre ma raison, amour
« ne m'auroit pas aisément soumis à
« son empire. Ce n'est pas qu'on soit
« plus vertueux sans amour ; car qui
« aime bien ne croit jamais assez bien
« faire : qui n'aime point ignore cette
« noble émulation, & ne s'attire jamais
« autant d'estime que l'amant heureux
« ou aspirant à le devenir ».

Cadenet, dégoûté du monde, se fit Religieux dans l'Ordre des Hospitaliers, où nous croyons qu'il mourut à la fin du douzieme siecle.

De l'autre côté de la Durance, on trouve aussi la Tour d'Aigues, qui est une des plus belles terres de la Provence. Après avoir été possédée par une branche de la Maison de Sabran depuis le

commencement du treizieme siecle jus- Tour-d'Ai-
qu'au quinzieme ; elle passa dans celle gues.
d'Agoût en 1410, & y demeura jusqu'en
1505 ; car Raymond d'Agoût, dernier
du nom en Provence, de la branche des
Seigneurs de Sault, étant mort sans enfants, ses deux sœurs se partagerent la
succession, qui consistoit en soixante-
cinq terres nobles. Louise d'Agoût, veuve
de Claude de Montauban, Seigneur de
S. André de Bauchêne, eut la Baronie
de Sault, &c.

Jeanne sa sœur, épouse d'Antoine-
René de Bouliers, Vicomte de Reillane,
obtint la Baronie de la Tour d'Aigues &
plusieurs autres terres ; mais les deux
branches de la Maison de Bouliers, qui
la possederent successivement, ayant fini
vers l'an 1584, elle passa, en vertu d'une
substitution faite en 1533, à François-
Louis de Montauban, Baron de Sault,
descendant de Louise d'Agoût, & mari
de Catherine d'Aguerre, veuve d'Antoine de Blanchefort-Créquy. Cette
Dame eut de ce second mariage deux
fils, qui étant morts sans postérité, la
firent leur héritiere. Elle transmit cet
héritage à Charles de Créquy son fils du
premier lit, le même qui fut depuis Ma-

Tour d'Aigues.

...réchal de France, Duc de Lesdiguieres, &c. Charles eut, entr'autres enfants, une fille, nommée Magdeleine, qui, ayant épousé en 1617 Nicolas de Neufville, Duc de Villeroi, Pair & Maréchal de France, lui porta des droits en vertu desquels la Baronie de la Tour d'Aigues passa dans cette maison en 1704, après la mort du Marquis de Créquy, Duc de Lesdiguieres, tué à la bataille de Luzara en 1702. C'est des Ducs de Villeroi que M. Jean-Baptiste Bruni, Seigneur de S. Canat, acquit cette Baronie. Les embellissements que ses Successeurs ont faits au château, effacent tous ceux qui sont dus à la magnificence des trois puissantes Maisons qui l'avoient possédé.

On prétend qu'Antoine-René de Bouliers en jetta les fondements au commencement du quatorzieme siecle, & qu'après lui, Antoine, & Jean-Louis-Nicolas, Baron de Cental, ses fils & petits-fils continuerent l'ouvrage : on assure qu'il est dû presque tout à la galanterie de Jean-Louis-Nicolas, qui voulut le rendre digne de recevoir la Reine Marguerite de Valois, dont il étoit amoureux. Si le fait est vrai, le Baron de Cental ne pouvoit laisser un plus beau monument de sa folie. Mais on ne trouve rien aux archives de la Tour d'Aigues, qui confirme cette tradition que nous croyons fabuleuse. La Reine Catherine de Medicis alla à la Tour d'Aigues le 6 Juillet 1579, & séjourna au château jusqu'au lendemain au soir, accompagnée du Cardinal de Bourbon, du Maréchal de Montmorency, du Grand-Prieur de France, du Prince de Condé, de la Princesse de Lorraine sa petite-fille, de la Princesse de Condé, &c. &c. C'est sans doute à cette occasion que le Baron de Cental, âgé pour lors de près de quatre-vingts ans, fit graver en mille endroits du château, *satiabor cùm apparuerit*; expression honnête, mais bien naïve de la joie qu'éprouve un vieillard qui reçoit chez lui sa Souveraine.

<small>Tour d'Aigues.</small>

Le château est bâti à l'endroit où l'on voyoit autrefois une tour, appellée *la Tour des Romains*. Nous présumons en effet que, de leur temps, il y avoit une ville, quoiqu'il n'en soit parlé dans aucun ancien Auteur. Le seul monument qu'on y ait trouvé, est une inscription en l'honneur du Dieu Mars, surnommé *Belladoni*, mot Gaulois, qui signifie

Guerrier, ou qui est peut-être un nom topique.

[marginal: Meyrargues.]

Je terminerai ce que j'ai à dire sur le Diocese d'Aix, par l'article de Meyrargues, où étoit un château très fort, qui, dans les temps de troubles, devenoit l'asyle des mécontents. Raymond de Turenne, si fameux en Provence par les guerres civiles qu'il y excita vers la fin du quatorzieme siecle, en étoit Seigneur. Il y a toute apparence qu'il le tenoit de son pere Roger, frere du Pape Clément VI, & pere de Gregoire XI. Roger le possédoit en 1395 ; car sa veuve, Eléonore de Cominges y fut assiégée cette année-là par le Sénéchal George de Marle.

Hardouin, Seigneur de Fontaine-Guerin, natif de l'Anjou ou du Maine, qui combattoit vraisemblablement contre Eléonore, devint son prisonnier, & composa à Meyrargues, durant sa prison, le Traité de la Chasse, fini en 1406, dans lequel on trouve notés tous les airs de chasse, qu'il divise en quatorze airs différents, depuis le départ jusqu'à l'appel des gens, lorsqu'on est de retour à à la maison. Voici comment il finit cet Ouvrage. *Meyrargues.*

> Mais c'est moi étant en prison,
> D'une dame en qui suis prisont,
> Que de Turaine est Vicomtesse,
> Et outre mon gré ma maitresse.
> Car comment qu'en prison de dame
> Fait bon, j'aimasse mieux, pour m'ame,
> Dedans fontaine Garin être,
> C'ore avoir telle dame à mettre.
> Mais il n'est huis mes-autrement :
> Pour ce en son chastel proprement
> Nommé Meyrargues en Provence,
> Duquel on voit bien la Durence,
> Ai cette œuvre-ci afin traite,
> Qui fut assouvie & parfaite
> Au mois que tant durent les nuits,
> Qui aux prisons sont moins anuits,
> Quand de leurs douleurs leur remembre ;
> Ce fut dix jours dedans Décembre
> L'an XIIII ^c VI ans mains, (*)
> Et ce c'est au plaisir de mains.

Mss. de la Bibliotheque du Roi.

(*) Cette date prouve que ce que j'ai dit d'après Bouche, dans l'histoire de Provence, t. 1, p. 218, sur les Propriétaires de cette terre, depuis l'an 1374 jusqu'en 1442, n'est point exact.

L'Arc.

L'Arc, en Latin, *Laris*, est la seule riviere du Diocese d'Aix, comme elle est la seule aussi dont les Auteurs Romains fassent mention. Elle traverse la plaine où se donna la fameuse bataille de Marius : les Ambrons ayant rompu leurs rangs pour la passer, furent assaillis dans ce moment avec avantage par les Romains, qui surent profiter habilement de leur désordre.

Je ne connois plus rien dans le Diocese d'Aix qui mérite de nous arrêter. Nous passerons à celui d'Apt.

Diocese d'Apt.

La ville d'Apt, *Apta Julia Vulgentium*, étoit une colonie Romaine, vraisemblablement fondée par Jules César ; le prénom de *Julia*, qu'elle porte, a pourtant été donné quelquefois aux Colonies qui reconnoissoient Auguste pour fondateur. Au reste, le nom Gaulois de cette ville, bâtie dans le territoire des *Vulgientes*, nous fait croire qu'elle existoit avant la conquête de la Province ; mais nous sommes persuadés qu'elle ne renfermoit alors qu'un certain nombre d'habitations placées sans ordre & sans goût. L'art de bâtir d'une maniere réguliere & commode ne fut généralement connu en Provence que sous les Romains. Ils firent dans cette colonie, pour la Religion & le Civil, les mêmes établissements à-peu-près que dans les autres; car dans les choses essentielles au Gouvernement, ils avoient un plan uniforme dont ils ne s'écartoient jamais.

Il y avoit un collège de Prêtresses destinées à servir dans le Temple d'Auguste.

On a découvert aux environs de cette ville, au commencement du siecle, trois statues qu'on transporta à Versailles en 1728. Les deux plus grandes, qui sont d'un fort bon goût, représentent un homme, & une femme assise & vêtue d'une tunique, ayant un manteau qui la couvre jusqu'aux pieds, & la main gauche appuyée sur le côté droit: auprès d'elle est une fille d'environ neuf ans, qui se tient debout, & appuie sa main gauche sur celle de la femme, que je crois être sa mere. L'homme, représenté par l'autre statue, est couvert d'un manteau, qui, tombant en écharpe sur l'épaule, laisse le devant du corps tout nud. On trouva tout auprès une inscription, qui nous apprend que *C. Allius Celer* fit ériger un monument en l'honneur de son oncle *L. Allius Severus*, & deux statues.

Apt. l'une à son pere, & l'autre à sa mere, & que le jour qu'on en fit la dédicace, les héritiers distribuerent, suivant la teneur du testament, soixante-douze deniers à chaque Décurion.

Ainsi ces statues représentent un pere, une mere, & leur fille ; mais on ne sait point en quel lieu elles furent érigées ; si ce fut dans une place, dans un jardin, ou sur un mausolée.

La ville d'Apt fut dévastée par les Lombards : à peine commençoit-elle à se peupler, que les Sarrasins la ravagerent. Elle se releva peu-à-peu de ses ruines, & se forma un plan d'administration particuliere, quand l'absence ou la foiblesse des Comtes eut permis à nos principales villes de se retirer de leur dépendance, à certains égards. Malgré ces petits avantages qui lui étoient communs avec Arles & Marseille, Apt n'a pu devenir considérable ; son éloignement de la mer ne lui permet pas de profiter du commerce, qui est l'unique source de la grandeur & de l'opulence des villes. L'Evêque avoit autrefois le titre de Prince. Il ne le devoit qu'à la politique des Empereurs ; car du reste il n'avoit que la Seigneurie du Bourg, tandis que la Maison de Simiane avoit celle de la ville au commencement du onzieme siecle. Elle réunit ensuite l'une & l'autre, & les vendit successivement aux Comtes de Provence de la Maison d'Anjou.

Le village de Roussillon près d'Apt, devint fameux dans le douzieme siecle par la mort tragique de Guillaume de Cabestaing.

Guillaume étoit né de parents nobles, mais si pauvres, qu'il fut obligé de quitter de bonne heure la maison paternelle, & d'aller se présenter à Raymond, Seigneur de Roussillon, pour être son *varlet* ; car dans ces premiers temps les jeunes gentilshommes nés sans fortune, trouvoient une ressource assurée pour leur éducation dans la maison des Seigneurs, soit de la Cour, soit des Provinces ; ils y étoient élevés en qualité de Varlets ou Varletons, c'est-à-dire, de pages.

Cabestaing avoit une figure & des manieres qui lui gagnerent les bonnes graces de Raymond & de sa femme Marguerite, de la Maison de Tarascou. Marguerite se défia d'autant moins des premiers mouvements de son cœur, qu'ils étoient réglés par ces principes

[marginalia: Roussillon. Mort tragique de Cabestaing.]

d'honnêteté, dont les Dames s'écartoient d'autant moins, que les maximes de la Chevalerie les y rappelloient sans cesse.

Cependant ces goûts, tout innocents qu'ils pouvoient être, firent ombrage à Raymond, qui projetta d'en tirer une vengeance terrible. Ayant conduit un jour Cabestaing hors du château, je ne sais sous quel prétexte, il fondit sur lui l'épée à la main, le tua, lui coupa la tête, lui arracha le cœur, & mit l'un & l'autre dans un carnier. Ensuite étant revenu au château, il manda le Cuisinier, & lui donna le cœur comme un morceau de venaison, lui enjoignit de le faire cuire, & d'y mettre un assaisonnement convenable.

Ses ordres furent exécutés : Marguerite aimoit la sauvagine, & pour sauvagine, elle mangea ce qu'on lui servit ; puis Raymond lui dit : « Dame, savez-vous de quelle viande vous venez de faire si bonne chere ? Je n'en sais rien, répondit-elle, sinon qu'elle m'a paru exquise. Vraiment, je le crois volontiers, répliqua le mari ; aussi est-ce bien chose que vous avez le plus chérie, & c'étoit bien raison que vous aimassiez mort ce que tant

» aimâtes vivant. A quoi la femme éton-
» née répartit avec émotion : comment !
» Que dites-vous ? Alors lui montrant
» la tête sanglante de Cabestaing : re-
» connoissez, ajouta-t-il, celui dont
» vous avez mangé le cœur ». A ce
spectacle, Marguerite tombe évanouie ;
& peu après, revenant à elle-même :
« Oui, dit-elle d'une voix où la ten-
» dresse se faisoit sentir à travers le dé-
» sespoir : oui, je l'ai trouvé tellement
» délicieux, ce mets dont votre barba-
» rie vient de me nourrir, que je n'en
» mangerai jamais d'autre, pour ne pas
» perdre le goût qui m'en reste : à bon
» droit m'avez rendu ce qui fut toujours
» mien ». Raymond transporté de fureur, court, l'épée à la main, sur sa
femme. Elle échappe au coup en fuyant,
va se précipiter volontairement par la
fenêtre, & meurt de sa chûte.

Cette cruauté fut punie comme elle
devoit l'être par les parents de Me Marguerite & de Cabestaing, par les Com-
tes & les Chevaliers du pays, & par tous
les Amants, dit l'Historien, qui s'assem-
blerent pour venger l'honneur de la
Chevalerie : ils détruisirent le château de
Raymond, ravagerent ses terres, ensui-

Roussillon. te, ayant fait mettre le corps de Marguerite & de Cabestaing dans le même tombeau devant la porte de l'Eglise Paroissiale, ils en représenterent l'histoire ; mais l'Ecrivain ne dit pas si ce fut en peinture ou autrement.

Gordes. Roussillon est près de *Gordes*, autre village connu par une inscription ancienne, qui nous apprend que les habitants, nommés *Vordenses*, éleverent un monument en l'honneur de *Caius Allius*, leur protecteur, Quartumvir, Prêtre & Augure, ou peut-être Prêtre *Augustal* dans la ville d'Apt, & Membre d'une des cinq Décuries. Ce *Caius Allius* étoit de la Tribu *Voltinia*, à laquelle les Provençaux paroissent avoir été communément aggrégés.

Villars, Duché pairie. Le Duché de Villars, le seul qu'il y ait en Provence, est dans ce Diocèse, près de la ville d'Apt. L'érection fut faite en 1627 en faveur de George de Brancas, Lieutenant-Général au Gouvernement de Normandie, Gouverneur du Havre & d'Honfleur, Baron d'Oyse, & Seigneur de Champtercier, deux terres qui furent réunies à celle de Villars pour l'érection du Duché. Le Roi, dans ses Lettres-Patentes, rappelle les services rendus au Roi René par Buffile de Brancas, le premier de fa Maifon qui vint s'établir en France.

Les anciens Itinéraires font mention de deux villages que nous ajouterons à cet article, & qui font *Catuiaca* & *Fines*. Nous croyons que le premier a exifté à l'endroit à-peu-près où eft Carluec, dans le territoire de *Ceirefte*; dont le nom eft dérivé, à ce qu'on croit, de *Cæfaris ftatio*. Le petit pont qui eft fur le Calavon paffe pour un ouvrage des Romains.

Catulaca & Fines.

L'autre village, nommé *Fines* dans la Table, étoit vraifemblablement aux environs d'*Oppede* dans le Comtat. Ces deux endroits étoient renfermés dans le territoire des *Vulgientes*, qui, du côté de Cavaillon, confinoient avec les *Cavares* : voilà pourquoi on appella *Fines* l'endroit qui étoit fur les limites de ces deux peuples.

Le Diocefe d'Apt contient à *Vaugine* un rocher tout rempli de gloffepêtres, de petoncles, de grandes huîtres fingulieres, & de pelures d'oignon : des mines d'alun, de vitriol & d'argent à *Viens*; de l'ocre & de la marne argilleufe, qu'on appelle *Blanc d'Apt*, au même endroit & dans la plaine de Perrate, (*Orict. d'Ar-*

Hiftoire naturelle.

D v

genv.) Le temps fera découvrir d'autres minéraux dans ce Diocese.

Hist. re-Naturelle.

Mais ce qui doit le plus attirer l'attention des Voyageurs dans cette partie de la Provence, ce sont les vallons qui la sillonnent, les montagnes dont elle est hérissée ; le nud & la stérilité des collines ; les efforts des habitants pour retenir la terre qui les couvre vers la base ; leur industrie pour forcer la nature à les nourrir par-tout où elle conserve encore quelque vigueur. A côté des endroits les plus affreux, on voit quelquefois des vallées ou des plaines d'une petite étendue, couvertes de vignes, d'amandiers, d'oliviers & de tous les autres arbres qui peuvent supporter le climat, & donner au Cultivateur le prix de ses peines.

Diocese de Riez.

Vous aurez quelquefois ce spectacle agréable en parcourant le Diocese de Riez, qui n'offre d'ailleurs rien d'intéressant en fait d'Histoire naturelle. Les habitans qui l'occupoient anciennement, s'appelloient *Reii*, & vivoient vraisemblablement épars dans des chaumieres, lorsque César envoya une colonie Romaine qui jetta les fondements de la ville, où ils vinrent ensuite se réunir. Ils furent surnommés *Appollinares*, à cause du culte particulier que les Romains y décernerent à Apollon. Auguste ayant ensuite rétabli ou augmenté la colonie, la ville s'aggrandit considérablement, à en juger par les monuments qui restent, & devint la capitale du canton. Parmi les Temples qui la décoroient, il y en avoit un en l'honneur de Rome & d'Auguste ; car, pour corriger ce que l'adulation avoit de bas & de ridicule, ce Prince voulut qu'on lui associât la Divinité de Rome dans le culte qu'on lui rendoit. Le temple étoit desservi par un college de six Prêtres qui avoient un Pontife à leur tête.

Le sacrifice des Tauroboles, qu'on faisoit à Cybele dans la même ville, est également digne d'attention. On creusoit une fosse profonde, couverte de planches trouées en plusieurs endroits, & sur lesquelles on égorgeoit un taureau. Le Prêtre destiné à faire l'expiation, se tenoit sous les planches, vêtu d'une robe de soie, & portant sur sa tête une couronne entourée de bandelettes. Il se tournoit de toutes les manieres pour recevoir le sang sur son corps. Dès que la cérémonie étoit achevée, il sortoit de la fosse, & tout le monde se prosternoit devant lui, comme

Riez. s'il eût représenté la Divinité pour laquelle on offroit le sacrifice. Ses habits ensanglantés étoient regardés comme des choses sacrées ; on les conservoit avec beaucoup de religion.

Cette cérémonie avoit un autre objet ; nous serions portés à croire qu'elle fut uniquement inventée pour l'opposer au baptême, dont on lui attribuoit les effets : de-là vient qu'on l'appelloit *régénération*. Celui qui devoit être régénéré de la sorte, recevoit, de la maniere que nous venons de dire, le sang de la victime sur toutes les parties de son corps, persuadé qu'il n'y avoit point de souillure qui fût à l'épreuve de cette expiation.

Ces sortes de sacrifices ne furent avoués à Rome par le Gouvernement, que sous le regne d'Antonin-Pie, vers le milieu du deuxieme siecle : ils passerent un peu plus tard dans les Gaules ; & celui qui se fit à Riez n'est peut-être que du commencement du troisieme siecle.

Antiquités. On voit encore dans cette ville un Panthéon soutenu par huit colonnes de granit qui ont vingt pieds de haut. Il y avoit extérieurement à la naissance du dôme & tout autour trente-six colonnes de marbre d'un petit module, & en dedans douze niches où étoient les douze grands Dieux. M. de Valavoire, Evêque de Riez fit emporter les six colonnes dans les terres de sa famille. Les douze statues avoient été transportées long-temps auparavant dans la terre de Sorps, où l'on trouva, vers le milieu du dernier siecle, un Pégase de jaspe, un Apollon de corail, une Andromède, une Minerve assez grande, & d'autres restes d'antiquités. Il fut un temps où l'on avoit changé le Panthéon en baptistaire; il est aujourd'hui converti en une Eglise dédiée à S. Clair.

Je ne parlerai pas des douze colonnes qui soutiennent l'Eglise du Séminaire: les quatre de granit qui sont hors de la ville sont remarquables, il y en a peu dans la Province qui méritent de leur être comparées pour la grandeur. On assure qu'il y en avoit autrefois huit autres à côté de celles-ci, & qu'elles sont ensevelies dans la terre. Il seroit difficile de dire à quel édifice elles servoient d'ornement, si c'étoit au Capitole ou au Temple d'Apollon, comme on le croit communément. Tous ces monuments &

Riez. & les autres, dont nous avons déjà parlé, nous donnent une idée bien avantageuse du goût des Romains pour les Arts, & de l'état florissant où étoit alors la Province. Ils n'auroient jamais embelli, comme ils firent, nos grandes villes, & n'y auroient pas élevé des monuments superbes, si l'aisance des habitants, les progrès des Sciences & des Arts n'avoient favorisé leur goût pour les embellissements & la magnificence.

Ces monuments servent encore à faire connoître l'enceinte de la ville qui étoit anciennement fort grande, & qui a été considérablement resserrée par les ravages des Sarrazins, & par ceux que firent les ennemis durant les guerres civiles du quatorzieme siecle.

Je ne puis finir cet article sans faire, sur l'état des chemins du temps des Romains, une réflexion qui se présente d'elle-même. Ils devoient être infiniment plus solides & plus beaux qu'ils ne sont aujourd'hui, puisque dans l'état actuel, on n'y pourroit jamais faire passer de masses énormes, comme sont les colonnes de granit dont je viens de parler, & qui n'ont pû être taillées sur les lieux, puisqu'on n'y trouve point de pierre de cette nature.

La ville de Riez n'offre aujourd'hui rien de remarquable que ces monuments de son ancienneté ; mais ce qui vaut infiniment mieux, l'air y est très pur & le terrein fertile. Elle occupe le second rang sous la Métropole d'Aix, & quoiqu'il soit vraisemblable que son siege ait été fondé vers la fin du quatrieme siecle, on ne connoît point d'Evêque avant S. Maxime, Abbé de Lérins, qui commença son Episcopat en 433 ou en 434.

Le petit village d'*Albiosc*, à deux lieues au Sud-Ouest de Riez, près du Verdon, paroît avoir tiré son nom de l'ancienne Alebece ; c'étoit la capitale des *Albicoei*, dont le territoire occupoit au moins tout ce qui forme aujourd'hui le Diocese de Riez. Ils vinrent au secours de Marseille, lorsque César voulut en entreprendre le siege, & dans les sorties comme dans le combat naval, ils montrerent un courage qui étonna les Romains.

César les dépeint comme vaillants, mais en même-temps comme barbares : *barbaros homines*.

Riez.

Albiosc.

Vérignon. Les *Verrucini*, habitoient le territoire de Verignon, ils sont moins connus : l'Histoire Romaine ne fait que les nommer, sans rapporter aucune action qui les distingue.

Gréouls. L'endroit où est *Greouls*, étoit plus fameux ; nous croyons qu'il y avoit des habitations avant les Romains, à cause de la salubrité des eaux thermales, qui donnerent le nom à l'endroit ; *Gryselium*, vient du Celtique *Grezum*, qui signifie, douleur ou maladie, & de *Lin*, eau ; comme si l'on disoit *eau pour les maladies*. Quelqu'un apparemment, qui s'étoit bien trouvé de ces bains, en témoigna sa reconnoissance aux Nymphes, qui y présidoient par l'inscription, que voici.

NYMPHIS XI.
GRISELICIS.

Il y a toute apparence que dans le temps où elle fut faite, les eaux formoient onze sources, dont chacune avoit sa Nymphe particuliere, suivant l'opinion des Anciens, & que c'est ce qu'on voulut désigner par le nombre onze.

Ces eaux ont, ou peu s'en faut, les mêmes principes que celles de Digne, dont je parlerai assez au long. Leurs propriétés sont par conséquent à-peu-près les mêmes. La chaleur des eaux de Gréouls n'est que de 30 à 31 degrés, au thermomètre de Réaumur; c'est-à-dire, moins forte de sept degrés que les eaux de Digne.

Stoublon, *Stablo*, est nommé par Paul Diacre & Grégoire de Tours, parmi les lieux que les Saxons & les Lombards dévastèrent vers la fin du sixieme siecle. *Stablo* vient de *stabulum*, qui, dans le Bas-Empire, signifioit la même chose que *hospitium*, gîte pour les voyageurs, *poste ou relais :* ce village devoit se trouver sur la route de Riez à Digne. Sous les Romains les chemins étoient autant multipliés qu'aujourd'hui; puisque la Province étoit au moins autant peuplée. De Riez à Fréjus, c'étoit une grande voie militaire, qui passoit par Montpezat, Baudun, Verignon, Ampus & Draguignan. On a trouvé au terroir de Montpezat & de Baudun, des inscriptions, dont je parle dans le pré-

Gréouls.

Stoublon.

mier tome de l'Histoire de Provence, page 246. (*)

Moustiers. On en a également trouvé à Moustiers, en latin, *Monasterium*, ainsi appellé à cause d'un Couvent bâti par les Religieux de Lerins, vers la fin du onzieme siecle : cependant, le terroir étoit plus anciennement habité ; il est certain que sous les Romains il y avoit quelques villes, qui furent détruites dans le moyen âge ; les inscriptions sépulchrales qu'on y a trouvées en sont une preuve assez convaincante ; je me dispense de les rapporter ; elles ne contiennent que les noms de quelques Particuliers.

La fertilité du sol, & la bonté du climat, furent cause que cette ville se peupla, & qu'elle devint même assez considérable pour être chef de Viguerie & siege d'un Bailliage ; distinctions qu'elle a perdues ensuite, avec une partie de sa population ; car, avant l'an 1386, les guerres & les maladies lui avoient enlevé la moitié de ses habitants.

―――――――――

(*) Dans l'inscription du Montpezat, ligne 3 & 4, au lieu du IIII, VIR. CI. A, &c. *Lisez* IIII. VIR. C. I. A qui signifie *quartumvir coloniæ, juliæ, aptæ.*

Une chose digne d'attention à Moustiers, est la chapelle de Notre-Dame de Beauvezer, située entre deux montagnes fort hautes, fort escarpées & séparées par un espace d'environ deux cents-cinquante pieds : elle est ancienne & fameuse par les pélerinages qu'on y faisoit dans les siecles passés. Bouche & Salomé prétendent que Sidonius Appollinaris, quand il vint voir Fauste, Evêque de Riez, vers l'an 470, alla visiter cette chapelle, & que c'est ce qu'il a voulu dire par les vers suivants.

<small>Moustiers.</small>

<small>Omnibus attamen iis sat præstat, quand voluisti,
Ut sanctæ matris sanctum quoque limen adirem ;
Obriguí, fateor, mihi conscius, atque repente
Tinxit adorantem pavido reverentia vultum.</small>

Ils n'ont pas fait attention qu'il ne s'agit ici que d'une visite faite à la mere de Fauste, qui étoit apparemment une femme respectable par son âge & sa vertu; Sidoine, crut voir Jacob, dit-il, le conduire chez sa mere Rebecca, ou Samuel chez sa mere Anne, & il fut saisi du même respect.

<small>Nec secus intremui, quàm si me forte Rebeccæ,
Israël, Aut Samuel crinitus duceret Annæ.</small>

Moustiers. Voilà comme on accrédite des fables dans un pays, faute d'entendre les Auteurs qu'on cite. Cette erreur des Historiens a été cause qu'on a fait graver sur la porte de la chapelle les vers de Sidoine, pour attester que cet Evêque y étoit allé en pélerinage.

Vœu singulier. Les deux montagnes, dont nous avons parlé ci-dessus, soutiennent une chaîne de fer, qui s'étend d'un sommet à l'autre, ayant au milieu une grande étoile à cinq raies, au sujet de laquelle on a débité beaucoup de fables. Le lecteur éclairé n'y verra qu'un de ces vœux ordinaires dans les siecles de la chevalerie.

Nos preux chevaliers, qui faisoient des entreprises d'armes, se préparoient presque toujours à les exécuter, par des actes de piété, dans une Eglise où ils se confessoient, & dans laquelle ils devoient envoyer, à leur retour, tantôt les armes qui les avoient fait triompher, & tantôt celles qu'ils avoient remportées sur les ennemis. Souvent ils promettoient des choses aussi bizarres que le caprice qui les dictoit. Nous pourrions en citer plusieurs exemples, si notre intention n'étoit pas d'abréger. La promesse d'enchaîner deux montagnes, peut-elle même servir de preuve de la dévotion étrange de nos bons ayeux; car, il n'y a pas de doute que ce ne soit ici un vœu dicté par la valeur, & fait par quelqu'ancien chevalier à Notre-Dame de Beauvezer, au sujet de quelque entreprise d'armes, soit courtoise, soit à outrance. L'étoile suspendue à la chaîne n'est autre chose que les armes du chevalier qui fit le vœu. Les uns ont cru qu'elle avoit été mise par un chevalier de la maison de Blaccas, qui avoit une partie de la Seigneurie de Moustiers, & qui a pour armes une étoile à seize raies. Un manuscrit assez ancien l'attribue à Anne de Riquety, qui vivoit, suivant toutes les apparences vers l'an 1390. Si c'est un Blaccas qui fit suspendre cette chaîne, je serois porté à croire que c'est le même dont nous avons parlé dans l'Histoire, & qui se rendit célebre par son courage, par les agrémens de l'esprit, & les qualités du cœur. Il mourut en 1230 ou environ.

Il n'y a point eu d'ancienne Abbaye dans ce Diocese; je ne parle pas de Sainte-Catherine de Sorps, ordre de S. Benoît, parceque son établissement est moderne, remontant tout au plus à l'an

Vœu singulier.

1255. Il y avoit cent Religieuses dirigées par huit Chanoines du même ordre, qui logeoient tout auprès. Les maladies firent abandonner ces établissemens dans le quinzieme siecle.

Histoire Naturelle.

Le Diocese de Riez & celui de Sisteron, dont je vais parler, sont très abondans en amandes : il y a de petites villes qui en recueillent pour environ quarante mille écus. Le défaut de l'amandier, c'est de fleurir trop tôt dans un pays où l'inégalité de la température occasionnée par le voisinage des hautes montagnes, fait quelquefois succéder la gelée aux chaleurs, & détruit les fleurs. On rendroit un grand service à la Provence, si l'on pouvoit trouver un moyen de retarder la fleuraison de cet arbre.

Diocese de Sisteron.

La ville de Sisteron en latin, *Seguslero*, étoit connue anciennement : ce mot celtique, signifie lieu où la riviere est resserrée ; il vient de *Ceg*, Gorge, & de *Stour*, riviere : en effet, à Sisteron la Durance est resserrée entre deux rochers.

Cette ville n'a jamais été considérable dans aucun temps. C'est de leur position avantageuse, & non pas de la fertilité du terroir, que dépend le sort des villes. On en voit de très grandes dans des pays qui fourniſſent à peine de quoi nourrir le quart des habitants; parcequ'elles deviennent, par leur ſituation, un lieu de communication entre des Provinces & des Royaumes entiers: mais dans les lieux écartés de la mer, des grandes routes & des rivieres navigables, l'induſtrie & la population languiſſent; les villes ſont à-peu-près toujours les mêmes; leur ſort le plus heureux eſt de ne pas déchoir.

Siſteron dépendoit anciennement des *Avantici*, qui s'étendoient dans la partie méridionale du Dioceſe de Gap, & avoient dans leur territoire, la petite riviere de *Vançon*, dont le nom paroît dérivé de celui de ce peuple. Elle ſe jette dans la Durance, un peu au-deſſous de Siſteron, qui eſt ſitué ſur le bord oppoſé.

On voit à *Curbans*, près de Siſteron, une mine de cuivre aſſez eſtimée. On avoit commencé ſous M. le Régent d'exploiter, à ongles, un minéral d'argent répandu par mouches, dans une pierre griſe: mais comme ces mouches ſont rares, on l'abandonna. On trouve au quartier du plan, terroir d'Aubénas,

Histoire Naturelle.

dans un ravin près d'une chapelle, un filon de soufre assez pur : ce même minéral se voit sur des pyrites dans le terroir de *S. Martin de Renaccas*, & du Revest. L'ocre, le vitriol & le plomb sont dans le terroir de Dromont, Diocese de Gap, Bailliage de Sisteron. Le plomb se voit encore à *Puypin* sur la montagne du Leberon. Cette montagne contient beaucoup de bitume : il est liquide en certains endroits. C'est ce minéral, qui donne au charbon de terre le phlogistique, sans lequel ce fossile ne tiendroit jamais un rang parmi les matieres combustibles les plus utiles.

Un Naturaliste curieux des coquillages fossiles, verra des belemnites & des cornes d'ammon ferrugineuses, dont plusieurs sont striées, & d'autres lisses & ramifiées, dans des marnes nommées Roubines au terroir de *S. Vincent*, montagne de Lure, d'où l'on a tiré d'assez beaux crystaux de roche. Le genevrier commun, qui croît en ces endroits-là, acquiert, en vieillissant, une odeur aromatique très agréable. Rapé sur des charbons, il parfume un appartement, & l'on assure même que pendant un temps on n'a pas brûlé d'autre encens à l'autel.

l'autel. Plus ce bois est vieux, plus il acquiert de parfum. Ce seroit le meilleur qu'on pût employer dans les chambres des malades, parceque le genévrier est un des plus puissants antiseptiques. La pointe la plus élevée de la montagne de Lure, est de neuf cents toises au-dessus de la mer.

L'Itinéraire & la table font mention d'un endroit de ce Diocese nommé *Alaunium*, dont la position étoit dans le terroir de *Lurs*, au quartier de *Notre-Dame des Anges*, appellé *Aulun*, dans les actes publics; la voie militaire qui alloit d'Apt à Sisteron y passoit. {Alaunium.}

Cet endroit est à une lieue de Forcalquier, connu du temps des Romains sous le nom de *Forum Neronis*. Le mot de *Forum* désignoit les marchés établis au voisinage des voies militaires, les lieux où les officiers des Empereurs alloient plusieurs fois l'année pour rendre la justice. Il faut que celui-ci ait été établi par l'Empereur Néron, ou plutôt par Claude-Tibere-Néron, que Jules-César envoya dans la Narbonnoise pour y fonder les colonies & y faire les autres établissements nécessaires pour la commodité & la tranquillité publiques. {Forcalquier.}

E

Forcalquier. Lorsque les descendants de Bozon II se partagerent la Provence, la portion qui échut à la branche cadette, & qui comprenoit les Dioceses d'Apt, de Riez, de Sisteron, de Gap, & une grande partie de l'Embrunois, prit le nom de Comté de Forcalquier; parceque cette ville en fut la capitale. Les Comtes y firent leur séjour ordinaire, & lui accorderent plusieurs privileges aussi utiles qu'honorables.

Plaid tenu dans cette ville. J'aime à citer comme une preuve de la simplicité des mœurs antiques, ce plaid que Raymond Berenger IVe, tint à Forcalquier au commencement du treizieme siecle, & dans lequel ce Prince, dont les quatre filles épouserent les quatre plus grands Monarques de l'Europe, nous est représenté assis au haut de l'escalier qui conduisoit au clocher; les principaux Seigneurs de sa Cour occupoient une place bien moins commode encore: c'étoit l'usage alors que les grands vassaux rendissent la justice dans la Cour de leur château, assis sur un perron ombragé, tantôt d'un orme ou d'un tilleul, tantôt d'un pin ou d'un autre arbre, & il y a des villages où l'on trouve encore un reste de cet ancien usage dans l'habitude où l'on est d'assembler en été, le conseil de ville sous un orme ou sous un chêne.

Comme le Comté de Forcalquier étoit autrefois indépendant du Comté de Provence, les Rois de France, dans leurs Edits ou Déclarations qui concernent cette Province, prennent le titre de Comtes de Forcalquier.

Manosque, à trois lieues de cette ville, n'est point mentionnée dans les Géographes Romains. Ces Auteurs, uniquement attachés à nommer les colonies & les principales villes bâties près des grandes routes ou sur les côtes, ne disent rien de celles qui étoient écartées dans les terres. Celle de Manosque, telle qu'elle est, ne remonte pas au-delà du neuvieme siecle. Les Comtes de Forcalquier y firent bâtir un château qu'ils donnerent aux Hospitaliers de S. Jean de Jerusalem, avec le domaine temporel de la ville. On voit dans la Chapelle de ce château le buste de Gerard Tum, Fondateur de l'Ordre de Malthe. C'est un ouvrage du fameux Puget. On le regarde comme un de ses chefs-d'œuvre.

On a ouvert à Manosque plusieurs mines de charbon de terre. Le minéral

Mines de charbon & de soufre.

qu'on en tire se décompose facilement à l'air, laisse voir du crystal de vitriol martial, d'alun & de sélénite. Il répand une odeur de soufre très marquée ; le soufre n'est point rare dans les montagnes du Leberon ; on le trouve même crystallisé dans les rochers voisins de Manosque, où l'on rencontre des sources sulfureuses, qui étoient fameuses autrefois pour les obstructions. Elles noircissent l'argent, & ne changent pas de couleur par le mélange de la noix de galle. Il y a dans la même ville des puits dont l'eau est bonne en la tirant, & qui devient amere en bouillant ; sans doute parceque l'action du feu atténue & développe les parties bitumineuses, qui, étant plus condensées dans l'eau froide, se précipitent au fond du vase. Enfin, on trouve dans le même terroir un banc de coquillages, qui a plus de trois lieues de long. La ville de *Manosque* est dans une contrée agréable, arrosée de plusieurs sources, fertile & couronnée de côteaux charmants.

Outre ces mines de charbon de terre, on en exploite d'autres à *S. Martin* de Rennaccas, à *Dauphin*, à *Volx* : celle de *Mane* n'est point attaquée, à cause de sa mauvaise qualité. Des 5 veines qu'on a ouvertes à S. Martin, il y en a 4 qui donnent le meilleur charbon de terre qu'il y ait en Provence pour les forges.

Mines de charbon & de soufre.

Il couloit autrefois du haut d'un rocher voisin des mines de Dauphin, des eaux blanchâtres & gaseuses, qui s'échappent à présent par la galerie qu'on fit à l'ouverture d'une mine attaquée il y a quatre ans. Les ouvriers qui découvrirent la source, n'ayant pu résister aux exhalaisons fétides dont ils furent frappés, s'enfuirent précipitamment, sans prendre leurs outils. Ceux qui vinrent les chercher le lendemain y périrent ; & personne depuis lors n'a eu le courage d'entrer dans la galerie.

Ces eaux, outre l'odeur de soufre qu'elles exhalent, ont une couleur blanchâtre & un goût de putridité exaltée. Elles déposent, à quelque distance de leur source, du soufre pur, comme la fontaine de Tivoly, ou mêlé avec un peu de sélénite. Leur couleur blanchâtre se perd quand elles ont roulé sur le gravier ; mais leur goût & leur odeur se conservent.

La ville de Manosque, dans le seizie-

Fait remarquable. me siecle, a été témoin d'un trait de vertu qui mérite d'être rapporté. François I.er étant allé dans cette ville en 1516, alla loger chez un particulier, dont la fille lui avoit présenté les clefs de la ville : c'étoit une jeune personne d'une rare beauté, & d'une vertu plus rare encore. S'étant apperçue qu'elle avoit fait sur l'esprit du Roi une impression que ce Monarque n'avoit pu cacher, elle alla mettre du soufre dans un réchaut, & en reçut la fumée au visage pour se défigurer ; ce qui lui réussit au point qu'elle devint méconnoissable. François I.er fut d'autant plus frappé de ce trait de vertu, qu'ici la vanité de subjuguer un Roi étoit un piege dangereux dans un âge où l'envie de plaire est déjà si forte & si naturelle. Le Monarque voulant lui donner une marque de son estime, lui assura une somme considérable pour sa dot. Toutes les circonstances de ce fait ne sont point également vraies ; car, il me paroît impossible de recevoir la vapeur du soufre autant de temps qu'il le faut pour se défigurer.

Nous ne parlerons de Lurs, que pour rappeller un événement funeste, arrivé dans ce village le 17 Août 1770, sur les 6

h. & demie du matin. Une grande partie des Paroissiens s'étant retirée dans l'Eglise, pendant un orage violent, le tonnerre y tomba, tua le Curé qui allumoit un cierge à la lampe, & renversa six autres personnes. L'Eglise parut, un instant après, tout en feu, & l'on éprouva un autre coup de tonnerre qui renversa 80 personnes. Cet événement est remarquable par les effets singuliers du tonnerre. Un homme qui sonnoit la cloche, & qui avoit laissé son chapeau à dix pas de lui, le trouva entre ses bras; un autre se vit enlever les souliers de ses pieds, qui étoient sans doute fort larges, comme le sont les souliers des paysans; ils furent portés à une petite distance, sans avoir été brûlés, & sans que les boucles eussent reçu aucune altération. Un rideau, qui couvroit un rétable, fut enlevé de la tringle qu'on trouva dans les pitons, comme si elle n'avoit pas remué: il faut qu'elle y fût retombée après avoir été soulevée par l'action du tonnerre, qui, dans le même instant, fit glisser les anneaux du rideau avec la force & la rapidité que tout le monde connoît à ce météore.

Lurs.

Evénement singulier.

Ce village doit son existence, ainsi

<small>Lucs.</small> que tant d'autres que nous pourrions citer, à l'établissement d'une Chapelle fondée par quelques Paysans, qui ayant entrepris de défricher ce terrein alors inculte, voulurent avoir un Prêtre qui leur dît la Messe. Quelque temps après, il vint d'autres Cultivateurs, & le village se forma à mesure que la terre commença de produire.

<small>Dromon.</small> Nous finirons cet article par celui de *Dromon*, quoique cet endroit soit dans le Diocese de Gap. *Dromon* vient du Celtique *dro*, couper, & de *mon*, pierre; parcequ'en effet on avoit taillé dans le roc un chemin pour arriver à la ville de *Théopolis*, bâtie au sommet d'un rocher; & dont le nom se conserve dans celui de *Théoux*; car cet endroit est indifféremment appellé *Théoux* ou *Dromon*. *Théopolis* signifie *ville divine* ou *ville de Dieu* : cette dénomination remonte au tems du Paganisme, & vient peut-être de quelque Divinité particuliérement adorée dans ce canton. Il est surprenant qu'on ait donné ce nom grec à une ville située dans les montagnes, & éloignée de toutes les Colonies grecques.

On trouve une preuve de l'existence de cette ville dans les restes d'anciennes habitations qu'on découvre sur les rochers, tels qu'une tour, un bassin, un chemin taillé dans le roc, des décombres de murailles, & d'autres vestiges de cette espece. Dardane, après avoir été Préfet du Prétoire, aux années 409 & 410, fit fortifier cette ville dont il étoit Seigneur, pour servir d'asyle aux habitants du voisinage, contre les barbares qui avoient déjà ravagé les Gaules jusqu'au Rhône; il fit en même temps ouvrir, à une demi-lieue de là, un chemin à travers un rocher escarpé, pour faciliter la communication entre cette ville & celles qu'il y avoit du côté de Sisteron : ce passage étoit d'ailleurs facile à garder, dans le cas d'une invasion de la part des ennemis. Enfin, Dardane voulant conserver le souvenir de ces ouvrages, fit graver sur le roc une inscription par laquelle on voit qu'il avoit été Consulaire, c'est-à-dire, Gouverneur de la Province Viennoise, Maître des requêtes, ou chargé de recevoir les placets que les particuliers présentoient à l'Empereur, ayant parmi ses fonctions celle de juger seul ou avec le Préfet du Prétoire, des affaires dévolues au Prince : enfin, il étoit Questeur & Préfet du Prétoire des Gaules. On y

Dromon.

Histoire de Provence, t. 1, p. 95.

Dromon. voit aussi le nom de sa femme *Nevia-Galla*, & celui de son frere *Claudius Lepidus*, qui avoit été Gouverneur de la Germanie premiere, & Comte ou Intendant Général des revenus que le Prince retiroit du Fisc & du Domaine. Passons au Diocese de Digne.

Diocese de Digne. Cette ville, appellée *Dinia* en Latin, étoit capitale des *Bodiontici*, qui paroissent avoir eu des habitations près de l'endroit où elle est bâtie. Son nom est Celtique, & tiré du local même; car *din* signifie eau, & *ia* chaude. Elle fut ainsi nommée, à cause des eaux thermales qui sont à une demi-lieue. Il n'y a aucun reste d'antiquité dans cette ville. Sous les Empereurs Romains, elle ne fut distinguée de beaucoup d'autres, que parcequ'elle eut un Siege Episcopal; preuve que cette ville étoit une des plus considérables des Alpes maritimes.

Gassendi. Le fameux Gassendi, à qui le Comte d'Alais écrivoit: *si les grands négligeoient un homme de votre mérite, il faudroit qu'ils eussent chassé les Muses de la France*, naquit à Champtercier, à une lieue & demie de Digne en 1592. Le talent singulier avec lequel il rajeunit, en quelque maniere, la vieille philosophie d'Epicure, le rendit, pendant quelque temps, le rival de Descartes, qui en créoit une nouvelle beaucoup plus approchante du vrai. Il eut l'honneur de partager, avec ce célebre Philosophe, les suffrages des Savants de l'Europe, dont la plupart ayant vieilli dans les opinions de l'école, se refusoient à la lumiere qui leur en découvroit l'illusion. Gassendi étoit savant dans plus d'un genre; il étoit sur-tout fort versé dans les mathématiques & l'astronomie, & avoit contribué avec ses amis Peyresc & Gautier, Prieur de la Vallette, à répandre en Provence le goût de ces connoissances utiles, qui cependant n'empêcherent pas qu'on ne traitât à Aix comme sorcier un artiste qui n'avoit d'autre crime que d'être un trop habile méchanicien pour son siecle. Il avoit inventé un automate qui jouoit de la guittarre. Les spectateurs étonnés de voir la machine, placée sur une table au milieu d'une chambre, la guittarre au col, les doigts sur le manche, jouer avec beaucoup de justesse les mêmes airs que le Méchanicien jouoit, ne purent s'imaginer que tant de merveilles s'opérassent sans quelque sortilege. Les esprits s'échaufferent, la ma-

Gassendi.

chine fut mise en pieces, & le malheureux, qui l'avoit inventée, sacrifié à la superstition du peuple. Les connoissances épargnent bien des crimes.

Eaux minérales. L'objet le plus intéressant en fait d'histoire naturelle, est la fontaine thermale, qui coule à une demi-lieue de cette ville. La chaleur des eaux est de 38 degrés au thermometre de Réaumur; mais elle varie suivant le degré de température qui regne dans l'atmosphere. Elles ont un goût un peu salé, sont très limpides, & répandent une odeur tant soit peu bitumineuse.

Trois livres d'eau évaporées au feu, dans un vaisseau de terre vernissée, ont donné 62 à 63 grains d'un sel marin & commun, 18 grains de sélénite, & 9 grains de terre absorbante.

L'esprit de sel de nitre, de vitriol & de soufre répandu sur l'eau refroidie ou sortant de la source, n'a donné aucune effervescence, du moins sensible, mais un précipité blanchâtre au fond du verre. L'urine nouvellement rendue n'a produit aucun changement; le lait ne s'est point caillé. On n'a découvert dans ces eaux qu'un sel analogue à celui de la mer; & il est probable que c'est à ce sel qu'elles doivent leur vertu purgative. On le trouve incrusté sur les murailles, & nulle part on n'a découvert les moindres traces de soufre : on a donc tort de croire que ces eaux rafraîchissent, & qu'elles soulagent les maux de poitrine.

Eaux minérales.

Ces bains sont salutaires pour les rhumatismes froids, pour les rhumatismes goûteux, pour la gale, les dartres, sciatiques, paralysies, vieilles blessures, coups de feu, ulceres, plaies faites avec l'arme blanche, coliques néphrétiques, ischuries, stranguries, surdités, bourdonnements, en un mot pour toutes les maladies où il faut diviser la lymphe & les humeurs épaissies, qui ne peuvent se dissiper par la transpiration insensible. Ainsi ces bains pourront être encore salutaires dans les apoplexies séreuses, lorsqu'il s'agit, pour dissiper l'engorgement des humeurs, de rendre aux vaisseaux & aux nerfs leurs oscillations naturelles. Mais dans tous ces cas & dans plusieurs autres on ne doit rien faire sans l'avis des Médecins.

La fontaine de Lambert n'est point thermale, mais l'eau n'est point salée ; & en la mettant dans un chaudron sur le feu, on en tireroit un sel assez bon. Celui que donne l'eau de la fontaine de *Cluman* quand on la fait bouillir, est sain, beau & abondant.

Histoire-Naturelle.

Il y a dans le terroir de Digne beaucoup de fossiles. La montagne de *S. Vincent* est couverte d'astroïtes, de peignes striés de cornes d'Ammon, de belemnites, de pyrites & d'une grande quantité de Trochites. Il y a aussi des géodes remplis des cryftaux mobiles. Le cuivre & le fer sont répandus par morceaux dans les pierres de la montagne de S. Benoît. Il y a une mine d'argent à *Mariaud*, une de fer à *Barles*, ainsi que dans la vallée dite l'*Ecluse*, & près du château de S. Marc de *Jaumegarde*; une de cuivre à *Verdache*, & des cryftaux sur la montagne de *Champourcin*. Mais toutes ces mines auroient besoin d'être éprouvées, pour qu'on pût juger de la qualité du minéral.

Diocese d'Arles.

La ville d'Arles, qui a joué un si grand rôle sous les Empereurs Romains, & ensuite sous leurs Successeurs dans le moyen âge, ne commence d'être connue dans l'histoire que du temps de Jules César. Je suis persuadé qu'elle ne fut fondée que peu d'années avant ce Dicrateur : si elle eût existé quand Scipion vint débarquer ses troupes près de l'embouchure du Rhône, 218 ans avant J. C. ou quand Marius vint asseoir son camp vers l'endroit où cette ville est bâtie, 104 ans avant la même époque, Polybe, Tite-Live & Plutarque auroient-ils manqué de la nommer ? L'on peut regarder leur silence comme une preuve qu'elle n'existoit point encore. Jules-César y envoya une colonie de soldats de la sixieme légion : depuis cette époque elle devint de plus en plus florissante, & mérita ensuite le titre de Métropole des Gaules, lorsque le Préfet du Prétoire & les principaux Officiers de l'Empire y eurent transféré leur Siege.

Cette colonie renfermoit dans son sein tous les établissements politiques & religieux qui pouvoient la distinguer; mais ce qui l'éleva au-dessus de presque toutes les autres colonies des Gaules, ce fut son commerce avec les différents peuples qui habitoient les côtes de la Méditerranée, avec les Grecs sur-tout, auxquels on fut redevable de la connoissance de la Religion chrétienne ; S. Trophime, Grec d'origine, la fit connoître dans Arles & dans les Gaules vers l'an

Arles. 150 de J. C. Le cinquieme siecle vit commencer la décadence de cette ville. Les Visigoths s'en rendirent maîtres en 480, après l'avoir assiégée plusieurs fois; ensuite les Francs s'en emparerent: enfin, les Normands & les Sarrasins commirent toutes sortes de ravages dans le territoire, & furent la premiere cause des marais qui s'y sont formés par l'abandon où se trouva une partie du terroir, faute d'habitants pour le cultiver.

En faisant attention aux établissements en tout genre que les Romains firent dans Arles, on ne peut s'empêcher de croire que l'air y étoit plus sain qu'il ne l'est aujourd'hui; jamais ils n'en auroient fait la capitale de la Gaule Romaine, ni la demeure des principaux Officiers, si les exhalaisons des marais en eussent altéré le climat. Il faut donc que le vaste terrein où les eaux croupissent fût labourable, par la facilité qu'on avoit du temps des Romains, de les faire écouler, ou dans la mer, ou dans le Rhône, dont le lit étoit sûrement plus bas qu'il ne l'est à présent. Les sables qu'il a déposés sur les bords, ont élevé considérablement le terrein, & s'opposent à ce que les eaux pluviales, ou les ruisseaux qui s'y rendent, puissent s'écouler dans le fleuve; elles séjournent donc au même endroit, y affaissent la terre, y forment des cavités qui les retiennent, & qui rendent leur écoulement très difficile, pour ne pas dire impossible. Sans cet inconvénient, il y auroit peu de villes plus agréables que celle d'Arles: bâtie sur un grand fleuve, à sept lieues de la mer, & dans une plaine immense, elle réuniroit à la température du climat les agréments de la campagne, & les avantages du commerce, & toutes les commodités de la vie. Cette ville se gouverna en République depuis l'an 1218 ou environ, jusqu'en 1251 qu'elle se soumit à Charles d'Anjou (*).

(*) On a prétendu, en dernier lieu, que la ville d'Arles avoit été république depuis l'an 1080 jusqu'en 1251, & l'on a divisé cet espace de temps en deux époques. La premiere finit à l'an 1131, qui est l'année où l'on créa pour la premiere fois des Consuls. L'Auteur de la brochure avoue qu'il n'y a aucune preuve que les habitants eussent auparavant des Loix & des Magistrats pour régler leurs intérêts communs. Une république sans statuts & sans Officiers Municipaux, est un phénomene dans l'Histoire.

Arles. Elle est beaucoup moins grande & moins peuplée qu'autrefois; c'est une des raisons pour laquelle on y trouve encore quelques restes d'anciens monuments, *Curiosités.* parceque les habitants n'ont eu besoin ni des pierres ni du local pour bâtir. Cependant ces monuments y sont en petit

---

2°. Il paroît par un diplome de l'Empereur Frédéric I, que le consulat fut établi en vertu d'une concession de l'Empereur Lothaire. La ville d'Arles, bien loin d'avoir été république alors, n'étoit donc qu'une simple commune.

3°. Non-seulement, on ne trouve rien dans l'histoire qui ait fait perdre au Comte de Provence les droits qu'il avoit sur cette ville; mais encore on voit qu'ils furent reconnus par l'Empereur; que l'un & l'autre ne cesserent jusqu'au commencement du treizieme siecle, de faire sentir à la ville leur autorité; l'Empereur exerça la sienne ou par lui-même, ou par l'Archevêque a qui il l'avoit confiée; & dans tout cela on ne voit pas la moindre apparence de république: nous dirons ailleurs ce qu'il faut penser de l'état d'indépendance, où cette ville se trouva pendant environ trente ans. Il arrive souvent, quand on écrit sur un point du droit public, qui regarde la ville où l'on a reçu le jour, qu'on prend des apparences pour des réalités, & qu'on remplit une brochure d'erreurs & d'inutilités, faute d'avoir des idées nettes sur le sujet qu'on traite.

nombre. On voit au quartier des Arênes *Arles.* l'amphithéatre qui est assez bien conservé, mais qui ne fut point achevé : à la Place S. Julien, quelques restes d'un édifice élevé en 338 en l'honneur de Constantin-le-Grand, d'Helene sa mere, de sa femme Fausta & de son fils Claude Constantin, connu sous le nom de Constantin le jeune : dans la cour de l'ancien Couvent de la Miséricorde, deux belles colonnes, restes d'un Temple que l'on croit avoir été consacré à Diane; à l'Archevêché, quelques pierres & quelques autels votifs avec leurs inscriptions; à la Maison de Ville, un Autel votif, qui paroît avoir été dédié à Esculape, Dieu de la Médecine; c'est un monument de pierre dure, sur lequel on a gravé un serpent qui l'embrasse dans ses replis. L'Hôtel de Ville est d'une belle construction; il fut fait sur les dessins de Mansard. La façade, la voûte du vestibule, & la salle, méritent d'être remarquées.

On a mis sur l'escalier une copie de la statue découverte en 1651, & que Louis XIV fit placer dans la Galerie de Versailles. Les Antiquaires d'Arles écrivirent beaucoup sur ce monument : les uns vouloient que ce fût une Venus, & les autres une Diane: M. Terin défendit le premier sentiment sous le nom de Callistène, & quelqu'un fit alors ces quatre Vers:

> Silence Callistene, & ne dispute plus,
> Tes sentiments sont trop prophanes:
> Dans Arles, c'est à tort que tu cherches Venus;
> On n'y trouve que des Dianes.

Un autre plaisant fit un madrigal qui finit par ces trois Vers:

> Qui juge d'une femme a de quoi s'occuper;
> La matiere est fort ambiguë;
> Il est aisé de s'y tromper.

La dispute cessa quand la statue fut à Paris; les Antiquaires déciderent que c'étoit une Venus; & l'on sera porté à le croire, quoiqu'un Savant moderne n'y voie qu'une femme sortant du bain. Les bras & les mains ont été rétablis par Girardon.

L'obélisque qui est au milieu de la place devant l'Archevêché, est aussi digne de l'attention des curieux. On ne sait point qui le fit élever: si ce fut Constantin-le-Grand, comme je le pense, ou l'Empereur Constance, qui fit célébrer dans Arles les jeux circenses & les jeux scéniques en 354. Il est de granit, & a éprouvé, comme tous les autres ouvrages des Romains, la fureur des Barbares & l'injure du temps. Il en est parlé dans des actes de l'an 1389. Depuis ce temps-là il fut de nouveau enséveli sous des ruines, dont on le retira en 1675; & l'année d'après on l'éleva sur un piédestal devant l'Hôtel de Ville en l'honneur de Louis XIV. Il a quarante-sept pieds de haut sur une base de sept pieds de diametre. On plaça sur la pointe un globe d'azur, aux armes de France, surmonté de la figure du soleil, auquel on compare Louis XIV dans une inscription fastueuse que nous nous dispenserons de rapporter.

L'arc de triomphe qu'on voyoit anciennement dans la rue S. Claude, & celui qui étoit auprès de l'Eglise de S. Martin, sont des monuments d'autant plus dignes de nos regrets qu'ils auroient pu répandre quelque jour sur l'histoire; il n'en reste pas même de vestiges. Ceux qui aiment les tombeaux antiques trouveront de quoi se satisfaire, en parcourant les Champs Elisées, près des

Minimes. Voilà à peu près tout ce que nous avions à dire sur les antiquités d'Arles.

Arles.

Le Siege de cette ville nous paroît être le plus ancien des Gaules, & un des premiers par le grand nombre de saints personnages & d'hommes de mérite qui l'ont occupé.

Voyez Histoire de Provence, t. 1, & 2.

La ville d'Arles est une de celles où l'on découvre plus de traces des anciennes mœurs. On y voit encore la course d'hommes & celle de chevaux à certains jours de l'année. On y donnoit ci-devant le combat des taureaux ; mais les dangers inséparables de ce spectacle l'ont fait supprimer. Les femmes portent autour du bras des anneaux d'or, qui ressemblent aux brasselets des anciennes Romaines. Elles ont pardessus le corps une espece de mantelet qui leur descend jusqu'à mi-jambes, & les hommes mettent une camisole sur la veste ; c'étoit à peu près ainsi qu'étoient habillées dans le onzieme siecle les personnes de l'un & de l'autre sexe en Provence.

Arles est la patrie de plusieurs hommes célébres, dont nous avons parlé dans le 1er & le 2d tome de l'Histoire de Provence. On peut citer ce brave

Trait remarquable.

Porcellet, qui avoit suivi à la chasse, avec cinq autres gentilshommes, Richard-Cœur-de-Lion, Roi d'Angleterre, lorsqu'il combattoit en Palestine en 1193. Ils furent investis par un corps de Sarrasins, qui tomberent sur eux le sabre à la main : Richard & ses six compagnons se défendirent vigoureusement pendant quelque temps ; mais des six il y en avoit déjà quatre de tués, & il alloit lui-même perdre la vie ou la liberté, lorsque Porcellet, faisant encore des prodiges de valeur, s'écria en langue Sarrasine, *je suis le Roi*. Aussi-tôt les Sarrasins, qui combattoient contre Richard, abandonnent ce Prince, se joignent à ceux qui étoient aux prises avec Porcellet, croyant qu'effectivement c'étoit le Roi, s'attroupent autour de lui, le serrent de près, & se saisissent de sa personne, sans lui faire aucun mal, espérant d'avoir part à sa rançon. Cette méprise donna le temps à Richard de se sauver ; & quand il fut en lieu de sûreté, il se hâta de retirer des mains des Barbares l'homme généreux auquel il devoit la vie & la liberté. Il donna pour sa rançon les dix plus puissants Satrapes qu'il eût parmi ses prisonniers.

Description de la côte, & phénomène de la Crau.

Quand on parcourra le Diocese d'Arles, on ne doit pas oublier qu'on foule aux pieds une terre qui, telle qu'elle est dans son organisation, est une preuve sensible de la révolution la plus étonnante qu'il y ait eu, je ne dis pas en Provence, mais dans la plus grande partie de l'Europe; & comme ce que je vais dire, choquera les idées les plus généralement reçues; je suis bien aise de faire connoître les preuves de mon opinion; mais il faut pour cela que j'entre dans quelques détails d'orictologie, qui ne sont pas ce qu'il y a de plus amusant dans un voyage : ils sont courts, & je me flatte qu'on les pardonnera d'autant plus volontiers, qu'en histoire naturelle, c'est par les faits qu'on doit remonter à l'origine des révolutions & en assigner les véritables causes.

Vis-à-vis d'Arles est l'île de la Camargue, où commence la côte occidentale de la Provence : elle est formée par les deux bras du Rhône, & se prolonge dans l'espace de sept lieues, depuis la pointe la plus septentrionale, jusqu'à l'embouchure du fleuve. La terre, à deux

deux pieds de profondeur, est extrêmement chargée de sel. Elle est tenace & argilleuse; les pâturages y sont gras & abondants, & fournissent une excellente nourriture à une grande quantité de chevaux & de bœufs qu'on y laisse paître hiver & été. Ces chevaux sont très légers à la course, & beaucoup plus infatigables que les autres chevaux du royaume; mais ils sont sauvages & ombrageux.

La Crau

En s'éloignant du Rhône, on trouve à *Fonvieille*, qui est à une lieue au levant de la ville d'Arles, & à sept lieues de la mer, comme la pointe la plus septentrionale de la Camargue, on trouve, dis-je, en cet endroit, une carriere de terre salunaire, toute remplie de débris de coquillages marins, dont quelques-uns sont encore entiers. On traverse la Crau, qui est une plaine de sept lieues de diametre, toute couverte de cailloux roulés; on redescend vers la mer, & l'on voit à *Istres* un banc d'huîtres d'environ 180 pieds de long & 6 de large. Beaucoup de ces huîtres conservent encore leur nacre & leur couleur. Istres est sur l'étang de *Berre*, où les coquillages se multiplient avec une prodigieuse faci-

F

lité; car le fond & les côtés sont tout couverts de moules, malgré la grande quantité qu'on en tire pour l'usage des habitants.

En contournant l'étang au nord, on arrive à *S. Chamas*. C'est un bourg divisé en deux parties, dont l'une est située sur le bord de l'étang, & l'autre derriere une colline à travers laquelle on a fait une ouverture d'environ 32 toises de long, pour la communication d'une partie à l'autre. Cette colline est toute formée de débris de coquillages. Il y a des vis, des huîtres, des peignes de plusieurs espèces, & des glossopetres. Comme le rocher est fort tendre, on y a pratiqué des habitations, & en le creusant on y trouva à plus de 25 toises de profondeur un morceau de bois très bien conservé, qui n'avoit qu'une petite incrustation de quelques lignes d'épaisseur. Le terroir de S. Chamas au nord abonde en pierres arborisées : il confine au levant avec celui de *Calissane*, d'où l'on tire cette pierre tendre & blanche qu'on emploie à la construction des maisons en plusieurs endroits de la Province, & dont on fait des colonnes & des statues. Je suspends ici la description de la côte, pour faire quelques réflexions sur ce que l'on vient de lire.

Les dépôts de sel qu'on trouve dans la Camargue, à deux pieds de profondeur, sous la terre végétale, sont une preuve que cette île fut couverte par la mer avant que le terrein eût acquis toute l'élévation qu'il a à présent. L'inspection du sol suffit d'ailleurs pour prouver que ce sont les sables du Rhône qui ont retréci le lit de la mer.

Cette révolution a dû se faire d'une maniere assez rapide dans les premiers âges du monde, lorsque les montagnes n'étoient point encore dépouillées, & que la terre toute neuve, pour ainsi dire, étoit facilement entraînée par les pluies & par la fonte des neiges. Il n'en est pas de même aujourd'hui : les eaux pluviales ne roulant en général que sur des pierres & des rochers arides, ne charrient que peu de sable en comparaison de ce qu'elles en charrioient anciennement. Car si la Durance & le Rhône en entraînoient encore la même quantité que dans les temps reculés, en moins de deux siecles la plage de Foz & l'étang de Berre seroient labourables. Le terme en sera plus éloigné : mais les

F ij

Le Crau. progrès que les atterrissements du Rhône ont faits vers son embouchure, nous avertissent de ce qui arrivera un jour. La tour des Tignaux, qui fut construite en 1737 sur les bords de la mer, en est déjà éloignée d'environ une lieue.

Nous pouvons également assurer que les flots ont sillonné le terroir de *Fonvieille*, puisqu'on y découvre beaucoup de corps marins. Or, entre Fonvieille & Saint-Chamas, se trouve la vaste plaine de la Crau, toute remplie de cailloux, même à une grande profondeur. La difficulté est de savoir d'où ils ont été apportés ; s'ils ont été formés par les dépôts de la mer, ou charriés par quelque riviere. Il ne faut être que médiocrement versé dans l'histoire naturelle, pour sentir qu'ils ne sont pas l'ouvrage de la mer. Ces cailloux sont en général d'une médiocre grosseur : les uns remplissent la main, les autres peuvent être poussés assez loin par la force du bras. Ils sont lisses, & cette qualité prouve qu'ils ont été long-temps roulés par les eaux d'une riviere : ils sont la plupart cuivreux & ferrugineux ; & de-là on doit conclure que cette riviere avoit sa source dans des montagnes plus hautes & plus éloignées que celles qui bordent la Crau au nord, où l'on ne découvre aucun de ces minéraux. Enfin, ces cailloux sont parfaitement semblables à ceux de la Durance; c'est un fait qui résulte de leur comparaison, & qui est démontré par la découverte que j'ai faite dans le Crau de quelques cailloux graniteux & de variolites. Les variolites ne se rencontrent que dans le lit de la Durance. Nous pouvons donc assurer que cette riviere les a roulés, & qu'elle a coulé durant plusieurs siecles dans cette vaste plaine, où il est probable qu'elle entroit par le terroir de Lamanon, passant au même endroit à-peu-près où passe le canal de Crapone.

{La Crau}

Cependant il est démontré que les rivieres ne charrient point de cailloux à leur embouchure : comment donc est-il possible que la Durance en ait roulé cette immense quantité sur le bord même de la mer ? Cette objection ne peut détruire le fait, puisqu'il existe ; elle prouve seulement combien il est difficile à expliquer. Mais cette difficulté tournera à l'avantage des preuves qui serviront à la résoudre.

Il fut un tems où il n'y avoit point de mer méditerranée.

L'existence de ces cailloux roulés par la Durance, me paroît prouver évidemment que, dans les premiers siecles qui suivirent immédiatement la création, il n'y avoit point de mer Méditerranée ; que le terrein qu'elle occupe en Provence alloit en pente jusqu'à un lac formé par les eaux du Rhône & des autres rivieres qui s'y déchargent, & que ce lac étoit vraisemblablement très éloigné des terres qui sont actuellement découvertes : ainsi la Durance, bien loin d'être à son embouchure, quand elle traversoit la plaine de la Crau, n'étoit peut-être encore qu'à la moitié de son cours, & voilà pourquoi elle y charrioit une si grande quantité de cailloux.

La terre s'étant ensuite entr'ouverte ou affaissée au Détroit de Gibraltar, l'Océan dut se précipiter avec une violence extraordinaire dans le bassin qui forme à présent la Méditerranée ; les flots impétueux étant allés se briser sur cette partie de la côte d'Afrique, qui forme les caps Carbon, d'Ivi & de Tenez, furent repoussés sur la côte d'Espagne & sur celle de France vers le Golfe de Lyon, s'y précipiterent avec cette rapidité que leur donnoient leur chûte & leur choc sur la côte d'Afrique, heurterent les cailloux de la Durance, qui étoient lisses & petits, les firent refluer contre le courant de la riviere avec les eaux de celle-ci, les entasserent les uns sur les autres ; beaucoup même furent éparpillés çà & là dans cette agitation ; & la Durance, forcée de prendre un autre cours, se dirigea vers l'endroit où est bâtie la ville d'Arles, jusqu'à ce qu'elle se creusât le lit qu'elle occupe derriere la montagne de Lamanon & de Senas.

Nous trouverions les mêmes traces de ce bouleversement aux environs du Rhône, si ce fleuve, en continuant de couler toujours à-peu près au même endroit, n'eût enseveli sous les sables qu'il a charriés les cailloux qu'il rouloit alors, & qu'on trouveroit sûrement à une certaine profondeur.

Suivant cette hypothese, qui est plus que probable, la Crau aura formé un cap entre deux Golfes, l'un, qui alloit au moins jusqu'à Fonvieille, & jusqu'à la pointe la plus septentrionale de la Camargue, aura été comblé par les sables du Rhône, devenus beaucoup plus consi-

La Crau. dérables, depuis qu'il reçoit la Durance dans son lit : l'autre, qui étoit à l'orient de la Crau, & qui couvroit tout ce qui forme aujourd'hui le terrein de Saint-Chamas, de Calissane, de Rognac & de Marignane, se trouve à présent réduit à l'étang de Berre, & perd tous les jours une partie du terrein qu'il occupoit ; car il est certain que le terroir d'Istres étoit autrefois sous les eaux de ce Golfe, & qu'il faisoit partie de l'étang de Berre ou du Martigues, il n'y a peut-être pas un grand nombre de siecles, puisque, dans ce banc énorme d'huîtres dont j'ai parlé ci-dessus, il y en a encore qui conservent leur nacre & leur couleur. La retraite des eaux du terroir de S. Chamas, situé à la pointe septentrionale de l'étang, est à-peu-près de la même date : les coquillages & le morceau de bois trouvé à 25 toises de profondeur dans la terre, annoncent que cette époque ne remonte pas à la plus haute antiquité.

Les atterrissements de ce Golfe ont été produits par les sables de l'Arc & de la Touloubre, qui ont forcé la mer d'abandonner son lit, & de rendre à l'agriculture un terrein qu'elle avoit couvert sous ses eaux pendant plusieurs siecles. Ainsi, nous pouvons dire avec Ovide :

Vidi factas ex æquore terras,
Et procul à pelago conchæ jacuere marinæ,
Et vetus inventa est in montibus anchora summis.

Enfin, ce qui prouve que la plaine de la Crau formoit réellement un cap, c'est que le terrein de Fonvieille & celui de S. Chamas, où nous disons qu'étoient les deux golfes, sont encore au-dessous du niveau de cette plaine, & que d'ailleurs on ne trouve dans la Crau ni sable de la mer, ni coquillage, preuve que la mer ne l'a point couverte.

On nous objectera sans doute qu'on voit de ces corps marins dans les terres qui sont au nord de la Crau, & beaucoup plus élevées qu'elle : nous en convenons ; mais la raison qu'on en pourroit donner dépend d'une autre théorie, qui nous écarteroit trop de notre sujet.

Au reste, si l'explication que nous venons de donner de l'origine de la Crau, est plus que probable, comme nous le pensons, elle est une preuve que la mer Méditerranée n'a pas toujours existé, & qu'elle ne date que du

F. v.

La Crau. moment où un bouleversement, dont il seroit difficile d'assigner la véritable cause, ouvrit aux eaux de l'Océan un passage au détroit de Gibraltar. Otez cette hypothese, qui, à la rigueur, n'en est plus une, il est impossible d'expliquer comment une riviere a pu charrier cette prodigieuse quantité de cailloux, puisqu'ils se seroient trouvés à son embouchure; & qu'il est aussi contraire à l'expérience qu'aux principes de l'hydrodinamique, que des rivieres, en se déchargeant dans la mer au bout d'une plaine, entraînent des cailloux.

Après ce que nous venons de dire, il ne paroîtra plus surprenant que l'origine de la Crau ait tant exercé la sagacité des anciens & des modernes. On ne pouvoit comprendre comment elle avoit pu se former. Eschile, qui vivoit plus de cinq cents ans avant J. C., disoit dans une de ses tragédies, que Jupiter avoit fait pleuvoir des pierres pour fournir des armes à Hercule, lorsque ce Héros eut épuisé tous ses traits en combattant contre les Liguriens. Cette fable, pour le dire en passant, prouve qu'avant Eschyle les Grecs connoissoient déjà la Crau, puisque leur tradition y plaçoit le combat d'Hercule. Aristote attribuoit ces cailloux à un tremblement de terre qui les avoit détachés de quelque montagne voisine; Possidonius, au limon déposé par un lac; des Modernes prétendent qu'ils ont été roulés par la mer. Cette opinion suppose que la mer les a détachés du fond du bassin, & qu'ils y avoient été portés anciennement par quelque fleuve. Ce sera donc toujours à un fleuve qu'il en faudra rapporter l'origine; & cette idée rentre dans notre hypothèse: mais est-il possible que la Méditerranée, qui n'a ni flux ni reflux, ait vomi de son sein, par son mouvement ordinaire qui est très foible, & souvent presqu'insensible, cette quantité immense de cailloux dans un seul endroit de la côte, sans qu'il y ait aucune cause qui détermine le courant vers cet endroit plutôt que vers un autre? Comment d'ailleurs les y auroit-elle jettés sans aucun mélange de coquillages, sans aucun détriment de poissons? car on n'y en trouve d'aucune espece, comme nous l'avons déjà remarqué ci-dessus. L'opinion des modernes ne sert donc qu'à prouver combien il est difficile d'expliquer le phénomène, puisque la cause a échappé à leur sagacité.

La Crau. La Crau, dans les endroits où l'on trouve la terre végétale, produit beaucoup; mais sa principale richesse consiste dans les herbes fines & savoureuses dont elle abonde. Les moutons qui s'en nourrissent en écartant les pierres, ont un degré de bonté qui les rend supérieurs à tous les autres. Les Romains connoissoient comme nous l'excellence de ces pâturages, suivant Strabon, qui ajoute que le vent du nord se fait quelquefois sentir avec la plus grande violence dans l'étendue de cette plaine. *On assure, dit-il, qu'il ébranle & qu'il entraîne les pierres; qu'il enleve les Voyageurs de dessus leurs voitures, & qu'il leur arrache les armes & les habits.* Nous n'avons pas été témoins de faits aussi extraordinaires; mais il est certain que la violence du nord & du mistral est extrême en certains endroits de la Crau.

Les variolites, dont j'ai parlé ci-dessus, ont un fond verd, tout moucheté de taches blanches, ovales ou arrondies, qui forment tout autant de petits corps isolés dans la pierre; & c'est par-là qu'elle se casse. Elle est ordinairement parsemée de petits filets de cuivre, dont la décomposition lui donne une couleur verdâtre;

cette pierre ressemble à certains égards à la serpentine des anciens.

Nous ignorons en quel temps ce pays, que la mer venoit d'abandonner, commença d'être habité ; mais nous savons qu'avant la conquête de la Provence par les Romains, les *Anatilii* habitoient le long du Rhône, & qu'ils occupoient même la Camargue, où ils avoient *Anatilia* pour capitale ; car *Anatilii* en Celtique signifie *habitants* d'une *île* ou d'une *terre fertile*. L'une & l'autre de ces dénominations conviennent à la Camargue.

Les Anatilii.

Ils avoient pour voisins les *Avatici*, qui me paroissent avoir occupé toute la côte orientale du Diocese d'Arles, depuis ce que nous appellons *Istres* jusqu'à Marignane : l'étang de Berre s'appelloit *Mastramela*, comme vous le verrez plus bas.

Les Avatici.

Quand Marius vint en Provence 104 ans avant J. C. pour y arrêter les Cimbres & les Teutons qui se disposoient à passer en Italie, il assit son camp auprès de l'endroit où est la ville d'Arles, qui n'existoit pas encore ; cependant il y avoit des habitations éparses dans le pays : comme les vaisseaux de transport ne pouvoient remonter le fleuve à cause

Fosses de Marius.

Fosses de Marius.

des sables accumulés à son embouchure, Marius fit creuser un canal de navigation large & profond, qui s'étendoit depuis le bras le plus oriental du Rhône, dont il recevoit les eaux, jusqu'à l'étang de Galejon, par lequel il communiquoit avec la plage de Foz.

Ce Général ayant repris le chemin de l'Italie, abandonna le canal aux Marseillois, qui firent construire vers son embouchure quelques édifices publics, & vraisemblablement un phare pour guider les vaisseaux. On apperçoit encore dans l'étang de Galejon, qui est guéable presque par-tout, des traces de ce canal ; il étoit à dix milles au-dessus de l'embouchure du fleuve, à vingt au-dessous d'Arles, & en avoit environ douze dans sa longueur.

Ce canal, de quatre lieues de long, est un ouvrage considérable relativement au peu de séjour que l'armée fit en Provence ; car il falloit qu'il eût une largeur & une profondeur convenables pour que deux vaisseaux de transport, ou du moins deux grosses barques y passassent de front. Je croirois volontiers que les Marseillois en donnerent l'idée à Marius : comme ils connoissoient parfaitement la côte & tous les dangers de la navigation vers l'embouchure du Rhône, ils étoient plus en état que les Romains de diriger ces travaux. Il est surprenant, puisque ces obstacles subsistent encore, & qu'ils se sont multipliés, qu'on n'ait pas songé à ouvrir un canal semblable depuis l'étang de Berre jusqu'au Rhône au-dessous d'Arles. L'exécution n'en seroit ni difficile, ni extrêmement coûteuse, & il en résulteroit des avantages infinis pour le commerce & l'agriculture, puisqu'on pourroit dériver de ce canal de petits canaux d'arrosage.

Fosses de Marius.

Les Romains firent bâtir sur l'étang de Berre, dans le pays des *Avatici*, une ville appellée *Maritima*, entre l'embouchure de l'Arc & de la Durançole. On a trouvé en cet endroit des médailles, des statues de marbre ou de bois, de huit à neuf pouces, des restes de colonnes, de gros morceaux de pavé, soit des maisons, soit des rues ; les décombres d'un réservoir dont le conduit étoit de plomb ; & enfin tout ce qui peut donner l'idée d'une grande ville dont les Historiens ni les Géographes modernes n'ont eu aucune connoissance. Ces débris couvrent un espace immense, sont

Maritima.

Maritima. à peu de profondeur dans la terre, & arrêtent souvent le soc de la charrue. L'endroit où étoit *Maritima* s'appelle *Cap-d'œil* : l'ancienne voie militaire qui alloit d'Arles à Marseille, y passoit. C'est de *Maritima* dont Festus Aviennus a voulu parler dans le Vers suivant :

Oppidum Mastramelæ priscum paludis..

Etang de Berre. L'étang de Berre n'est pas la vingtième partie de ce qu'il étoit anciennement ; il fournit du poisson frais dans les bourgs & les villages qui l'environnent, & aux principales villes de la Provence. Il fournit aussi de quoi saler tous les ans jusqu'à quatre cents quintaux d'anguilles, sans compter celles qu'on mange fraîches : on y fait près de quarante quintaux de boutargue, (c'est le nom qu'on donne aux femelles des mulets, quand les œufs ont été bien nettoyés, salés, applatis sous un poids qu'on leur met dessus, & qu'ils ont été sechés au soleil.) Cette boutargue passe pour être délicate, & s'est vendue quelquefois fort cher.

Sur le bord de l'étang, du côté de la mer, est la petite ville du Martigues, qui ne remonte pas au-delà du treizieme siecle. Elle doit son origine à quelques Pêcheurs qui abandonnerent S. Geniès pour se retirer dans l'île, lorsque les Pirates ravageoient les bourgs voisins de la côté. L'île est un des trois bourgs dont la ville du Martigues est composée. Les deux autres, qui sont Jonquieres au midi, & Ferrieres au nord, sont bâties sur des presqu'îles; elles ne forment à elles trois qu'un seul & même corps de communauté depuis l'an 1581. Cette ville fut érigée en principauté en 1580 par Henri III, en faveur de Philippe-Emmanuel de Lorraine, Duc de Mercœur, & de Marie de Luxembourg sa femme, fille de Sébastien de Luxembourg, à qui la terre du Martigues appartenoit en vertu d'une cession faite par Charles du Maine, héritier du Roi René. Françoise de Lorraine la porta ensuite en dot à Cesar de Vendôme, qui la laissa à son fils Louis-Joseph, dont la veuve la vendit au Maréchal de Villars, en faveur duquel Louis XIV confirma l'érection de la terre du Martigues en Principauté, par Lettres-Patentes du mois de Juillet 1715. Le titre & la seigneurie ont été acquis par M. le Marquis de Galifet. Le

Le Martigues.

Martigues est la patrie de Gerard Tum, fondateur de l'Ordre de Malthe.

S. Chamas. Au bord du même étang est le bourg de *S. Chamas*: tel qu'il est, il est moderne ; mais il paroît que du temps des Romains il y en avoit un dans le voisinage le long de la Touloubre, qui coule sous un pont appellé *Pont Surian* par les gens du pays, ou *Pont Flavian*.

Ce pont est bâti en plein ceintre entre deux rochers, de niveau avec le chemin qui va d'Arles à Aix, & qui est le même que l'ancienne voie *Aurelia*.

Le pont n'a qu'une seule arche de six toises de large ; il est long de onze, en y comprenant deux massifs fort épais, qu'on fit pour l'allonger. Aux deux côtés on bâtit deux arcs de 21 pieds 8 pouces, pour servir de couronnement à l'ouvrage, & non pour éterniser quelque victoire, comme on l'a faussement cru. Celui qui se présente du côté d'Aix a une frise dont les ornements occupent les deux tiers ; le reste est rempli par l'inscription suivante :

L. DONNIUS. C. FLAVOS. FLAMEN.
ROMAE. ET. AUGUSTI. TESTAMENTO.
FIERI. JUSSIT. ARBITRATU. C. DONNEI.
VENAL. ET C. ATTEI RUFFI.

Vers les pilastres on voit des aigles, & la face intérieure de la frise est couverte d'ornements sans aucune inscription. L'autre arc est semblable à celui-là, excepté que l'inscription n'occupe que deux lignes dans la frise, la troisieme étant placée sur la grande face de l'Architrave, & commençant par un *G*. De ce côté les aigles tiennent une couronne de laurier. Il ne restoit qu'un lion accroupi sur un de ces arcs : les trois autres qui avoient été détruits par l'injure du temps, ont été remplacés de nos jours.

Ces deux arcs sont d'ordre Corinthien ; les bases pourroient passer pour Attiques, si elles avoient un plinthe. M. le Marquis de Caumont, qui en envoya la description à l'Académie des Belles-Lettres en 1737, remarque 1º. que la frise & la corniche sont fort ornées, & que l'architrave ne l'est point ; 2º. que l'astragale des chapitaux est avec des *patenôtres*, ce qui ne se voit dans aucun monument antique ; 3º. que les pilastres ont sept canelures, qui se terminent en creux, par le tiers & par le haut ; ceux des côtés sont plus étroits, & le nombre des canelures y est réduit à cinq. Tous

S. Chamas. ces ouvrages paroissent avoir été faits avec soin, & sont bien appareillés.

Ce *Lucius Donnius*, qui ordonna par son testament, que le pont & les arcs fussent bâtis à ses dépens, sous la direction de *Caius Donnius Venalis*, & de *Caius Attius Rufus*, étoit Prêtre d'Auguste & de Rome; deux divinités de nouvelle date, qui avoient un culte & des temples communs en plusieurs endroits de la Province. Ce respectable citoyen devoit être du pays, & fort riche: il n'y a que l'amour de la patrie & de la gloire, qui puisse engager un particulier à faire construire à ses dépens, des monuments de cette espece. Les pierres employées à la construction du *Pont Surian*, sont de la carriere de *Califfane*.

Lançon. De S. Chamas la Voie *Aurelia* conduisoit au terroir de Lançon, où elle se joignoit à l'autre voie romaine, qui venoit d'Aix, en passant par le terroir do Saint-Canat & de Pelissane. On a trouvé dans le terroir de Lançon trois pierres milliaires, sur une desquelles étoit un fragment d'inscription, qui nous apprend qu'en cet endroit, le chemin fut refait par les ordres & sous l'empire de Marc-Aurele.

La même voie passoit ensuite aux environs de *Sallon*, dans le pays des *Anatilii*, où un reste d'inscription nous apprend qu'on avoit élevé un monument en l'honneur d'un *Sevir Augustal*, c'est-à-dire d'un de ces six prêtres institués par Tibere, pour avoir soin des cérémonies établies en l'honneur d'Auguste, dont on fit l'apothéose après sa mort. Ils étoient au nombre de vingt-un à Rome; mais dans les colonies & les municipes, ils n'étoient que six. Leur fonctions consistoient à faire des sacrifices, à présider aux jeux, à avoir soin du temple & du culte établis en l'honneur des Empereurs, qu'on avoit mis au rang des Dieux.

Sallon.

On peut voir à Sallon, dans l'Eglise des Cordeliers, le tombeau du fameux Michel Nostradamus, né à Saint-Remy, le 14 Décembre 1503, & mort à Sallon le 24 Juin 1565. Ses prophéties lui firent une réputation étonnante hors de la Provence, & sur-tout hors de Sallon, où il éprouva des désagréments qui lui firent cruellement sentir que *nul n'est prophéte dans son pays*; il en fut heureusement dédommagé par les marques de bonté qu'il reçut d'Henri II, & de Ca-

Tombeau de Nostradamus.

therine de Médicis, qui lui firent faire un voyage à Paris pour le voir.

Charles IX étant ensuite venu en Provence en 1564, voulut avoir le même plaisir, & lui fit présent de deux cents écus d'or: il lui donna le titre de son Médecin ordinaire, avec des appointements considérables : car, ce Prince étoit d'un caractere à devoir faire un cas tout particulier des Centuries de Nostradamus.

La Crau. En sortant du terroir de Sallon, pour aller du côté d'Arles, la voie *Aurelia* entroit dans la Crau, connue des anciens sous le nom de *Campus Lapideus*: j'en ai parlé ci-dessus.

Canal de Crapone. A l'extrémité de la Crau, est le canal de Crapone qui reçoit les eaux de la Durance; entre les rochers de Bergeret & du Barquot, il traverse les territoires d'environ dix Paroisses, & y répand la fertilité. Cet ouvrage utile fut achevé en 1558, par les soins d'Adam de Crapone, citoyen de Sallon, qui en avoit conçu le projet, & qui peut-être avoit l'idée de faire de ce canal, un canal de navigation entre la Durance & la mer. Il ne faudroit que le rendre plus large & plus profond.

d'Arles, on alloit aussi à *Glanum Livii*, anciennement situé sur le penchant d'un coteau, à plus d'un mille au Sud-Est de Saint-Remy. Cette ville fut vraisemblablement détruite en 408, quand les Vandales ravagerent la Provence: les antiquités qu'on a trouvées à l'endroit dont je parle, sont une preuve de sa véritable position.

S. Remy.

Les habitants de *Glanum*, quand leur ville eut été détruite, se disperserent dans la campagne voisine, où leurs descendants bâtirent une espece de village. L'un d'eux, nommé Benoît, donna en 504 son bien à Saint-Remy, en reconnoissance de ce que sa fille avoit été miraculeusement guérie par ce S. Evêque; on nomma ces biens le patrimoine de Saint-Remy d'où est venu le nom de la ville.

On voit tout auprès de Saint-Remy un arc de triomphe, & un mausolée. Tout ressent dans ces deux monumens l'élégance & le bon goût du siecle d'Auguste. L'arc de triomphe paroît avoir été érigé en l'honneur de *Nero Claudius Drusus*, qui vint au monde trois mois après que Livie sa mere eut été cédée à Auguste, l'an de Rome 716, étant alors

Monumens.

S. Remy.

Histoire de Provence, t. 1, page 617 & suivant.

fort avancée dans sa grossesse. Drusus étoit par conséquent véritablement fils de Tibere Neron, fils adoptif d'Auguste, à qui Livie fut cédée par ce même Tibere Neron son mari, & frere de l'Empereur Tibere. Il étoit un des meilleurs généraux de son temps, & se signala plusieurs fois contre les Germains qui vouloient passer en deçà du Rhin. La mort le surprit près de ce fleuve le 11 Juillet de l'an 745 de Rome ; il mourut d'une chûte de cheval, n'étant encore âgé que de trente ans. L'armée & tout l'Empire même firent éclater à sa mort les regrets les plus vifs, & le Sénat de Rome lui fit élever de superbes trophées, & un arc de triomphe dans la grande voie Appiene.

Les habitants de *Glanum Livii* avoient des raisons particulieres d'honorer sa mémoire, parceque *Drusus* étoit allié par sa mere *Livie* de M. *Livius Drusus Libo*, qui avoit été un bienfaiteur signalé de *Glanum*, ou qui peut être y avoit conduit une colonie, puisque cette ville avoit pris son nom.

Le mausolée est fort beau, & ne le cede point à l'arc de triomphe, pour la beauté de l'architecture, ni pour l'élégance

légance des ornemens. On peut en voir la description dans l'Histoire; rien ne peut nous faire connoître l'état des personnes auxquelles il fut élevé. L'inscription nous apprend seulement que *Sextus*, *Lucius* & *Marcus*, tous trois fils *de Caius Julius*, l'érigerent à leurs pere & mere, dont on voit encore les statues.

S. Remy.

Ibid. p. 642.

Sex. L. M. Juliei. C. F. parentibus suels.

On ne sait pas si ces deux époux étoient nés à Rome ou à *Glanum*; s'ils étoient attachés à la Province par quelque charge considérable: l'Histoire ne nous apprend rien à cet égard de ce qui pourroit satisfaire notre curiosité: tout ce qu'on peut conjecturer, & cette conjecture ne nous conduit à aucune découverte, c'est que ce monument ayant été construit en même temps, ou peu s'en faut, que l'arc triomphal, & étant placé tout auprès, il doit avoir quelque rapport avec lui; c'est-à-dire, que ces deux monuments furent érigés à des personnes que les liens du sang unissoient.

Outre les urnes, les instruments de sacrifices, les médailles & les construc-

G

S. Remy.   tions Romaines qu'on a découvertes à *Glanum*, telles que des ponts, des temples & autres édifices, on y a trouvé une statue de pierre dont Spon a donné le dessin dans ses Recherches d'antiquités, & un bas-relief que M. le Comte de Caylus a fait graver avec quelques autres monuments de moindre importance, dans son septieme tome, pl. LXXIV. Ce bas-relief représente 8 Soldats Romains qui marchent serrés, comme pour attaquer un poste. S. Remi est du Diocese d'Avignon, & à quatre lieues sud-est de cette ville. De *Glanum Livii* on alloit à *Ernaginum*,

S. Gabriel.   aujourd'hui *Saint-Gabriel*, Diocese d'Arles.

Il y avoit sous l'Empire Romain un corps d'*Utriculaires*, c'est-à-dire, un corps de Bateliers qui se servoient des véritables outres au lieu de barques, & c'est de-là qu'ils tirerent leur nom, pour se distinguer des autres Bateliers. Il y en avoit en Provence presque dans toutes les villes situées près de la mer ou des rivieres. Ces bateaux n'étoient ordinairement qu'un assemblage de deux ou de plusieurs outres enflées ou remplies de paille, sur lesquelles on assujettissoit des planches ou des perches pour en former des espèces de radeaux : peut-être aussi cousoit-on ensemble plusieurs peaux, dont on faisoit des barques semblables à celles des Canadiens. Il est probable que les Bateliers conserverent leur ancien nom d'*Utriculaires*, même après qu'ils eurent cessé de se servir de ces sortes de bateaux. Après *Ernaginum* venoit Arles, où les deux voies Romaines aboutissoient, quoique par une route différente.

Tarasco, Tarascon, est placé par Strabon sur le chemin de Nisme à Aix. L'étymologie de son nom qui est Grec, me fait croire que cette ville doit son origine à un comptoir que les Marseillois y établirent, quand Pompée leur eut donné les deux bords du Rhône. Le grand nombre de marchandises qu'ils faisoient remonter par le fleuve, leur rendoit cet établissement nécessaire. Ce n'est ici qu'une conjecture ; mais elle est fondée sur ce que l'Histoire nous apprend du commerce & de la politique de cet ancien peuple.

Tarascon vient d'un mot Grec qui signifie *troubler* & faire *peur*. Cette étymologie peut bien avoir donné naissance à la fable du dragon nommé *Tarasquo*

S. Remy.

Tarascon.

Origine de la Tarasque.

Tarascon. dans le pays, & dont on a fait une représentation fort grossière en bois. On promene cette machine par la ville le jour de l'Ascension & le jour de Sainte-Marthe qui, suivant la tradition du pays, délivra les habitants de la fureur de ce monstre. Gervais de Tilisbery a consacré cette fable dans son ouvrage : on y lit, entr'autres contes, que de son temps le drac habitoit le Rhône, suivant l'opinion commune; qu'une femme de Beaucaire qui lavoit un jour du linge dans le fleuve, ayant laissé tomber son battoir, courut après pour le rattrapper; mais que s'étant trop éloignée du bord, le drac qui étoit couché dans l'eau, la tira à lui, & l'emporta dans son humide caverne, où elle nourrit le fils de cet Enchanteur. Elle y demeura sept ans, ajoute-t-il, au bout desquels elle revint à Beaucaire, où ses parents eurent de la peine à la reconnoître. Un jour qu'elle traversoit la place avant le lever de l'aurore, elle apperçut le drac qui venoit chercher sa proie, parcequ'il se nourrissoit de chair humaine : elle le reconnut, & lui demanda des nouvelles de sa femme & de son fils, ce qui surprit d'autant plus le drac, que, par sa nature il étoit invisible ; mais la femme l'apperçut par un secret merveilleux, dont on peut voir le récit dans l'Auteur, qui l'expose avec une crédulité digne du siecle & du sujet.

Marseille doit son origine à une colonie de Phocéens qui en jetterent les fondements 599 ans avant J. C. C'est la plus ancienne ville des Gaules, puisqu'on n'a aucune preuve qu'il en existât d'autres alors. La maniere dont elle fut fondée, tient de ce merveilleux dont les anciens aimoient tant à embellir les premiers siecles de l'Histoire. *Diocès de Marseille.*

S'il faut en croire Justin, les Phocéens étant arrivés à l'endroit où est Marseille, envoyerent une députation au Roi de la contrée, nommé Nanus, pour lui demander la permission de s'y établir & de faire alliance avec lui. Le hasard voulut que ce Prince fût alors occupé du mariage de sa fille Gyptis. Comme c'étoit l'usage que les parents assemblassent pour cette cérémonie les jeunes gens d'une condition égale à la leur, & qu'ils acceptassent pour gendre celui à qui leur fille présenteroit une coupe remplie d'eau, les principaux du pays s'étoient rendus à la Cour, où ils attendoient que la Princesse *Fondation de Marseille.*

Marseille. déclarât son choix, quand Protis arriva avec les personnes de sa suite. Sa bonne mine, son habillement, ses manieres attirerent tous les regards ; Gyptis elle-même en fut frappée ; & sans faire attention aux inconvénients qu'il pouvoit y avoir à se décider pour un étranger, elle lui présenta la coupe, au grand étonnement de l'assemblée & de son pere sur-tout, qui, cependant, approuva son choix, parcequ'il étoit tout naturel que le chef d'un peuple sauvage ne dédaignât pas d'avoir pour gendre le chef d'une colonie. Il céda aux Phocéens le terrein où ils bâtirent Marseille la premiere année de la quarante-cinquieme Olympiade, ce qui revient à l'an 599, avant J. C. comme je l'ai dit ci-dessus.

T. 1. p. 501. Leur tranquillité fut de courte durée. A peine Nanus fut-il mort, qu'ils eurent à soutenir des guerres dont on peut voir les détails dans l'Histoire de Provence. Ils reçurent une nouvelle peuplade 57 ans après leur arrivée. La ville de Phocée étant alors tombée sous le joug des Perses, la plupart des habitants s'embarquerent avec leurs femmes & leurs enfants, & jetterent dans la mer une barre de fer ardente, jurant de ne retourner dans leur patrie que quand cette barre furnageroit. Quelques-uns aborderent en Corfe, d'autres en Italie, plufieurs relâcherent fur les côtes de Provence & entrerent dans le port de Marfeille, où ils furent reçus au nombre des habitants.

Marfeille.

Ces deux peuplades porterent avec elle les inftruments des arts méchaniques alors connus, ceux de l'agriculture, & beaucoup de graines étrangeres, que le befoin & l'habitude de s'en nourrir leur rendoient néceffaires. Nous leur fommes redevables auffi de plufieurs arbres que l'analogie de notre climat avec celui de l'Afie mineure, leur fit regarder comme pouvant être heureufement cultivés dans leurs nouvelles habitations; & fuppofé que la vigne & l'olivier fauvages vinffent fpontanément dans nos contrées, ils furent les premiers à les rendre utiles par la culture. Il eft cependant plus naturel de leur en attribuer les premiers plants.

Rien n'affura le bonheur & la durée de la République, comme fes loix fages que les anciens ont tant vantées. Elles étoient gravées fur des tables & affichées dans les places publiques afin que perfonne ne les ignorât. Celle qui regardoit

Ses loix.

G iv

Marseille. le suicide est une des plus remarquable par sa singularité. Elle défendoit aux citoyens d'attenter à leur vie, & s'il s'en trouvoit qui fussent las de vivre, ils exposoient aux Magistrats les raisons qu'ils avoient d'abréger leurs jours. Si elles étoient approuvées, on leur donnoit du suc de ciguë que l'on tenoit tout préparé dans le lieu des assemblées publiques ; car on s'imaginoit faussement qu'il y avoit des cas où l'homme pouvoit se défaire lui même. Cette opinion venoit sans doute de ce qu'étant imbus du système de la métempsycose, comme presque tous les peuples de l'Asie dont ils étoient originaires; ils se flattoient qu'en changeant à leur gré de maniere d'être, ils pourroient en trouver une qui les rendroit heureux.

Son commerce. Les Marseillois eurent aussi des loix pour le commerce : elles sont perdues. Le commerce fut chez eux l'objet essentiel de leur politique, & la source de leur puissance, & le mobile ou la fin de leurs entreprises. Aussi n'oublierent-ils rien pour l'assurer & l'étendre. Ils tournerent particuliérement leurs vues du côté de la navigation, & furent heureusement secondés dans cet objet essentiel, par deux de leurs citoyens, habiles astronomes & savans géographes.

Le premier est le fameux Pythéas, qui partit de Marseille environ 320 ans avant J. C. Il passa le détroit, &, remontant vers le nord, le long des côtes du Portugal, pour me servir des noms modernes, il continua de faire le tour de l'Espagne, cingla vers la Gascogne & la Bretagne, qu'il doubla pour entrer dans la Manche, & enfin, après avoir passé les îles de Schetland, il alla jetter l'ancre devant celle de Thulé où les jours étoient de 24 heures; ce qui suppose une latitude de 66 degrés, 52 minutes. Cette île est l'Islande.

Tandis qu'il naviguoit dans les mers du nord, Eutimene son compatriote, faisoit voile vers le sud. Il parcourut les côtes occidentales de l'Afrique jusqu'au delà du Sénégal, cherchant peut-être à parvenir jusqu'au Cap de Bonne-Espérance, que les Phéniciens avoient doublé plus de 600 ans avant J. C.

Si nous ne craignions d'être accusés de donner dans le paradoxe, nous dirions que Pythéas, de son côté, entreprit le voyage de la mer glaciale, parcequ'il soupçonnoit une communication

Marseille.

Voyez Histoire de Provence, t. 1. p. 111 à la note & p. 612 & suiv.

Ibid.

avec la mer du sud. On pourroit fonder cette conjecture sur ce qu'il disoit dans sa relation, qu'on ne pouvoit pénétrer au-delà de l'Islande, ni par mer ni par terre.

Il paroît que son voyage & celui d'Euthymene furent exécutés aux dépens du public. Les lumieres que le Sénat de Marseille avoit tirées des navigations particulieres ou des découvertes des Carthaginois, peut-être aussi quelque projet soumis à ses vues par d'habiles navigateurs, l'engagerent à faire tenter en même-temps ces deux grandes entreprises dont l'effet étoit d'enrichir la république & ses colonies, qui, dans l'origine, n'étoient à proprement parler que des comptoirs. On peut voir ce que nous en disons dans l'Histoire, où nous traitons assez au long de l'ancien commerce de Marseille, & de la maniere dont il se faisoit.

On y verra également ce qui regarde le siege entrepris par César, quarante-neuf ans avant J. C. C'est un des plus fameux de l'antiquité. La description que ce général en a laissée, prouve que la mer a englouti plusieurs rues de l'ancienne ville du côté du couchant, & que ce qui en reste ne fait gueres plus du tiers de ce qu'elle est aujourd'hui. Le Cours, la Cannebiere & toute la Paroisse de S. Ferréol étoient en vignes ou en jardins, & la montagne de Notre-Dame de la Garde étoit couverte de

Marseille.

Cette forêt sacrée
Formidable aux humains & du tems révérée.

qui inspiroit aux légions romaines une religieuse frayeur, & dont Lucain a fait une description si pompeuse.

Les Marseillois décernerent un culte particulier à Diane d'Ephese, qu'ils étoient allés consulter en partant de Phocée. Ils amenerent avec eux, par ordre de cette Déesse, une dame Ephésienne, pour régler le culte & les cérémonies. Elle étoit à la tête du collége des Prêtresses destinées au service du temple : ce collége étoit aggrégé à celui d'Ephese, autant qu'on en peut juger par une inscription, où il est dit, qu'*Ammion Ariston*, après avoir été Prêtresse à Marseille, étoit devenue Pontife à Ephese.

Sa Religion

Page 17.

Le temple de Diane étoit près de l'endroit, où est l'Eglise de la Major. On peut regarder comme des restes de cet édifice, les six colonnes de granit qui sont dans l'Eglise.

Marseille.

Le temple d'Apollon paroît avoir été à l'endroit où est bâtie l'Abbaye de S. Sauveur: il y a dans les caves un cippe sur lequel est une inscription grecque en l'honneur de *T. Porcius, fils de Proculus*, Directeur des droits établis sur les marchandises, qui passoient par la voie *Flaminia & Emilia*, & par celle qui traversoit la Ligurie. Il étoit aussi Directeur des droits d'entrée & de sortie, établis sur les vaisseaux.

Page 596.

Son amour pour les lettres.

Rien ne fut plus brillant que la ville de Marseille, tant que dura son gouvernement Républicain. Elle fut l'*Athenes des Gaules*, suivant l'expression de Ciceron; & la *Maîtresse* des études, suivant Pline. On y cultivoit avec succès la Géographie, la Médecine, les Mathématiques, l'Eloquence & la Poésie, puisqu'on y donna une édition d'Homere.

Des citoyens de Marseille s'étoient déjà rendus célebres par les connoissances astronomiques & par leurs voyages sur mer, long-tems avant que les Romains eussent une marine & des Astronomes: on ne connoissoit gueres dans tout l'Occident que quelques constellations, le mouvement diurne, & annuel du Soleil, & les phases de la Lune à-peu-près;

lorsque Pythéas écrivoit sur la différence des climats, sur la mesure de la terre & sur le mouvement des étoiles fixes, voisines du pole, dont il donna une description ; sur l'obliquité de l'écliptique, & les révolutions des corps célestes.

On peut juger des beaux arts par les médailles qui nous restent. Il y en a qui peuvent le disputer à tout ce que la Grece a de plus fini dans ce genre. Ce sont des chefs-d'œuvre de gravure & de dessin. Ces arts ne peuvent être perfectionnés qu'après que les autres ont fait des progrès sensibles. *Voyez* les médailles, à la fin du tome premier.

Cet état florissant finit avec le gouvernement Républicain, vers la fin du premier siecle. Marseille fut alors privée de ses propres loix ; & perdit le droit d'élire ses Magistrats, étant soumise à un Préfet, que les Romains lui envoyoient tous les ans. C'étoit le sort le plus rigoureux auquel une ville pût être soumise. Nous ne savons pas comment elle mérita d'être ainsi traitée : mais il est certain que telle fut sa condition ; c'est le seul exemple qu'il y ait d'une préfecture dans les Gaules.

Depuis cette époque, la décadence de

Marseille.

Ibid. p. 25 & 197.

Son état dans le moyen âge,

Marseille. Marseille alla toujours en augmentant. Elle fut même accélérée par les vicissitudes qu'éprouva le gouvernement Romain, sous cette foule d'Empereurs, qui occuperent le trône avec un mérite fort inégal.

Cette ville, après avoir passé successivement sous la domination des différens Peuples qui envahirent la Provence, dont elle partagea toujours le sort, devint un arriere-fief gouverné par des Vicomtes, qui n'eurent qu'une partie de la Seigneurie. L'un deux, de la maison de Baux, nommé Barral, rendit sa Cour brillante, dans le temps que les Troubadours faisoient revivre en Provence le goût des lettres & de la poésie. Ils y accouroient en foule, & y trouvoient tout ce que la magnificence, l'esprit, la politesse & la gaieté, pouvoient procurer d'agrémens dans ce siecle de la galanterie.

La premiere femme du Vicomte Barral étoit leur idole. Ils ne tarissoient point sur les éloges qu'ils donnoient à ses graces, & sur les plaintes qu'ils faisoient de son austere vertu; ‚‚ je suis ‚‚ bien aise, disoit en parlant d'elle le ‚‚ Troubadour Folquet, qui fut ensuite ‚‚ Abbé du Toronet; je suis bien aise

» de faire pleurer à mes yeux les maux
» qu'ils m'ont attirés en regardant une
» dame d'un mérite & d'un rang trop
» élevés. Mais quelqu'élevée qu'elle soit,
» je me soumets à la miséricorde; car,
» il n'est pas possible que Dieu qui a mis
» tant de vertus en elle, y ait oublié
» celle-là ». Aussi, pouvoit-on appliquer à cette Cour ce que disoit un Poëte qui y avoit passé la plus grande partie de sa vie, *les récompenses & les bons exemples qu'on y trouve, sont des motifs pour réchauffer les vertus & ranimer les talens.* Voyez dans le tome 2, page 217, une aventure singuliere arrivée à cette Vicomtesse.

Ce qu'on vient de lire, se passoit à la fin du douzieme siecle. Depuis cette époque, la ville est considérablement agrandie. Elle est une des plus commerçantes de l'Europe, & des plus belles du royaume. Son terroir, naturellement stérile, abonde en toutes sortes de productions par les soins des cultivateurs, qui ont, pour ainsi dire, forcé la nature, & changé la qualité du sol à force d'engrais. Car l'influence du commerce est presqu'aussi grande sur les terres que sur le

Marseille.

Son état actuel.

génie des Peuples. Il crée & féconde par-tout où son activité peut s'étendre.

Il faut pourtant avouer que ces campagnes si bien cultivées n'offrent point aux yeux des Voyageurs le même coup-d'œil que celles qui sont arrosées par la Loire, la Seine & la Saône. Il y a quelques prairies & quelques jardins sur les bords du Veaume : le reste est couvert de vignes, d'oliviers & de figuiers, qui sont, avec les amandiers, les arbres que l'on y cultive le plus. Si quelque chose doit frapper, c'est cette quantité de maisons de campagne, dont le nombre est d'environ cinq mille, & qui étant fort multipliées dans le voisinage de Marseille, font une sorte d'illusion au Voyageur, qui croit voir une ville. Elles coupent d'une maniere agréable la verdure dont la terre est couverte toute l'année ; & quand on est sur quelque hauteur, à la *viste*, par exemple, d'où l'on peut découvrir tout à la fois, la mer, la ville & la campagne, on jouit d'un spectacle frappant, mais qui ne l'est guere plus que le coup-d'œil de la porte d'Aix à la porte de Rome ; ce sont les deux extrémités d'une rue qui peut avoir un mille de long; mais il faut la voir un dimanche au soir au printemps, ou en été, quand elle est remplie de monde.

Un autre coup d'œil bien intéressant, est celui du Port, en tems de paix, à cause de l'affluence de toutes les nations commerçantes. C'est un tableau raccourci de l'Europe par la variété des costumes, des mœurs & du langage. L'Auteur du Voyage de Languedoc & de Provence, n'a point exagéré, quand il a dit :

> Telles jadis en Souveraines
> Occupoient le trône des mers,
> Carthage & Tyr, puissantes Reines
> Du commerce de l'Univers.
> Marseille leur digne rivale,
> De toutes parts à chaque instant,
> Reçoit les tributs du couchant
> Et de la rive orientale.
> Vous y voyez soir & matin,
> Le Hollandois, le Levantin,
> L'Anglois sortant de ces demeures
> Où le Laboureur, l'Artisan
> N'ont jamais vu pendant trois heures
> Le Soleil pur quatre fois l'an....
> Là, tout esprit qui veut s'instruire
> Prend de nouvelles notions.
> D'un coup d'œil on voit, on admire,
> Sous ce millier de pavillons,
> Royaume, République, Empire;
> Et l'on diroit qu'on y respire
> L'air de toutes les nations.

Marseille. Mais, pour savoir ce que c'est que le spectacle du Cours & du Port, il auroit fallu être à Marseille, lorsque Monsieur, frere du Roi, y vint, & qu'il animoit par sa présence la gaieté naturelle d'un Peuple, qui, dans les transports de sa joie, faisoit éclater son amour pour ses Souverains.

Parmi les établissements que les Marseillois doivent à la piété de leurs peres, le plus ancien, sans contredire, après S. Victor, est la Cathédrale, nommée la Major; mais je ne crois pas que l'Eglise, telle quelle est, remonte au-delà du treizieme siecle.

Curiosités. Outre les colonnes de granit, dont j'ai parlé ci-dessus, on peut encore remarquer dans cette Eglise, la colonne, & les pilastres de l'autel de S. Lazare, qui sont des fragments antiques.

Le Sauveur du monde, le baptême de Constantin, & le baptême de Clovis, trois tableaux précieux du fameux Puget, le premier sur-tout; ils sont dans la chapelle du S. Sacrement. Le Chapitre les envoyoit en present à M. le Régent; lorsqu'on apprit que ce Prince étoit mort, le Parlement de Provence, à la requisition de MM. les Echevins, ordonna qu'ils fussent remis à leur place.

A L'observance, le tableau de l'*Ecce Homo*, curieux, en ce qu'on prétend qu'il a été peint par René d'Anjou, Comte de Provence.

Au premier Monastere de la Visitation, un S. François de Sales, en prieres; beau tableau de Puget.

Aux Dominicains, le martyre d'un Religieux de cet ordre, au premier autel à droite en entrant dans la nef, par Serres, Peintre Marseillois. Cet Artiste regardoit ce tableau comme son meilleur ouvrage.

A S. Ferréol, dans le chœur, les tableaux de MM. Natoire & Viens. Celui du fond est de M. Natoire.

A l'Hôtel-de-Ville, sur la porte de la loge, l'écusson des armes du Roi, en marbre, beau morceau du fameux Puget, qui ne reçut que quinze cents francs pour cet ouvrage; & qui en avoit déboursé environ treize cents.

Dans la grande Salle, les deux tableaux qui représentent la peste, de 1720, par Serres. Cette Salle mérite d'être vue, ainsi que la Salle consulaire. Il y a sur la porte de celle-ci l'apothéose de la ville, par de Faudran.

Sur le haut de la façade de l'Eglise de S. Martin, on voit une figure de S. Ambroise, exécutée en pierre par un artiste médiocre, d'après le beau S. Ambroise fait en marbre, par Puget, dans l'Eglise de Carignan à Gênes.

A la Consigne, le fameux bas-relief de la peste de Milan, par Puget, morceau plein d'énergie & d'expression. L'autre bas-relief en marbre, qui représente un Enfant soulevant un rideau qui lui tombe sur la tête, n'est pas sans mérite : il est d'un Eleve de Puget.

On peut voir à la Jurisdiction des Prud'hommes, le Tableau qui représente la pêche de Louis XIII dans le Golfe de Marseille.

A S. Victor, l'Eglise inférieure, les colonnes de granit, les tombeaux antiques, le Cloître, bâti des débris d'anciens édifices, les inscriptions sépulchrales, les reliques. Il y avoit ci-devant le mausolée d'Urbain V, Religieux & Bienfaiteur de cette Abbaye ; on l'a fait démolir.

Cette Abbaye, fondée vers l'an 408 est célébre par la réputation de Cassien, par l'austérité des anciens Cénobites, &

Marseille.

Voyez l'Histoire de Prov. t. 1, p. 14 & 15.

par le grand nombre de Prélats qu'elle a donnés à l'Eglise dans tous les temps. Elle fut sécularisée par une Bulle de Clément XII, datée du 27 Décembre 1739, & confirmée par Lettres-Patentes de 1751. Il fut alors réglé qu'on ne pourroit être reçu Chanoine sans avoir fait des preuves de noblesse.

Les Chanoines portent, depuis l'an 1760, une Croix émaillée à huit pointes, au milieu de laquelle est, d'un côté, l'image de S. Victor à cheval, armé de toutes pieces, avec cette légende : *Divi Victoris Massiliensis*, & de l'autre, l'Eglise de S. Victor, avec ces mots : *monumentis & nobilitate insignis*.

Les Dames de S. Sauveur reconnoissent aussi Cassien pour fondateur ; d'où elles furent appellées *Cyssianites*. Leur Monastere, bâti près de Saint-Victor, portoit le nom de S. Cyricius ou Ceris, quand il fut détruit par les Sarrasins. Les Religieuses furent ensuite transférées dans l'Eglise où elles sont encore.

Ceux qui voudront aller aux Chartreux hors de la ville, verront avec plaisir la façade de l'Eglise & quelques Tableaux, quoiqu'ils ne soient pas d'un grand prix.

Marseille. De-là, je conseillerois à un Peintre d'aller voir au Maître-Autel de l'Eglise de Château-Gombert, un Tableau de Puget, représentant la Vocation de S. Mathieu. C'est un des meilleurs ouvrages de cet Artiste ; & l'on pourroit le citer parmi les plus précieux, si le coloris en étoit meilleur.

L'Eglise de Notre-Dame de la Garde est fameuse par la dévotion des Marins qui ont couvert en partie les murs, des marques de leur piété & de leur reconnoissance envers la Vierge. Cette Eglise fut fondée en 1218. On découvre de-là une grande étendue de mer, la ville & la campagne couverte de bastides, ce qui rend ce coup-d'œil très vivant.

Le Fort de Notre-Dame de la Garde n'est plus, comme du temps de Bachaumont & de Chapelle, une méchante masure prête à tomber *au premier vent*, ni un

> Gouvernement commode & beau,
> A qui suffit pour toute garde,
> Un Suisse avec sa hallebarde
> Peint sur la porte du château.

Les réparations qu'on y a faites ont bien changé l'état de ce Fort.

Quant aux cérémonies religieuses, celles de Marseille n'ont rien qui leur soit particulier, excepté la Procession de la Fête-Dieu, dont on a laissé affoiblir la majesté, en permettant qu'un certain nombre de Bouchers y assistent habillés en Coureurs, conduisant un bœuf couronné de fleurs, & couvert d'un tapis sur lequel est un petit enfant de six à sept ans. Il a pour tout habit une peau de mouton, & tient une banderole de la main gauche. C'est une représentation de S. Jean-Baptiste.

On promene le bœuf & l'enfant dans toute la ville trois jours avant la Fête-Dieu, au son des tambourins & des galobets, au nombre d'une douzaine. Le galobet est une espece de flûte dont le son est fort aigu. Le même homme bat le tambourin avec une baguette, & joue en même temps du galobet.

Les manufactures d'Indienne, de porcelaine & de saïance, les fabriques de savon, & les raffineries de sucre sont encore des objets dignes de la curiosité des Voyageurs.

Le Tribunal des Prud'hommes est le seul dont je parlerai : n'ayant rien de commun avec les autres Tribunaux du

Royaume, il mérite un article à part. Il remonte à une époque fort reculée. Un titre de l'an 1349 donne aux Prud'hommes la qualité de Consuls, & je croirois volontiers que leur jurisdiction est une émanation du Consulat maritime, dont l'institution remonte au temps des Empereurs Romains.

Ces Prud'hommes sont des Patrons pêcheurs, qui jugent sans appel de tous les faits concernant la pêche, depuis le cap de l'Aigle, près de la Ciotat, jusques au cap Couronne. Les Parties plaident elles-mêmes en Langue Provençale sans l'intervention de Procureurs ni d'Avocats. Quand le Demandeur veut faire assigner sa partie, il se présente devant le Juge, expose le fait, & met deux ou trois sols dans une boîte destinée à recevoir ces sortes de consignations. Alors les Prud'hommes font assigner le Défendeur par leur Huissier.

Ils jugent en manteau & petit chapeau de velours. Mais dans les cérémonies d'éclat, ils sont en corcet, ayant le haut de chausses & les souliers à l'antique, la fraise, le petit manteau & des pleureuses au lieu de manchettes; les cheveux ronds, une toque de velours noir, & une

une longue & large pertuisane sur l'épaule. Ils sont suivis d'une compagnie de Pêcheurs sous les armes.

Il y a à Marseille deux Académies; celle des Sciences & Belles-Lettres, fondée en 1726, & celle de Peinture & de Sculpture.

La ville a, au couchant, la mer, d'où s'élevent trois îles, à deux lieues du rivage; au midi la montagne de Notre-Dame de la Garde, dont la plus grande hauteur au-dessus du port est de 82 toises; & au levant la campagne qui forme une plaine d'environ cinq lieues de circonférence. Cette plaine est bornée au nord & au midi par deux chaînes de montagnes, qui se rapprochent à l'extrémité orientale du terroir, & forment un vallon fort agréable. La plus grande élévation de cette chaîne de montagnes qui regne au sud & au sud-est, est de 518 toises; celle du nord ne s'éleve pas au-dessus de 345.

Toute cette plaine, dans laquelle on trouve facilement des coquillages fossiles, contient, à deux pieds de profondeur, une masse continue de petits cailloux, liés ensemble par un gluten d'une maniere indissoluble. C'est une espece

Histoire-Naturelle.

de Poudingue semblable à celui qu'on voit au fond de la mer & sur ses bords. Cette identité feroit croire que la mer a autrefois couvert le terroir de Marseille.

Lorsque M. Galland, de l'Académie des Inscriptions, arriva dans cette ville ; il alla voir Puget dans sa maison de campagne : il y trouva des colonnes d'un albâtre très précieux, & si transparent que, par le poli qu'il prenoit, on voyoit, à deux doigts d'épaisseur, l'agréable variété des couleurs. Puget dit qu'il étoit le seul qui connût la carriere, quoiqu'elle ne fût pas bien loin de Marseille. Il est fâcheux qu'il ait envié à ses concitoyens le secret d'une découverte aussi utile.

Le même M. Galland trouva de l'ambre jaune sur le bord de la mer dans un endroit où il n'y avoit point d'arbres ; il étoit tombé des fentes des rochers que les flots battent dans les gros temps. Peut-être le trouva-t-il du côté de l'Estaque : il y a du charbon de terre dans cette partie des montagnes, & derriere même ; car je pense qu'on pourroit en trouver un filon du côté des *Pennes*. Ce

Les Pennes.

village qui avoit été annexé à la Vicomté du Martigues, fut vendu par François de

Luxembourg à Charles de *Vento*, Viguier de Marseille, & érigé en Marquisat au mois d'Octobre 1678.

Il y a dans le terroir une brèche très agréable par la diversité des couleurs : elle prend un beau poli, quoiqu'elle soit difficile à travailler. La fontaine qu'on rencontre en venant de Marseille est remarquable par la difficulté de l'entreprise. Il a fallu percer une masse de pierre vive, de l'épaisseur de cinquante toises, & de plus de seize d'élévation. Les mineurs, qui travailloient en même temps au nord & au midi, en suivant la direction de la boussole, se rencontrerent sur la même ligne, à très peu de différence les uns des autres pour la hauteur.

La partie du Diocese, qui est au midi, vous offrira des objets d'un autre genre. Un Naturaliste pourra aller à Marseille-Veire, & s'arrêtera pour voir, à l'embouchure du Veaune, la belle maison de campagne de M. Borelli. Marseille-Veire n'a de curieux que la Baume de Rolland, longue d'environ deux cents pieds, & riche en stalactites d'un spath jaune & ondé. L'entrée en est étroite, & il faut marcher à quatre pattes l'espace de douze pieds, après quoi

Histoire-Naturelle.

on marche debout, & l'on arrive à une premiere caverne, où l'on voit déjà des stalactites : on continue sa route à côté d'un précipice, & l'on descend enfin, en se traînant sur le derriere, dans la grande caverne, où l'on voit des culs-de-lampe suspendus à la voûte, & au-dessus quelques colonnes de même matiere avec lesquelles ils se joindront, si on n'en arrête les progrès. On dit que Puget vouloit les enlever pour les employer à quelque ouvrage de l'art.

Cassis.

A l'orient de cette montagne on rencontrera, sur la côte, la petite ville de Cassis, fameuse, comme disoient Bachaumont & Chapelle, par

      Ce muscat adorable
  Qu'un soleil proche & favorable
  Confit dans les brûlans rochers.

On pêche tout auprès de Cassis, le corail, qui est une production marine, sur la génération & la formation de laquelle nous ne sommes pas encore parfaitement instruits. Nous savons que ce corps marin est l'ouvrage des animaux ; mais nous ignorons encore comment ils s'engendrent & se nourrissent, & de quelle maniere se forment les branches qui le composent.

Du Corail.

On croit communément qu'elles proviennent d'un même polype qui en engendre d'autres par les côtés. Mais pour donner la raison pourquoi les rameaux en général vont en diminuant dans une certaine proportion, à mesure qu'ils s'éloignent de la base, il faut supposer que les polypes sortent toujours plus minces à mesure qu'ils approchent de la sommité de la plante ; supposition gratuite, dont toutes sortes de personnes ne s'accommoderont pas.

Il seroit peut-être plus simple de dire que le corail n'est qu'un tissu de tuyaux animés & membraneux, qui se soudivisant en s'éloignant de la base, prennent différentes directions. En admettant cette hypothese, on voit que les premieres branches sont plus grosses que les autres, parcequ'il se détache un plus grand nombre de tuyaux ; & en suivant cette subdivision, on explique naturellement la différence qui se trouve dans la ramification du corail.

Je dis que les tuyaux dont il est composé sont membraneux ; car ils impriment sur la partie crétacée, qui les couvre

H iij

extérieurement, des sillons qui le dénotent. Ils pompent, par le moyen des petits corps blancs, qu'on apperçoit sur leur surface, les parties terreuses dont ils se remplissent, & qui forment, à proprement parler, la matiere coralline. Ces petits corps blancs, dont je parle, sont tout autant de trompes par lesquelles le polype prend sa nourriture. Voilà du moins ce qui me paroît de plus vraisemblable sur une matiere qui demande encore beaucoup d'expériences pour être bien connue.

Du Corail.

Il est fait mention de Cassis dans les Itinéraires, sous le nom de *Carsicis*. On y a trouvé une inscription qui n'est autre chose qu'un vœu à la Déesse tutélaire du lieu.

TUTELAE CARCITANAE.

Les Marseillois avoient fondé dans le Golfe, où est aujourd'hui la Ciotat, à l'orient, & à trois quarts de lieue de cette ville, une colonie, connue des anciens sous le nom de *Taurœntum* : on en voit encore quelques décombres dans le fond de la mer.

Taurœntum.

La Ciotat est moderne : elle doit son origine à des Pêcheurs, comme presque

La Ciotat.

toutes les villes maritimes, , & ſes accroiſſements au Commerce, que ſa ſituation avantageuſe l'a miſe à portée de faire.

On voit, à trois quarts de lieue au nord de cette ville, le village de *Ceireſte*, nommé dans l'Itinéraire d'Antonin pour déſigner le port de *Tauroentum*, parceque cette ville étoit alors vraiſemblablement détruite, & que les habitants s'étoient retirés à *Citharifta*, dont la plupart vinrent enſuite habiter la Ciotat.

Bouche rapporte qu'à la fin du dernier ſiecle, il y avoit, dans le terroir de ce village, un olivier dont le tronc étoit creux, & ſi prodigieuſement gros, qu'il pouvoit contenir vingt perſonnes. Le propriétaire y logeoit avec toute ſa famille en été, & y avoit encore ménagé un petit coin pour ſon cheval. Si le fait eſt vrai, c'eſt un des plus ſinguliers qu'on puiſſe rapporter en ce genre.

Si, au lieu d'aller à Toulon par la Ciotat, on prend la grande route, qui eſt celle d'Aubagne & la plus commode, on entre, à une demi-lieue de Marſeille, dans ce vallon dont j'ai parlé ci-deſſus, & qui préſente tout le long du Veaune, le coup-d'œil agréable que peuvent offrir des prairies toujours vertes, des maisons de campagne bâties fort près les unes des autres, & des vignes qui s'élevent en amphithéatre sur les côteaux voisins. On ne rencontre dans ce vallon aucun objet d'histoire naturelle, qui mérite qu'on s'y arrête; nous remarquerons seulement, que se trouvant dans la direction du mistral, il est fort incommode pour les Voyageurs, lorsque ce vent souffle.

Aubagne. En suivant ce vallon, on arrive au terroir d'Aubagne. Un seul marbre découvert au quartier de la Crau parmi quelques autres restes d'antiquité, nous apprend qu'il y avoit en cet endroit une ville nommée *Lucretum*, & une autre tout auprès, nommée *Gargarium*, dont la position répondoit à celle de S. Jean de Garguier. Le gouvernement Romain avoit fait faire à ses dépens des bains à *Lucretum*, pour en laisser gratuitement l'usage aux habitants ; mais un droit qu'on voulut ensuite établir, ayant excité les murmures du peuple, un affranchi, nommé *Zozime*, Membre du College des six Prêtres établis à Arles pour le culte d'Auguste, poursuivit la restitution de ce privilege, soit auprès de l'Empereur Antonin Pie, soit auprès du Président de la Province; & non-seulement il l'obtint, mais encore il ne voulut pas être remboursé des sommes qu'il avoit dépensées (*). Ce fait est attesté par un marbre trouvé sur les lieux, & placé dans un mur au bas du grand escalier de l'Evêché de Marseille. La plus haute montagne qu'on voit près d'Aubagne, a 350 toises d'élévation au-dessus de la mer. On fait à Aubagne de l'excellente malvoisie : c'est un vin cuit fort délicat.

Aubagne.

L'on passe ensuite près de *Gemenos*, qui est un village dans le terroir duquel il y avoit autrefois une Abbaye célebre de l'Ordre de Cîteaux, fondée en 1205, à côté d'un Couvent de Religieux du même Ordre, & supprimée dans le quinzieme siecle. Parmi les Religieuses, il y en avoit deux de la Maison de Baux, Huguette & Etiennette, qui, suivant un Troubadour contemporain, *étoient la gloire & le soutien des vertus &*

Gemenos.

(*) Je croirois volontiers qu'Aubagne tire son nom de ces bains; c'est comme si l'on disoit *ad balnea*.

de l'honneur, & avoient fait les délices de la Cour & la joie de la Provence avant de prendre le voile.

Signe.

Enfin, on laisse à sa gauche le village de *Signe*, que je nomme pour détruire une erreur accréditée par nos anciens Historiens de Provence. Ils prétendent qu'il y avoit une Cour d'amour dans ce village & dans celui de Pierrefeu ; & que cette Cour étoit une espece de Tribunal toujours subsistant pour décider les questions qui s'élevoient en matiere de galanterie. Il est certain qu'on n'en trouve aucune preuve, ni dans les anciens manuscrits, ni dans les vies des Troubadours. Tout ce qu'on peut dire, c'est que les Dames, les Chevaliers & les Troubadours même disputoient sérieusement sur les matieres de galanterie, qui faisoient le sujet ordinaire de leurs entretiens. Ils analysoient tous les sentiments du cœur, & proposoient quelquefois, en forme de défi, des questions qui demandoient beaucoup de raffinement. On appelloit *Cour d'amour*, les assemblées où on les décidoit, par allusion aux sujets qu'on y traitoit d'une maniere particuliere. Ces assemblées n'étoient pas différentes des autres par la qualité

La Cour d'amour.

des personnes qui les composoient; elles étoient seulement plus nombreuses & se tenoient avec plus d'appareil. Au reste, il n'y avoit en Provence aucun lieu spécialement destiné pour ces rendez-vous, où se trouvoient les Seigneurs, suivant l'expression de Peyre Vidal, avec des *Dames courtoises, sages, spirituelles, qui portoient des patenôtres & des parfums.*

<small>La Cour d'amour.</small>

Le couronnement des montagnes qui forment les côteaux qu'on rencontre, a un aspect fort triste. Ce sont des rochers nuds & arides, qui, dans un beau jour d'été, brûlent le Voyageur par une forte réverbération, & le mettent en danger de périr dans un temps d'orage, lorsque les eaux qui coulent sur la pierre vive, s'accumulent dans des ravins, & forment en un instant des torrents, à qui rien ne résiste. C'est de là que viennent ces vallons profonds que vous trouvez sur la route de Marseille à Toulon, & dont le plus étonnant est celui des Vaux d'Ollioules, resserré entre des montagnes taillées à pic, absolument nues depuis leur base jusqu'au sommet, & parmi lesquelles il est très incommode de voyager en été dans le fort du jour.

<small>Histoire-Naturelle.</small>

<small>Vaux d'Ollioules.</small>

Histoire Naturelle.

Vous verrez dans ce vallon des pierres volcanisées. Elles ont été apportées par les eaux des environs d'*Evenos*, où l'on découvre un volcan éteint. On apperçoit d'autres volcans éteints également au *Broussan*, au *Revest*, & dans le terroir de *Mont-rieux*. Il y a dans ces endroits un minéral pyriteux, qui tient du cuivre & du fer, & qui donne aux pierres une couleur verdâtre; dans quelques-unes il est crystallisé. Ce minéral est plus sensible sur la partie de la montagne d'Ollioules, où est la Maison de l'Oratoire: car on trouve au-dessus de cette Maison des traces sensibles de volcan: les pierres sont noirâtres, pleines de soufflures, ne font point effervescence avec l'eau-forte, & donnent quelques étincelles avec l'acier. On y apperçoit des points brillants, qui annoncent une vitrification, c'est le schorl. Beaucoup de ces pierres ressemblent à du machefer: les habitants d'Ollioules les ont employées dans tous les temps pour construire les murailles des jardins & des maisons; & cependant, il n'y a peut-être pas plus de six ans que ces Volcans sont connus.

Les montagnes arides des Dioceses d'Aix & de Marseille, & celles qui sont au Nord-Ouest de Toulon, sont toutes calcaires, & ont leur direction de l'Est à l'Ouest. Elles contiennent presque toutes du charbon de terre : on peut voir une description des mines de ce fossile, dans un Mémoire qui a remporté le prix au jugement de l'Académie de Marseille, par M. Bernard, associé de la même Académie. Le charbon de terre est une matiere fort importante dans un Pays où le bois est rare, & où il en faudroit beaucoup pour les Fabriques de savon, les verreries, la filature des soies, la distillation des eaux-de-vie, & les moulins à huile, sans compter tout ce qu'on peut employer dans les fours à chaux. D'ailleurs, comme il paroît que les cendres de ce charbon, mêlées avec la chaux vive, peuvent fournir un bon engrais, cette propriété doit les rendre précieuses & les faire rechercher en Provence, où les engrais sont moins abondants que par tout ailleurs.

Une chose remarquable dans les mines de charbon de terre, situées dans les Dioceses d'Aix & de Marseille, c'est qu'au dessus de la derniere couche, &

Observations sur les montagnes.

Voyez Histoire de Provence, t. 1, p. 208.

Observations sur les montagnes.

immédiatement sous le rocher qui couvre le filon, il y a beaucoup de moules & de vis fluviatiles de toutes grandeurs, & même des camites, tant à stries transversales, qu'à stries longitudinales; mais dont les valves n'ont que trois à quatre lignes de longueur. Les coquilles, pour l'ordinaire, ont encore tout l'éclat de leur nacre; ce qui semble prouver que la formation de ces mines n'est point l'ouvrage de quelques milliers d'années.

Avant d'établir sur la composition & la décomposition des Êtres, des regles pour juger de l'ancienneté du monde, il faudroit connoître la maniere dont la nature agit; les causes & les circonstances, qui, dans les différents temps, ont hâté ou ralenti la marche des Loix que le Créateur a imposées à la matiere. Or, tout cela, jusqu'à présent, a échappé à la sagacité des Philosophes, & l'on ne doit point se hâter d'établir des systêmes avant d'avoir un plus grand nombre de faits; car, ceux que nous avons sont insuffisants, & quand on veut les rapprocher, on sent, par les disparates & même par les contradictions qui en résultent, combien il en faut encore découvrir pour avoir tout l'ensemble, &

pour connoître parfaitement la théorie de la terre.

Observations sur les montagnes.

L'odeur du charbon des Dioceses d'Aix & de Marseille, est très désagréable : un Naturaliste l'a observé au sujet de celui de *Pepin*, près d'Aubagne ; ce charbon est très beau à l'œil, mais au feu il répand une odeur déplaisante, approchant de l'odeur que donne le courroie ou spalme, encore fraîchement fait. Je crois qu'on peut attribuer cette odeur à la décomposition des coquillages, dont nous avons parlé ci-dessus. Ce qu'il y a de remarquable, c'est qu'on n'en trouve aucun dans les mines du Diocese de Sisteron.

Je dois encore observer, en finissant cet article, que la partie supérieure des montagnes, au bas desquelles se trouve le charbon de terre, est tout à fait nue, quoique anciennement elle fût couverte de terre & d'arbres. Ce sont ces arbres qui, ayant été entraînés par les eaux pluviales, au bas des montagnes, ont fourni la premiere matiere du fossile. Aussi n'en trouve-t-on point sur les montagnes schisteuses de la Basse-Provence, où les arbres & la terre sont encore : ni dans celles de la partie la plus septentrionale, sur lesquelles les arbres ne croissent point, & qui ne produisent qu'un excellent pâturage, où l'on mene paître en été les troupeaux d'Arles.

Histoire-Naturelle.

La terre Calcaire ne regne que dans la partie Occidentale & Septentrionale du terrroir *d'Ollioules* : le reste, c'est-à-dire, la partie Orientale & Méridionale, celle sur-tout qui est la plus voisine de la mer, se trouve comprise dans la bande schisteuse.

Avant de quitter Ollioules, on peut voir des indices de marbre, d'un rouge sanguin, près de la porte qui conduit à *Toulon*; & d'autres indices de marbre blanc, au-dessus de la maison de l'Oratoire.

Les jardins des environs commencent à donner une idée de la douceur du climat. On y trouve, quoique en moindre quantité, les mêmes richesses que dans les jardins d'Hyeres; les Orangers & les Cédrats y croissent en plein-vent; mais ils n'y sont pas aussi beaux. On lit dans l'Oryctologie d'Argenville qu'il y a une mine de cuivre & d'argent à *six Fours*.

Le terroir de *Toulon*, dans lequel on entre en sortant de celui d'Ollioules, n'est que Saffre au Nord, & au Nord

Ouest de la ville. On appelle *saffre*, un amas de petites pierres liées ensemble par un gluten qui se durcit à l'air avec une facilité surprenante. Si on laissoit le terroir en friche pendant une vingtaine d'années, il formeroit une espece de poudingue aussi dur que celui du bord de la mer, où il faut employer la mine pour le faire sauter. J'ai vu une muraille de pierre seche, où l'on avoit mis indistinctement le saffre avec d'assez gros morceaux de pierre de taille & de grès : la pluie, ayant fait couler sur celle-ci le gluten du saffre, avoit lié le tout ensemble, comme auroit pu faire le mastic le plus fort. La Rocaille qu'on trouve à Marseille sous la terre végétale, & dont j'ai parlé plus haut, me paroît être de même nature que le saffre.

Histoire Naturelle.

Il n'est parlé de la ville de Toulon dans aucun monument, excepté dans l'Itinéraire maritime d'Antonin, vers le milieu du deuxieme siecle de l'Eglise. Les Romains y avoient au commencement du cinquieme, une teinturerie qui donna vraisemblablement lieu à l'agrandissement de la ville. Les eaux qui sont excellentes pour la teinture, & la facilité d'avoir du kermes & du murex,

Toulon.

décidèrent les Empereurs Romains à établir cette manufacture.

Curiosités. L'Arsenal fait l'admiration des voyageurs, & il faut avouer que rien n'est plus capable d'exciter la curiosité que les travaux qui s'y font en temps de guerre sur-tout : les arts & métiers qui servent à l'approvisionnement d'une ville, ne sont rien en comparaison de ceux qui concourent à l'armement d'une flotte. On est étonné de voir tout ce qu'on a inventé pour perfectionner l'art de la guerre & de la navigation. Parmi les lieux qui composent l'Arsenal, on distingue la corderie, qui est un ouvrage digne de la réputation de M. de Vauban.

La caisse bâtie dans le port pour la construction & le radoub des vaisseaux, est encore un bel ouvrage. Elle a 300 pieds de long sur 100 de large & 34 de haut. Quand le vaisseau qu'on veut radouber y est entré, on ferme la porte par le moyen d'un bateau fait en cône tronqué, & chargé de tout ce qu'il y a de plus pesant pour le faire plonger. Il s'engrène parfaitement dans les rainures ; & quand on a pris toutes les mesures convenables, pour que l'eau extérieure n'entre point, on met à sec le dedans de la caisse par le moyen des pompes. La tranquillité de la mer, qui dans le port de Toulon, est exempte du flux & du reflux, a beaucoup facilité les moyens de donner à cet ouvrage la solidité dont il avoit besoin. Cependant la plus grande difficulté dans cette entreprise, étoit de déplacer un volume d'eau égal à la grandeur de la caisse, & de disposer les poids énormes dont elle étoit chargée, de maniere qu'elle plongeât sans perdre sa position horisontale.

En passant sur le port, on s'arrêtera pour voir les deux suppôts qui soutiennent le balcon de l'Hôtel-de-Ville. Ce sont deux chefs-d'œuvre du célebre Puget. On dit que cet Artiste ayant à se plaindre de deux Consuls qui étoient alors à la tête de l'administration, exprima les traits de leur visage sur ces figures, avec tant de vérité, qu'on ne pouvoit les méconnoître, & que ces deux Messieurs, après leur Consulat, n'oserent plus passer devant l'Hôtel-de-Ville. Ce trait d'humeur décele le caractere bourru de Puget ; mais il n'appartient pas à tout le monde de se venger de la sorte.

Toulon.

Ce célebre Artiste occupoit une maison qui appartient à M. Granet : il peignit au plafond d'une chambre les trois Graces, qui sont d'une composition fort élégante ; on les y voit encore, ainsi qu'un Tableau où est représenté un Hercule qui file.

Le S. Felix, qui est dans l'Eglise des Capucins, & l'Annonciation dans celle des Dominicains, sont de lui.

Lorsque Bachaumont & Chapelle vinrent en Provence, le Chevalier Paul commandoit la Marine à Toulon. *Il est, disoient-ils, par sa charge, par son mérite & par sa dépense, le premier & le plus considérable de la ville.*

Le Chevalier Paul.

C'est ce Paul dont l'expérience
Gourmande la mer & le vent,
Dont le bonheur & la vaillance
Rendent formidable la France
A tous les peuples du Levant.

Cet homme extraordinaire étoit fils d'une Lavandiere, qui s'étant embarquée à Marseille pour aller au Château d'If, lorsqu'elle étoit fort avancée dans sa grossesse, fut si agitée par une violente tempête, qu'elle accoucha dans le bateau au mois de Novembre 1597.

Paul s'éleva de l'état de simple Mousse

au grade de Chevalier de Justice, dans l'Ordre de Malthe, & de Vice-Amiral en France. Ce n'est pas ici le lieu de parler des belles actions qui lui meriterent ces justes récompenses : il suffira de rappeller un trait qui intéressera plus encore que ses victoires. Un jour qu'il passoit sur le port de Marseille, accompagné des Officiers des Galeres & des principaux Gentilshommes de cette ville, il apperçut un Matelot de sa connoissance, qui, attiré comme les autres par le desir de le voir & d'être apperçu peut-être, n'osoit pourtant se montrer.

Le Chevalier Paul, qui vit son embarras, s'approcha, & lui dit : « Pourquoi me fuyez-vous ? Croyez-vous que la fortune m'ait fait oublier mes anciens amis » ? Ensuite se tournant vers ceux qui l'accompagnoient : « Messieurs, leur dit-il, voilà un de mes anciens camarades : nous avons été Mousses sur le même vaisseau : la fortune m'a été favorable ; elle lui a été contraire, je ne l'en estime pas moins ; souffrez que je m'entretienne un moment avec lui ». En disant ces mots, il le tire de la foule, & causant amicalement avec cet homme, il lui rappelle

Toulon.

les aventures de leur jeuneſſe, quand ils ſervoient enſemble. Lui ayant enſuite demandé des nouvelles de ſes enfants & de ſes affaires, il lui donna rendez-vous chez lui pour ſe mettre au fait de ſes beſoins, & finit par lui procurer un petit emploi qui le mit en état de vivre honnêtement avec ſa famille.

Ce Militaire reſpectable mourut à Toulon le 18 Octobre 1667, ayant laiſſé par ſon teſtament tout ſon bien aux pauvres, & demandé d'être enterré parmi eux dans le cimetiere.

Hiſtoire-Naturelle.

La montagne qui eſt au nord de Toulon, eſt calcaire : elle contient, dans les crevaſſes, quelques filons d'un ſpath jaune & ondé ; & toute la maſſe n'eſt qu'une pierre dure, d'un grain très fin, dont on ſe ſert pour les fortifications. Elle étoit, il y a environ 80 ans, couverte de vignobles juſqu'à mi-côte ; & dans la partie ſupérieure, il y avoit des melezes dont on a fait des poutres pour des maiſons qui ſubſiſtent encore. Ce n'eſt à préſent qu'un rocher aride depuis la baſe juſqu'au ſommet. On y voit, à une certaine hauteur, les murailles qu'on avoit élevées pour ſoutenir la terre. Elles n'ont point empêché que les eaux ne l'aient entraînée.

Histoire-Naturelle.

Cette montagne est une des causes des chaleurs excessives qu'on éprouve à Toulon pendant l'été, soit parcequ'elle met la ville à l'abri du vent frais du nord, soit parcequ'elle donne une nouvelle force à la réverbération du soleil, occasionnée par le saffre dont le terroir est rempli.

On découvre, vers la hauteur de Sainte-Catherine, à 15 ou 20 pieds de profondeur dans la terre, une couche de marne incrustée de cames & de moules ; dans le fond d'une caverne située du côté de la mer au pied de la montagne appellée la *Couelo Negro*, la pierre arménienne d'un bel azur, & près de l'*Eigoutier*, des indices d'une mine de plomb. Il y a des grains de ce minéral répandus sur des pierres, dont la couleur noire avoit d'abord fait soupçonner que cet endroit contenoit du charbon de terre.

Le côteau de la Malgue, si renommé par ses bons vins, & si remarquable aujourd'hui par le fort qu'on vient d'y bâtir, n'est qu'un schiste d'une couleur qui varie beaucoup.

Il y en a de couleur de plomb, de fer

Histoire-Naturelle.

rouillé, d'un gris blanchâtre, & d'un blanc fort vif. Ce schiste blanc, exposé au feu de porcelaine, n'acquiert que peu d'adhérence au fond du vase, sans perdre sa couleur, qui n'est que foiblement ternie. La couleur de plomb coule au même degré de chaleur, & acquiert une couleur martiale très foncée. On distingue à l'œil les parties métalliques mises en fusion. Je pense qu'à un plus grand feu le blanc fuseroit aussi. J'ai vu sur celui qui est couleur de fer rouillé, du bleu & du verd de montagne ; ce qui annonce la présence du cuivre.

La datte ou pholade qu'on trouve dans la pierre, en plusieurs endroits de la rade, se trouve aussi au-dessous de la Malgue, dans des pierres calcaires, dont on a fait des jettées dans la mer, sur un terrein schisteux comme celui de la Malgue. Cette circonstance détruit ce que j'ai dit d'après M. de Réaumur, dans le tome 1er de l'Histoire de Provence, p. 383, que la pholade se creuse son trou dans la glaise, quand elle est jeune ; qu'elle l'augmente à mesure qu'elle croît, & que pendant le temps qu'elle met à le creuser, la glaise se durcit & se change en banche. Il est certain au contraire que

ce

ce coquillage se creuse son sépulcre dans la pierre dure. Il faut donc qu'il soit rempli d'une humeur qui ait l'effet des acides ; car sans cela, comment pourroit-il, avec le seul secours de sa coquille, faire cette opération ? Je sais bien que la superficie extérieure de la coquille, sur-tout vers la tête, ressemble à une lime, & que la pholade la fait mouvoir, par le moyen d'une partie charnue assez grosse, placée à un des bouts ; mais ce jeu est trop foible pour creuser dans la pierre vive un trou qui n'est guere plus long que la coquille même.

La chair de la Pholade est excellente, & répand dans l'obscurité, quand elle est fraîche, une lueur phosphorique, que Pline appelloit miraculeuse, & que M. de Réaumur a vérifiée ; car il dit que les pholades luisent dans la bouche de ceux qui les mangent, dans les mains de ceux qui les touchent, & que les gouttes qui tombent de leur corps, soit à terre, soit sur les habits, soit sur d'autres matieres, sont luisantes.

On trouve dans le même terroir du kermès ou vermillon ; mais cet insecte est plus commun sur les collines qui bor-

Histoire-Naturelle.

dent la mer depuis Toulon jusqu'à Saint-Tropèz. On le détache de l'arbre, avant que le soleil ait enlevé la rosée. Celui qui naît sur les chênes verds voisins de la mer, est plus gros & d'un rouge plus vif, que celui qu'on ramasse sur les arbrisseaux qui en sont éloignés.

Le *murex*, que les Anciens estimoient tant pour la teinture en pourpre, se trouve aussi dans la mer près de Toulon & ailleurs. Gassendi rapporte dans la vie de Peyresc, que ce Savant étant venu faire la pêche du corail à Toulon, y prit quantité de petits coquillages, parmi lesquels il trouva une espece de limaçon sans coquille, & qu'ayant voulu les faire dessécher au four pour les conserver, il s'apperçut que le limaçon étoit fondu en couleur de pourpre, & que tout ce qui l'environnoit étoit teint de la même couleur. Il conjectura que ce petit animal pouvoit bien être le véritable pourpre que les Anciens nommoient *murex*, & dont nous croyons qu'ils se servoient à la teinturerie de Toulon.

Le fameux Peyresc, que ses connoissances rendirent, pour ainsi dire, contemporain de tous les âges, & citoyen de tous les pays, prit naissance dans ce

Diocèse. Il vint au monde le 1er Décembre 1580 dans le village de Beaugencier, où ses parents s'étoient retirés pour éviter la contagion qui désoloit la ville d'Aix. On lui trouva, après sa mort, dix mille lettres des plus fameux savants de l'Europe, qui le consultoient sur différentes matieres. Cette anecdote seule suffiroit pour prouver que la grande réputation qu'il s'étoit acquise, sans jamais avoir rien fait imprimer, étoit fondée sur des lumieres & des talents reconnus.

Peyresc.

De Toulon à Hyeres, comme la qualité du terrein ne change point, vous n'aurez rien à remarquer que la beauté du vallon; & quand vous serez à Hyeres, les jardins & les plantes vous offriront un spectacle que vous ne trouverez dans aucun autre endroit de la Provence : car en hyver même, lorsque la nature est engourdie dans le reste de la France, elle est encore belle dans ces jardins, où, par une illusion dont on ne peut se défendre, on croit, en arrivant, avoir changé de saison & de climat : c'est l'endroit de la Provence qui plut davantage à Bachaumont & à Chapelle. Ils en ont consacré les agréments dans ces

Hyeres.

I ij

Hyeres. Vers, qui ne sont pas les plus beaux qu'ils aient faits.

>Que c'est avec plaisir, qu'aux mois
>Si fâcheux en France & si froids,
>On est contraint de chercher l'ombre
>Des orangers; qu'en mille endroits
>On y voit sans rang & sans nombre,
>Former des forêts & des bois.
>Là! Jamais les plus grands hivers
>N'ont pu leur déclarer la guerre;
>Cet heureux coin de l'Univers
>Les a toujours beaux, toujours verds,
>Toujours fleuris en pleine terre.

Si Bachaumont & Chapelle étoient venus en Provence après l'hyver de 1709 & de 1768, ils auroient vu que le froid ne respecte pas toujours ces arbres. Il y a aussi quelques palmiers dans le même terroir, mais le fruit ne mûrit pas. On y avoit cultivé, dans le quinzieme siecle, des cannes de sucre, qui furent abandonnées, quand le commerce de l'Amérique & la modicité du produit eurent fait sentir l'inutilité de cette culture.

Le sucre transplanté en Europe. Le sucre n'a été connu en Europe que sous le regne de l'Empereur Frédéric II, vers l'an 1230. Il fut apporté en Sicile par des Juifs, avec l'indigo, l'alchana & quelques autres plantes étrangeres. Frédéric qui étoit alors Souverain de cette île, ainsi que du Royaume de Naples, sentit toute l'importance de cette découverte, & ordonna au Gouverneur de Palerme d'en prendre un soin particulier (*).

Il n'y a pas d'apparence que la ville d'Hyeres, en Latin *Areæ*, remonte au-delà du sixieme ou du septieme siecle ; quelque ancien Auteur en auroit parlé. Je présume qu'elle fut bâtie, quand l'*Oblia* des Marseillois, située du côté du port de l'*Eoube*, eut été détruite par les Pirates ou par les Sarrasins. Ceux des habitants qui se sauverent, ne voulant point abandonner un pays si fertile,

---

(*) Significasti etiam nobis per Capitula ipsa, te concessisse pluribus de Judæis ipsis multas terras ; in quibus debent seminare Alchanam, & indicum, & alia diversa semina quæ crescunt in Garbo, nec sunt in partibus Siciliæ adhuc visa crescere... Mandamus quòd des operam, quòd semina benè colentur & diligenter.... Et mittimus litteras nostras Ricardo Filangerio, ut inveniat duos homines, qui benè sciant facere zaccarum, ut illos mittat in panormum prò zaccaro faciendo. Tu verò facias etiam quod doceant alios, quod non possit deperire ars talis in panormo de Levi.

Arch. de la *Zecca*, à Naples, regist. de Fréder. p. 36.

où ils avoient leurs biens, se retirerent à une lieue de la mer sur une hauteur, où ils étoient moins exposés aux incursions des Pirates, & plus en état de se défendre par la situation du lieu. Cette ville fut donnée dans le onzieme siecle à un Cadet de la Maison de Marseille, de la branche des Seigneurs de Foz.

Nous présumons que ce sont eux qui fonderent à Saint-Pierre de la Mannarre, dans le territoire de cette ville, le Monastere des Bénédictins, dépendant de celui de Saint-Gervais de Foz. Le relâchement s'étant introduit dans ces deux Couvents, on fut obligé de les supprimer, & l'on donna celui de Saint-Pierre de la Mannarre, avec tous ses biens, à des Religieuses qu'on tira de Saint-Pons de Gemenos. Cette commission fut exécutée le 13 Mars 1220.

L'Abbaye de Saint-Pons étant aussi tombée dans le relâchement au quinzieme siecle, on transféra les Religieuses à la Mannarre : mais ce Monastere étoit trop exposé aux courses des Pirates, pour pouvoir subsister plus long-temps. Il fut détruit, & les Religieuses allerent habiter à Hyeres, dans celui qu'elles occupent encore.

Hyeres est la patrie du P. Massillon, le Prédicateur le plus éloquent de la France, si, pour obtenir le premier rang, il faut parer la raison des graces du style & du charme du sentiment. C'est par la réunion de ces qualités qu'on plaît & qu'on touche en même temps qu'on instruit ; & c'est par-là, sans doute, que Massillon arracha à Louis XIV, qui avoit déjà applaudi avec toute la France aux immortels discours de Bourdaloue, ces paroles remarquables : *Mon Pere, j'ai entendu plusieurs grands Orateurs dans ma Chapelle ; j'en ai été fort content : pour vous, toutes les fois que je vous entends, je suis très mécontent de moi.* Après cet éloge délicat, qui honore également le Monarque & le Prédicateur, Massillon n'entendit peut-être rien qui le flattât davantage que ce mot d'une femme du peuple, qui se trouvant pressée par la foule en entrant à N. Dame, un jour que cet Orateur prêchoit, dit, avec un ton de vivacité : *Ce diable de Massillon, quand il prêche, remue tout Paris.* C'est que, parlant la langue de tous les états en parlant au cœur de l'homme, dit l'Auteur de son éloge, tous les états couroient à ses Sermons.

{Massillon.}

Massillon. Cependant, qui croiroit qu'il méconnut dans sa jeunesse ses talents pour l'éloquence? Il avoit déjà 26 ans, quand il écrivit au Général de l'Oratoire, que son talent & son inclination l'éloignoient de la Chaire. N'est-ce point parcequ'un homme de génie voit de bonne heure le but, & qu'il ne connoît ses forces qu'après les avoir long-temps essayées?

L'ancienne *Olbia*, que j'ai nommée plus haut, étoit une colonie fondée par les Marseillois sur le rivage, pour contenir les *Salyes* & les *Liguriens*, qui troubloient leur commerce. Nous pré- *Olbia.* sumons qu'elle étoit au port de l'*Eoube*, mot visiblement dérivé d'*Olbia*, & vis-à-vis des îles Stoecades, que les Marseillois cultivoient, suivant Strabon, & où ils avoient mis une garnison pour en éloigner les Pirates. Il étoit tout naturel qu'ils bâtissent une ville sur le rivage voisin, pour en tirer, en cas de besoin, tous les secours nécessaires.

Les Marseillois appellerent ces îles, *Stoecades*, parcequ'elles sont à la suite l'une de l'autre. Il y avoit dans l'une, on ne sait pas laquelle, vers l'an 420, des Religieux, vraisemblablement envoyés par ceux des Lerins qui aimoient ces sortes de solitudes. Leur Monastere fut détruit par les Sarrasins : ceux qui voulurent s'y établir dans le treizieme siecle, eurent le même sort ; ils furent enlevés par des Pirates, & il n'y eut plus personne ensuite qui voulût courir les mêmes risques.

L'air de Hyeres n'a pas, en été, toute la salubrité qu'on desireroit : ce défaut vient des eaux qui séjournent dans les terres basses, voisines de la mer. Si l'on eût achevé le canal, appellé *Ceinturon*, commencé en 1706, on auroit paré à cet inconvénient ; parceque ce canal, étant destiné à conduire les eaux de la mer dans la plaine, auroit reçu celle des étangs & celle de Gapeau sur-tout, qui déborde plusieurs fois l'année. Les habitants auroient aussi eu l'avantage d'embarquer leurs denrées, & d'épargner des frais de voiture.

La partie orientale du Diocese de Marseille, & toute la partie méridionale de celui de Toulon, jusqu'au fleuve d'Argens même, étoient occupées par les *Commoni*, qui paroissent avoir été les mêmes que les *Cenomani*, dont parle Caton le Censeur. Ces peuples étoient du pays compris aujourd'hui dans le

Olbi 1.

Les Commoni.

I v.

Diocèse du Mans. Ils se joignirent à l'armée de Bellovese, lorsque ce Général forma le projet d'aller s'emparer d'une partie de l'Italie, vers l'an 595 avant J. C. Mais quand ils furent arrivés en Provence, ils se détacherent de l'armée pour occuper cette étendue de côtes que nous leur assignons. Ils furent peut-être les premiers, après les Phocéens, qui vinrent se mêler avec les Provençaux ; & il est assez singulier de voir, à-peu-près dans le même temps, deux peuples originaires de deux climats fort éloignés, donner à ces mêmes Provençaux, en se mêlant avec eux, des aïeux, les uns, dans l'extrémité des Gaules, & les autres dans l'Asie mineure, en attendant que les Visigoths, les Francs & les Bourguignons vinssent les attacher par les liens du sang aux peuples du nord, & les Sarrasins aux Arabes.

Les Bormani. Entre Hyeres & S. Tropez, en suivant la côte, on trouvoit les *Bormani*, dont parle Pline ; ils paroissent avoir occupé les environs de Bormes. Tout ce Pays est intéressant pour un Naturaliste.

Les montagnes de Laverne, qui sont au Nord-Est de la ville d'Hyeres, renferment des objets d'Histoire-Naturelle d'un genre particulier; ces montagnes ont leur direction de l'Est à l'Ouest. Elles ne sont pas nues & arides comme celles de la Bande calcaire: la qualité du terrein, qui n'est point propre à la production des plantes annuelles, telles que le bled, n'a pas attiré l'attention des cultivateurs: d'ailleurs, les anciens habitants étant presque tous livrés à la pêche & à la navigation, ne s'occuperent point à les défricher; elles sont donc restées couvertes de terre & d'arbres. Ces arbres, ainsi que les plantes & les broussailles, forment par leurs racines, avec les couches argilleuses qui les couvrent, une espece de rezeau assez fort, qui, repoussant les eaux pluviales, & les tenant également distribuées par tout, est cause qu'elles s'écoulent en petits ruisseaux, ou qu'elles forment des torrens: celles qui restent à la surface sont bientôt dissipées par les vents ou par l'ardeur du soleil; il n'en pénetre donc que très peu dans l'intérieur de la montagne, dont l'organisation s'oppose à ce qu'il s'y forme de grands réservoirs: aussi, voyons nous qu'il n'en sort aucune source abondante qui dure toute l'an-

Histoire-Naturelle.

Histoire Naturelle.

née; & en général, les eaux qui en viennent sont mauvaises.

En allant *d'Hyeres* à Laverne, vous passez à *Collobrieres*, & vous trouvez près du village une mine de plomb très abondante. Si vous suivez le chemin de Pierrefeu, vous rencontrez de la pierre armeniene, des rochers de jaspe brun; & à *Pierrefeu* un porphyre de couleur de lie de vin. Mais il faut aller voir la Chartreuse de *Laverne*, située dans un Pays intéressant pour un Naturaliste. Le Monastere est bâti de trois sortes de pierre qu'on tire des environs; la premiere est un schiste compacte; la seconde, une pierre ollaire, dure, peu grasse au toucher, entremêlée de petites parties d'asbeste, & assez semblable extérieurement au plâtre gris. Elle est comme marbrée en gris & en noir; & n'est pas susceptible de recevoir le poli. La troisieme, est une serpentine talqueuse, qu'on trouve sur le chemin de *Cogolin :* elle est solide, opaque, d'un verd foncé, mouchetée de taches, tantôt verdâtres, tantôt noires, & prend un assez beau poli : elle ne fermente point avec les acides; mais elle est sujette à se fendre dans les endroits où est le talc. Quoiqu'elle durcisse & blanchisse au feu, j'ai constamment observé qu'elle se dégrade & se carie à l'air dans les lieux voisins de la mer, à S. *Tropez*, par exemple, où l'on s'en est servi pour les portes & les fenêtres. Cette carriere est à une demi-lieue de la montagne de la Magdelaine, où l'on découvre des traces d'un ancien volcan. Les pierres en sont noires & pleines de soufflures.

On trouve encore, près de la Chartreuse, de l'Asbeste, du verre de Moscovie qui se sépare en lames flexibles extrêmement minces & transparentes; du liege fossile, espece de pierre légere qui ressemble à des ossements en partie décomposés. Exposé au feu de porcelaine, il acquiert une couleur martiale & devient poreux; les parties filamenteuses qui le composent, étant réfractaires par leur nature, résistent, & les autres se dissipent.

On voit au même endroit des bancs de talc blanc & de talc jaune séparé en petites lames. Celles de la premiere espece sont grasses au toucher, demi-transparentes & fort flexibles; les autres, quoique grasses au toucher, sont opaques & cassantes. Au reste, le mica

Histoire-Naturelle.

blanc est fort commun dans ces quartiers-là, & presque par-tout mêlé avec un schiste réfractaire; car, au feu de porcelaine, il n'a reçu qu'une légere fusion, qui l'attachoit à peine au fond du vase. Comme le schiste se décompose aisément, le chemin qui va de *Gapeau* à *Cogolin*, est tout couvert de paillettes brillantes, mêlées avec un sable fin. En suivant cette route, on laisse à droite *Bormettes*, où il y a une mine de plomb abandonnée. On en a tiré beaucoup de cryftaux de roche, attachés au quartz où ils s'étoient formés.

Diocese de Frejus.

La partie septentrionale du Diocese de Toulon, n'a de remarquable que le terroir de Cuers & de Souliers, qui est très beau & très fertile. De-là nous irons reprendre la route à Brignolle; où nous l'avons laissée en parlant du Diocese d'Aix.

Cabasse.

Du tems des Romains, il y avoit deux voies qui venoient se joindre au terroir de cette ville. L'une passoit à Cabasse, au Toronet & au Canet: l'autre avoit à-peu-près la même direction que le grand chemin qui conduit à Frejus.

Ceux qui prenoient la premiere, trouvoient à deux lieues & demie de l'endroit où est Brignolle, un lieu nommé *Mataronium*, situé aux environs de Cabasse. On voit encore sur une pierre de l'Eglise, une inscription touchant le vœu que les habitants firent pour la santé de l'Empereur Caligula : la voici plus exactement que nous ne l'avons rapportée dans l'Histoire de Provence, tom. 1, page 37.

Histoire-Naturelle.

PRO SALVTE. C. CAESARIS
GERMANICI. F. GERMANICI. AVGVSTI
PAGVS MATAV. *Numini Cæsaris. V. S.*

L'épitaphe qui est derriere l'Eglise, ne contient que les noms des personnes d'une ancienne famille.

Un Naturaliste, qui se trouveroit à Cabasse, pourroit aller voir à un petit quart de lieue de ce village, du côté de Carces, une vallée fort étroite, formée par l'écartement de deux collines assez élevées. Celle qui est à droite, n'est qu'un roc taillé à pic depuis sa base jusqu'au sommet : on l'avoit autrefois rendue accessible jusqu'au milieu de sa hauteur, & il offre encore des restes d'habitations, où l'on enfermoit, en temps de guerre, les effets le plus précieux. Il sert à présent de retraite à des oiseaux de proie.

Lieu pittoresque.

Lieu pittoresque.

L'aigle, le duc, le faucon, y trouvent un asyle sûr : on les y voit planer presqu'en tout temps : leur cri sombre & lugubre, répété par les échos, augmente l'horreur de ce vallon.

Des fentes du rocher s'élèvent de petits arbustes, qu'on chercheroit vainement ailleurs : on diroit que la nature, en leur ménageant ce dernier asyle, a songé à la conservation de l'espece ; car ces plantes, qu'on peut regarder comme primitives, & qui, autrefois, devoient être moins rares, se perpétuent à travers mille obstacles, qui semblent s'opposer à leur reproduction. Assises sur un plan presque vertical, n'ayant pour base que les interstices d'un roc, ne végétant qu'à la faveur de l'atmosphere, elles ne franchissent point les bornes de ce rocher, pour aller se confondre avec d'autres plantes, malgré la chûte de leurs graines, qui doivent être entraînées loin de leur domicile.

La face de ce roc, exposée au midi, leur fournit un abri qui les garantit du froid qu'on éprouve aux environs : elles sont en fleur vers la fin de Février : on y voit une juliene plus belle que celle de nos jardins ; une guimauve, que l'Ecluse,

Botaniste du seizieme siecle, avoit découverte au Royaume de Valence en Espagne, & qui est connue sous le nom d'*Altheafrutex*; la Jacobée maritime, le Tithymale épineux; une *Helyantheum* à feuille de coris, & une petite luzerne dont les gousses contournées ressemblent à une petite couronne. Tous ces différens objets, réunis en cet endroit, le rendent digne de la curiosité d'un Naturaliste. La riviere qui passe dans ce vallon est abondante en truites excellentes.

La grotte de Villecrose, près de *Lorgues*, mérite aussi quelque attention. Elle est située au haut d'une colline où l'on n'aborde que difficilement. L'entrée en est étroite, mais le dedans en est vaste & spacieux. Il y a une vingtaine de colonnes de différentes figures, formées par le dépôt de l'eau, qui suinte à travers le rocher. Les unes pendent du haut de la voûte jusqu'à terre; les autres en descendent, mais ne touchent pas le sol: elles en sont plus ou moins éloignées de quelques pieds. Ces stalactites sont brunes, & dans quelques endroits noirâtres, apparemment à cause du sable que les eaux entraînent. La grotte ren-

[marginalia:] Lieu pittoresque. Villecrose.

ferme une très belle source : la terre rouge & martiale qui s'y trouve est propre à colorer les ouvrages des Potiers. Le marbre du terroir de Lorgues prend un assez beau poli.

Abbaye du Toronet.
De Cabasse pour aller au *Canet*, on passe devant l'Abbaye du *Toronet*, qui fut fondée en 1150 à Floregia, Paroisse de Tourtour, où l'on voit encore les ruines du Monastere : elle fut transférée au Toronet cinquante ans après.

Le Troubadour Folquet.
Cette Abbaye avoit pour Abbé en 1197 un homme qui s'étoit rendu fameux dans le monde par ses poésies, & qui le fut ensuite sur le Trône épiscopal par son fanatisme. Il s'appelloit *Folquet* : il étoit fils d'un Marchand de Gênes, nommé *Amphoux*, homme fort riche ; mais Folquet préférant la gloire de la poésie aux avantages du commerce, se fit Troubadour ; & en cette qualité il fut très bien reçu en différentes Cours. Celle de Marseille, qui étoit une des plus brillantes, fut le théâtre ordinaire de sa galanterie. Il adressa ses chansons & ses vœux à la femme du Vicomte, qui les reçut toujours avec indifférence, quoique le Troubadour desirât qu'elle accordât *amour & merci*, puisqu'elle accordoit en

sa personne, disoit-il, des choses beaucoup plus opposées entr'elles, qui étoient *la blancheur & l'incarnat de son teint.*

Folquet finit par se faire chasser de la Cour de Marseille, & se retira à celle de Montpellier, où il fut très bien reçu ; mais ayant perdu ses protecteurs, il fut si touché de ces pertes, qu'il se livra à la dévotion : il détermina sa femme à se faire Religieuse dans l'Abbaye de la *Celle*, & prit lui-même l'habit de Religieux avec ses deux fils dans l'Abbaye du Toronet, & devint Evêque de Toulouse en 1205.

Le *Canet* où l'on arrive ensuite, répond à la position de l'ancien *Forum Voconii*. Un monument dédié à la justice & à la clémence de Caligula, est le seul qu'on y ait trouvé. Il fut vraisemblablement érigé la premiere année de son empire ; car l'année d'après, cet Empereur ne démentit que trop les espérances qu'on avoit conçues de lui.

Cette espece d'apotheose qu'on faisoit des Empereurs, étoit passée en usage depuis que le Sénat de Rome, délivré de la crainte & de l'horreur des proscriptions, avoit fait placer dans un temple érigé exprès, la statue de la clémence

[marginalia:] Abbaye du Toronet.

Le Canet.

Le Canet. avec celle de César, à qui elle donnoit la main. Les Provinces, qui outrent presque toujours les usages, les ridicules & les vices de la Capitale, en les imitant, décernerent les mêmes honneurs aux Successeurs de César. C'étoit encore beaucoup qu'elles se bornassent à faire l'apothéose des vertus qu'elles croyoient voir en eux. C'étoit corriger tout ce que la flatterie a de déshonorant & de bas.

Antoine & Lepidus en cet endroit. Le Canet est fameux dans l'Histoire du Triumvirat; car ce fut dans la plaine qui est au bas & au levant de ce village, que les armées d'Antoine & de Lepidus se réunirent. Celui-ci étoit Gouverneur de la Province, & commandoit un armée sur les bords du Rhône, quand il apprit que son rival s'avançoit du côté du Var. Il marcha contre lui à grandes journées, & alla mettre son camp au-delà de *Forum Voconii* sur la rive droite du fleuve d'Argens, tandis qu'Antoine étoit campé sur l'autre bord. La maniere dont ce Général s'y prit pour débaucher les troupes de Lepidus, & le forcer de se réunir à lui, afin de détruire le parti d'Auguste, est un trait de l'histoire qui nous écarteroit de notre sujet, si nous voulions en rapporter les circonstances.

Ceux qui iront à Cotignac pourront aller voir à Notre-Dame de Graces, Eglife defservie par les Prêtres de l'Oratoire, un Tableau remarquable par un événement qui mérite d'être rapporté. *Notre Dame de Graces.*

Il y avoit déjà vingt-trois ans que Louis XIII étoit marié, fans avoir la confolation d'être pere, lorfque le Frere Fiacre, Auguftin déchauffé, demeurant à Paris, fe mit en prieres pour demander à Dieu la fécondité de la Reine. La Sainte Vierge, dit fon Hiftorien, apparut à ce Religieux le 3 Novembre 1637, & l'affura que fes prieres étoient exaucées; mais elle ordonna que la Reine lui fît trois neuvaines, dont l'une à N. D. de Graces; & pour preuve que ce n'étoit point une illufion, elle fe montra à lui, ajoute l'Auteur de fa vie, telle qu'elle eft repréfentée dans le Tableau dont je viens de parler. *Vœu remarquable.*

Le Roi & la Reine ayant appris de la bouche même de ce Religieux tout ce qui s'étoit paffé, l'envoyerent en Provence pour vérifier fi la Ste Vierge étoit réellement peinte dans ce Tableau telle qu'il croyoit l'avoir vue dans fon extafe: fi la chofe fe trouvoit conforme à fon recit, ils le chargerent de faire une neuvaine à Notre-Dame de Graces, afin d'obtenir du Ciel le fils qu'on leur promettoit.

Vœu d'Anne d'Autriche.

Les PP. de l'Oratoire conservent la lettre que le Roi leur écrivit à ce sujet. Le Frere Fiacre reconnut que la vision ne l'avoit point trompé, & remplit sa mission.

La Reine étant accouchée de Louis XIV, le 5 Septembre 1638, n'eut rien de plus pressé que de consacrer sa reconnoissance envers la Vierge. Elle fit porter à N. D. de Graces par le même Religieux, un Tableau qu'on y voit encore, & sur lequel le jeune Prince est représenté aux pieds de la Mere du Sauveur. Elle fonda ensuite six Messes pour être dites à perpétuité dans cette Eglise ; & enfin elle y vint elle-même avec ses deux fils pour faire ses actions de grace, en 1660, lorsque Louis XIV alloit épouser l'Infante Marie-Thérese. Ce Prince fit présent à la Vierge de son cordon bleu que l'on conserve soigneusement, & lui envoya ensuite son contrat de mariage & le traité des Pyrénées, magnifiquement reliés en un volume. On peut les voir dans la Bibliotheque de Notre-Dame de Graces. On lit dans l'Eglife fur une pierre de marbre noir, à côté de l'Autel, l'infcription que voici : *Vœu d'Anne d'Autriche.*

Louis XIV, Roi de France & de Navarre,
donné à fon peuple par les vœux
qu'Anne d'Autriche, Reine de France, fa mere,
a faits dans cette Eglife,
a voulu que cette pierre fût ici pofée
pour fervir de monument à la poftérité,
& de fa reconnoiffance,
& des meffes que fa libéralité y a fondées
pour l'ame de fa dite mere.
Le XXIII Avril MVCLXVII.

La petite ville de Cotignac dépendoit d'une Maifon de ce nom, qui s'éteignit vers la fin du treizieme fiecle. Il ne refta qu'une fille, qui époufa Raimbaud de Simiane, Seigneur d'Apt, auquel elle porta en dot la terre de Cotignac & celle de Carces : mais n'ayant point eu d'enfants de ce mariage, elle donna ces deux fiefs à Fouques de Pontevès, dont les Defcendants les ont poffédés long-temps.

L'autre route, qui alloit de Brignolle à Fréjus, n'offre rien de bien intéreffant. Il paroît, par un milliaire qu'on trouva à l'extrémité du terroir de Brignolle, que le chemin fut réparé sous l'empire de *Probus*, ce Prince étant pour lors dans la troisieme ou quatrieme année de sa Puissance Tribunitienne ; ce qui revient à l'an 279 ou 280.

Histoire-Naturelle.

Tout ce pays n'offre rien de curieux. Pour quelques endroits que le site & la culture rendent agréables, vous en trouvez beaucoup d'autres dont l'aspect est fort triste. Si vous aimez l'Histoire naturelle, les collines de Vidauban vous offriront un porphyre de gris de lin fort joli, dans lequel vous distinguerez du feld-spath opaque blanc ; vous y en verrez de jaune, & ce porphyre contient des cryſtaux transparents. La même qualité de pierre regne juſqu'au *Muy*. Si de-là vous alliez à *Roquebrune*, vous en verriez une montagne. La pierre en certains endroits est fort dure ; dans d'autres elle l'est beaucoup moins. J'en ai exposé de cette derniere qualité à un feu de porcelaine modéré ; elle a bouilli dans le vase, & la superficie est devenue poreuse. Les seules parties blanches, celles qu'on apperçoit comme des points à l'extérieur, ont coulé comme le verre, parcequ'elles sont de la même nature. Je suis persuadé

suadé que ce porphyre poussé à un plus grand feu deviendroit tout poreux.

Histoire-Naturelle.

Du Muy à Fréjus, il n'y a rien qui doive vous arrêter ; car la riviere d'Argens n'a de remarquable que la limpidité de ses eaux & leur mavaise qualité : je dis mauvaise, en ce qu'elles ne sont pas bonnes à boire. Mais puisque nous en sommes à parler de l'Histoire naturelle, je suis bien aise de faire connoître tout ce que ce Diocese renferme dans sa partie méridionale, avant de parler de Fréjus. Ceci servira de suite à ce que j'en ai dit en parcourant le Diocese de Toulon.

Le terroir de Roquebrune contient une mine de plomb appellée *Plumbago*. On croit même qu'aux environs il y en a une d'étain : ce village confine avec le *Reveste*, où il y a beaucoup d'agathes blanches, & avec la *Garde-Frainet* où l'on découvre une mine de cuivre & une de fer. Tous ces villages sont dans les montagnes des Maures, qui contiennent des mines d'orpiment, d'alun & de soufre.

Les amandiers fleurissent sur ces montagnes 15 jours plutôt, & la neige fond aussi beaucoup plutôt que dans les terres calcaires du voisinage, qui sont pourtant

K

beaucoup moins élevées. Je crois que cette différence vient de ce que ces montagnes schisteuses ne permettant point à l'eau de pénétrer à une certaine profondeur, à cause de leur organisation, elles sont privées de ces réservoirs souterrains, qui, dans les pays calcaires, entretiennent plus long-temps une humidité & une fraîcheur qui pénétrent jusques à la surface. Peut-être aussi faut-il attribuer ce petit phénomène à une chaleur interne, occasionnée dans ces montagnes par la fermentation des matieres métalliques qui s'y trouvent répandues.

Ces montagnes furent appellées *les Maures*, à cause du long séjour que les Sarrasins y firent dans le neuvieme & dixieme siecles. Leur quartier principal étoit au Fraxinet, situé sur une montagne de difficile abord, vis-à-vis de Saint-Tropèz, au nord de cette ville. On peut voir dans l'Histoire de quelle maniere ils s'en emparerent, & comment ils en furent chassés par Guillaume I, Comte de Provence. On voit encore en cet endroit un fossé large & profond & une grande citerne; l'un & l'autre taillés dans le roc.

Au midi de ce fort, étoit *Heraclea* S. Tropez. *Caccabaria*, bâtie à l'endroit même où est *Saint-Tropèz*, ou du moins tout auprès, à l'entrée du golfe nommé anciennement *Sinus Sanbracitanus*. On croit que le nom d'*Heraclea* venoit d'un temple dédié à Hercule, dont les Prêtres, à l'exemple de la Prêtresse de Delphe, rendoient les oracles sur un trépied. Il y avoit anciennement au même endroit une ville que les Sarrasins détruisirent. On y a trouvé des tombeaux payens & d'autres vestiges d'antiquité.

Il n'a fallu rien moins que la protection constante du Gouvernement pour repeupler ce pays: la crainte des Pirates le faisoit abandonner, quoique les Comtes de Provence eussent pris la précaution d'y faire bâtir une tour, & d'y entretenir une garnison pour la sûreté de la côte. Ils accorderent même de grands privileges à ceux qui viendroient l'habiter. Mais ces avantages ne toucherent que foiblement les gens du pays. Soixante familles de la riviere de Gênes, conduites par Raphaël de Garessio, s'offrirent d'habiter cette terre, d'y bâtir une ville, & de la garder à leurs frais & dépens, à condition qu'elles seroient exemptes à perpé-

S. Tropez. tuité, ainsi que celles qui viendroient s'y établir ensuite, de toutes tailles, impositions & subsides, tant ordinaires qu'extraordinaires. Le traité fut passé par Jean de Cossa, Baron de Grimaud, Grand-Sénéchal de Provence, le 13 Octobre 1470. Jean étoit originaire d'Ischia, près de Naples.

Il y a au-dessus de Saint-Tropèz, devant la Chapelle de Sainte-Anne, bâtie en 1629, un hangar sous lequel on a exposé, il y a peut-être quatre-vingts ans, une mâchoire de poisson, longue de douze à treize pieds, & large de six à la racine. Le crâne en-dedans a près de trois pieds dans sa plus grande profondeur; l'ouverture de l'évan est ovale, & son plus grand diametre est d'environ 15 pouces.

On pêche dans les mers de S. Tropèz des pinnes marines, des nautiles papyracées, des torpilles & des coraux, sans compter les poissons qui sont les mêmes que dans les autres endroits de la côte.

Heraclea Caccabaria étoit comprise dans le territoire d'un peuple connu sous **Ramatuelle.** le nom de *Camatullici*, dont le chef-lieu étoit vraisemblablement à *Ramatuelle*. Ce village est près de *Cogolin*, dont les maisons sont bâties avec des pierres tirées d'un volcan que j'ai vu à *Faucon.*

Après avoir quitté *Heraclea Caccabaria,* si l'on suivoit la côte, on trouvoit une colonie grecque nommée *Athenopolis,* bâtie au fond de l'anse d'Agaï. Nous croyons qu'elle fut fondée, ainsi qu'*Olbia,* 120 ans avant J. C., lorsque C. Sextius eut chassé les Barbares du voisinage de la mer, depuis Marseille jusqu'au Var, & qu'il eut donné aux Marseillois toute cette étendue de côtes. Les autres endroits n'offrent rien qui mérite d'arrêter un Voyageur ; ainsi nous revenons à Fréjus.

Athénopolis.

Le territoire de cette ville étoit anciennement compris dans celui des *Suelteri,* qui confinoit au couchant avec les *Camatullici.* Les *Suelteri* avoient des habitations à l'endroit même où elle est bâtie ; & César n'en fut que le Restaurateur en la faisant agrandir. Il commença le port, qui ne fut achevé que sous Auguste, quand cet Empereur y eut envoyé une colonie de soldats de la huitieme légion. Le port avoit environ 300 toises de large & 280 de long, à commencer depuis l'entrée entre les deux moles jusqu'au quai.

Fréjus.

K iij

Antiquités. Il y avoit à l'entrée, du côté du couchant, un phare dont on voit encore quelques restes, & tout auprès des vestiges de bâtiments qui servoient, ou de magasin, ou de logement aux Officiers du Prince.

En partant de cet endroit, & en suivant les traces du quai, comme si l'on vouloit retourner à la ville, on marche le long d'un ancien mur, & l'on arrive à une espece de mole flanqué de quatre tours, sur lequel est bâtie la Chapelle de S. Antoine. Il paroît que ce mole fut élevé, afin de mettre les vaisseaux à l'abri de la violence du mistral, & d'y ménager tout autour un aqueduc qui conduisît de l'eau douce dans le port, pour la commodité des vaisseaux & des personnes domiciliées dans cette partie de la ville. Les restes de l'aqueduc sont bien conservés.

En suivant le quai du côté de la ville, on arrive à une porte de construction romaine, appellée la *porte-dorée*. Elle est bâtie en pierre de grès avec une chaux, dans laquelle on a mêlé une pouzzolane grossiere, qui avoit été vraisemblablement prise dans les environs; car, à une lieue de Frejus on trouve des laves sur le chemin de l'Esterel, à gauche. Les autres qui devoient être sur la montagne ont été recouvertes par la terre végétale. Les débris des anciennes constructions sont tous remplis de pierres volcanisées.

Derriere la porte dont je viens de parler, il y a un jardin dans lequel on a découvert la sol d'un édifice, dont on ne connoît point l'usage. Il forme un carré de 66 pieds.

De-là on va au puits de S. Roch ; ensuite on redescend, & le quai vous conduit jusqu'à l'entrée du port du côté de l'Orient, vis-à-vis le Phare. Là on trouve aussi des vestiges de constructions anciennes, & un peu plus haut quatre magazins voutés, qui communiquent de l'un à l'autre & sont fort larges & fort hauts.

Plus loin, vers le nord, vous trouvez sur le chemin d'Antibes, douze arcades, restes précieux du fameux aqueduc, que les Romains avoient fait construire, pour conduire de l'eau de la Siagne à Frejus. Comme le terrein s'abaisse en approchant de la ville, ces arcades sont fort hautes ; elles ont trente quatre pieds depuis leur base jusqu'à la naissance du ceintre, & en certains endroits, elles sont éloignées de 45 pieds l'une de l'autre: il y en a une de neuf toises de haut; elle soutient un reste de conduit, encore couvert, de la hauteur de près de six pieds. C'étoit la hauteur de tout le canal.

A mesure que vous vous éloignez de la ville pour aller vers la naissance de l'aqueduc, vous voyez ces arcades s'abaisser jusqu'à fleur de terre; le canal s'enfoncer, reparoître ensuite, soutenu par de nouveaux piliers; percer des rochers & parvenir jusqu'à la source, qui est à Mons, après avoir parcouru dans ces différents détours un espace d'environ 15 lieues communes de France; quoiqu'il n'y en ait pas plus de sept de Mons à Frejus en droite ligne. Les Romains firent venir les eaux de si loin, parceque celles des environs de Frejus sont mauvaises.

En sortant de la ville par la porte de la Clede, vous trouvez, à cinq cents pas, les restes d'un Temple antique, nommé le Pantheon, dont les murs sont très épais. Il y a des chambres, des fenêtres plus larges en dedans qu'en dehors, & des niches dans un des murs, qui pouvoient servir pour y placer de petites idoles, des ustensiles & d'autres choses semblables.

Près du couvent des Dominicains, les restes de l'amphithéâtre sont assez bien conservés; mais il n'étoit pas grand; sa circonférence intérieure, n'a pas plus de deux cents quatre-vingts pas. L'arene a été exaucée par les décombres, & se trouve aujourd'hui fort inégale;

On voit aussi près de la maison qu'occupoient les Jésuites, les vestiges d'un édifice qui paroît avoir été un Temple: mais les restes les plus précieux de l'antiquité ont été emportés hors de Frejus. Telle est par exemple cette statue de Vénus-Uranie, qui fut trouvée, il y a environ 130 ans. Elle étoit d'un fort beau marbre. Le sculpteur trouva dans le bloc une veine rouge qu'il fit tomber sur la joue, par la maniere habile dont il disposa la figure. Cette statue fit du bruit, & M. le Président d'Oppede, Intendant de la Province, l'envoya au Ministre.

Le Chapitre fit present à M. le Cardinal de Fleury, d'un terme de marbre, qui représentoit Janus. Enfin presque toutes les antiquités, soit en bronze, soit en marbre, ainsi que les médailles, ont été envoyées à Paris; de même que le trépied, que Spon a fait graver dans son

Miscellanea. M. de Peyresc en fit présent à M. le Cardinal de la Rochefoucault, Abbé de Sainte-Genevieve : il se trouve encore dans le cabinet de cette Abbaye.

Auguste entretenoit une flotte dans le port de Frejus pour protéger le commerce & les côtes de Provence. Quelques-uns de ses successeurs imiterent son exemple : mais les troubles qui survinrent dans l'Empire, ne permirent pas de s'occuper d'un objet aussi important & aussi dispendieux. D'un autre côté, les sables de la riviere d'Argens, ayant fait des atterrissements considérables, sans qu'il fût peut-être possible de l'empêcher, le port s'est comblé & la mer s'est retirée d'environ une demie lieue. Les petits bâtimens pouvoient encore y entrer dans le huitieme & neuvieme siecles.

C'étoit le temps où les Pirates commençoient d'infester les côtes. Ils ravagerent plusieurs fois la ville de Frejus, la dépeuplerent, & détruisirent les monuments que les Romains y avoient élevés. Aussi est-elle réduite à présent, dans son plus grand espace, à 280 toises, tandis qu'anciennement elle en avoit environ 600.

Frejus, est la patrie de Julius-Agricola, un des plus grands Généraux de son temps, & un des hommes les plus vertueux. Ses succès ne servirent qu'à lui attirer la jalousie des courtisans, & même celle de l'Empereur Domitien, qui le rappella de la grande Bretagne, & qui, pour tout accueil, l'embrassa froidement sans lui dire un seul mot.

Julius Agricola.

Agricola ne parut point étonné de cette froideur : mais il sentit qu'il falloit tempérer l'éclat de sa réputation par des vertus obscures. Il prit le parti de se retirer à la campagne, où il vécut tranquille, tachant d'oublier dans le sein de la philosophie, qu'il avoit toujours aimée, l'ingratitude du souverain, & la méchanceté des courtisans. Il étoit beau-pere de Tacite, qui a écrit sa vie.

En allant de Frejus à Antibes on trouve, à une lieue de cette ville, la montagne de *l'Esterel*. On laisse à la droite *Pennafort* & Garron, où il y a de très beau granit, dont on pourroit tirer des colonnes, & peut-être les Romains y taillerent-ils la plupart de celles que nous voyons en quelques endroits de la province ; car la carriere paroît avoir été anciennement exploitée. A Pennafort on

L'Esterel.

L'Esterel.

trouve aussi une mine de fer, & des pierres, coloriées approchantes du jaspe. Les unes sont blanches & rouges ; les autres blanches & violettes. Les améthistes se trouvent dans la Rairan.

En suivant la grande route on marche sur un porphire tantôt gris, tantôt verd, & assez tendre au bas de la montagne ; mais il se durcit à mesure qu'on approche de l'auberge. Là il prend communément une couleur rougeatre, & quoiqu'il soit fort dur, si vous vous élevez vers le sommet de la montagne, le porphyre, que vous rencontrez, a une finesse de grain & une dureté qui le font ranger parmi les jaspes. C'est ce que vous pourrez aisément vérifier dans les pierres du vallon que vous rencontrez au-dessous de l'auberge, & qui ont été entraînées par les eaux. Parmi ces porphyres vous en trouverez de couleur de plomb, & vous y découvrirez des taches d'un petit feld-spath, semblables à celles qu'on apperçoit dans les porphyres d'Egypte. A mesure que vous approcherez de la plaine, cette pierre qui regne jusqu'à la Napoule perdra sa dureté ; là, vous verrez le pétrosilex, pierre grisâtre, qui est la mere des porphyres & des jaspes.

Comme l'arbousier donne son fruit au commencement de Novembre, & que cet arbuste est fort commun à l'Esterel, si vous passez la montagne dans ce temps là, vous verrez combien il seroit propre à orner les jardins; car il déploie alors trois couleurs, dont la réunion fait un très bel effet ; la verdure des feuilles, la blancheur des fleurs, & la rougeur éclatante du fruit, qui ressemble à la sorbe pour la forme & la grosseur ; mais qui est tout hérissé de petites tubercules terminées en pointe. Il est fâcheux que cet arbre ne se plaise que dans les lieux humides & ombrageux.

Observons en finissant cet article, que dans certains endroits de la montagne le porphyre a des taches opaques d'un petit feld-spath, semblables à celles qu'on voit dans les urnes & les bustes de porphyre d'Egypte, qui ornent la galerie de Versailles : les colonnes & l'urne du Maître-Autel de Sainte-Marie-Majeur à Rome, sont d'un porphyre semblable à celui de l'Esterel, & les restes de colonnes de même matiere qu'on voit dans le cloître de Lérins, &

devant l'ancienne Eglise, ont dû être taillés aux environs de la montagne.

Les Quariates.

Dans la partie septentrionale de ce Diocese, habitoient anciennement les *Quariates*, près de Bargeme, entre ce village & Auvaye.

Histoire-Naturelle.

Cette partie du Diocese, ainsi que celle de l'ouest, contient différentes sortes de minéraux, que nous allons indiquer. Des indices de Bizmut à Saint-Joseph, terroir de *Cotignac*; de fer au *Toronet*, au-dessus de l'Abbaye & au *Canet*. On exploitoit dans le terroir de ce village une mine de cuivre & une de plomb tenant argent; on les a abandonnées. Les indices de mine de fer se montrent encore à *Barbantane*, aux *Arcs*, à *Trans*, mais la mine doit être maigre. A *Draguignan*, beaucoup de plâtre, & une source dont les eaux ne dissolvent point le savon, & ne sont point propres à cuire les légumes. Elles font périr les haricots blancs, quand on en arrose les plantes plus d'une fois. C'est vraisemblablement la sélénite qui leur communique ces propriétés. Au terroir de *Château double*, quartier de Rebouillon, un filon de fer de bonne qualité, donnant environ quarante-cinq pour cent; le même métal à *Montferrat* & à *l'Esperel*. Ce village confine avec le terroir de *Comps*, qui contient des cames, des peignes, des cornes d'ammon & des griffites dont on ne connoît point l'analogue. Près de Brenon est une mine de charbon de terre.

A la partie du nord-est on rencontre *Mons & Escragnolle*, dont les habitants parlent une langue qui n'est point entendue dans le reste de la Provence. On croit communément que c'est l'idiôme des Sarrasins: on se trompe; c'est l'ancien patois de Gênes, qui s'est conservé dans ces villages depuis que des peuplades de Genois vinrent s'y établir, il y a plusieurs siecles. J'ai voulu me procurer une chanson pour constater le fait; car les vaudevilles sont, en matiere de langage, ce que les inscriptions sont en matiere d'antiquités. Voici quelques Vers qui décident la question,

Histoire Naturelle.

Mons & Escragnolle.

Grigueur Guignon, a lagna,
Ou di je che l'avea de lou ben à la campagna.
I m'an pilla ou ca mea;
I n'ou m'an laschaon pa un choun.
Mi foun entra misero;
Sa posso me racatero
Lè ca, lou ben & la terro, &c.

Mont & Es-cragnolle. Ce qui signifie : *Grigneur guignon, je suis triste : j'avois du bien à la campagne ; on m'a pris ma maison ; on n'y a a pas laissé un clou ; je suis dans la misere ; si je puis, je racheterai le bien, la maison & la terre.* On parle le même langage à Biot, qui est aussi une colonie Genoise.

Diocese de Grasse. Aucun Auteur Romain n'a parlé de la ville de Grasse : cependant il est vraisemblable qu'elle existoit alors, comme il paroît par son nom Celtique *Gras*, qui signifie *abondante, fertile*. Peut-on se figurer en effet qu'un terroir si voisin de la mer, fertile, arrosé de plusieurs sources, & situé sous le plus beau climat de la Provence, n'ait pas été habité dans les anciens temps ? Il est vrai qu'on n'y trouve aucuns de ces vestiges d'antiquité qui pourroient constater l'ancienneté de son origine ; mais on doit seulement conclure de-là que les Romains n'y avoient point d'habitations. Ils étoient répandus dans les villes situées sur le bord de la mer, & sur la voie *Aurelia*, laissant le territoire de Grasse aux *Ligauni*, qui l'occupoient, ainsi que nous l'avons prouvé dans le premier tome de l'Histoire de Provence.

Cette ville est bâtie au pied d'une montagne qui la couvre du côté du nord, & qui contient des carrieres d'un très-beau marbre blanc, de jaspe varié de différentes couleurs, & un filon d'albâtre oriental, précieux par la finesse du grain, la beauté des couleurs, la transparence des tranches & le beau poli qu'il prend. Quoiqu'aussi dur que le marbre, il est plus doux sous le ciseau. On en trouve de grands blocs de quatre, cinq & six pieds de long, sur un pied environ d'épaisseur, & assez large pour en faire de grandes tables & des cheminées. Les blocs moyens ou petits sont recherchés pour en sculpter des urnes, des vases & des seaux, qui ont beaucoup d'éclat, & sont d'une grande beauté. La ville est entourée, au midi, de prairies, & sur-tout de jardins ornés de toutes sortes de fleurs, que les eaux jaillissantes de la montagne animent & vivifient. Les orangers, les citroniers & les cédrats mêlés au jasmin d'Espagne, répandent, quand ils sont en fleur, un parfum délicieux.

On trouve dans le terroir des pierres arborisées, des litophites, des cornes d'ammon, & d'autres coquillages fos-

Grasse.

Grasse. files : mais ce qui surprend le plus, c'est le grand nombre d'oliviers & leur grosseur. Je ne me rappelle pas en avoir vu d'aussi beaux, excepté dans la plaine de Souliers. Je n'ai point été voir la grotte de S. Césaire, qu'on prétend être aussi curieuse que celle d'Arcis.

Malgré la beauté du climat & la pureté de l'air, la ville de Grasse n'est pas jolie. Les rues y sont étroites, irrégulieres, sans ornements, & toujours couvertes de fumier, comme le sont celles de beaucoup de villes & de tous les villages de Provence.

Cependant elle est assez commerçante. On y fabrique des cuirs tannés avec la poudre de Lentisque, qui les rend verds & de meilleur usage que le cuir rouge. Ils sont plus forts, plus nerveux ; & quand ils sont graissés & desséchés au grand air, ils résistent davantage à l'humidité & aux chemins pierreux des montagnes.

La soie fournit une seconde branche de commerce. La troisieme est celle des fabriques de cire, de pommades, d'essences, de savonettes & de parfums connus dans tout le Royaume.

Au nord du Diocese de Grasse, nous

croyons devoir placer les *Adunicates*, dont parle Pline, entre *Audaon* & *Caille*; & vraisemblablement *Audaon* tire son nom de cet ancien peuple.

Au midi, & sur la côte, étoient les *Oxybii*, qui confinoient avec les *Suelteri*, auxquels nous avons attribué l'Esterel & le territoire de Fréjus. Les Oxibii avoient dans leur district plusieurs villes; savoir :

Arulucus, Arluc, près du pont de Syagne. C'étoit un endroit couvert de bois, où la Déesse Venus avoit un Temple, qui fut détruit vers l'an 616, par S. Nazaire, Abbé de Lerins. Ce pieux Solitaire y fit bâtir un Couvent de Religieuses, sous le titre de Saint-Etienne, premier Martyr. Dans les Œuvres de S. Eucher, cet établissement est attribué à Ste *Crescentia* sa fille.

Il est fait mention dans les mêmes ouvrages, 1°. de *Mantolvocus*, Mandeluec, au terroir d'*Arluc*, où la même Sainte fit bâtir un Hôpital. 2°. De *Mons Mercurii*, Montagne de Mercure, dans le voisinage : elle conservoit encore son nom sur la fin du dixieme siecle. 3°. De la Montagne de Mars, *Mons Martii*, voisine de la précédente, & où il paroît par une inscription, que ce Dieu étoit adoré sous le nom de *Olloudios*, mot vraisemblablement tiré du Grec ἐλλυμί, qui signifie *détruire*.

La Napoule. Après *Aralucus*, on découvroit *Avenionetum*. C'étoit un village bâti dans le moyen âge, à l'endroit où est la *Napoule*.

On croit que le mot grec *Napoule*, qui signifie *Ville neuve*, a été donné à cet endroit dans le treizieme siecle, par les Seigneurs de ce nom, dont ce village a dépendu. C'est une erreur; je le trouve nommé *Epulia en 1130* dans les archives du Chapitre de Grasse; & c'est sûrement de-là qu'il a tiré son nom moderne.

Cannes. En allant toujours vers l'orient, on rencontroit ensuite *Horrea*, à 18 milles de Fréjus, situé à l'endroit où est *Cannes*, ou tout auprès. Le mot *Horrea* paroît venir de ce que cet endroit étoit destiné à recevoir les grains qu'on apportoit par mer des autres Provinces. C'étoit une espece d'entrepôt. Il avoit été sous la domination des Marseillois, & pour cette raison on l'appelloit *Castrum Marsellinum*; ensuite il fut nommé *Castrum francum*, lorsque Raymond-Berenger lui eut accordé des franchises en 1132.

C'est dans la plaine de la Napoule, entre *Arluc* & *Cannes*, que les troupes de Vitellius & d'Othon en vinrent aux mains, l'an 69 de J. C. Les soldats d'Othon étoient rangés en bataille sur le bord de la mer, ayant à leur droite sur les côteaux des soldats mêlés avec les frondeurs du pays, & à la gauche, la flotte rangée si près du rivage, qu'elle sembloit ne former qu'un même corps avec eux.

Bataille en cet endroit.

L'armée de Vitellius étoit dans la plaine, & composée de douze escadrons de cavalerie, de deux cohortes Tungres, de l'aîle entiere des Trevirs, de cinq cents Pannoniers, d'une cohorte de Liguriens, depuis long-temps en garnison à Fréjus, & de quelques Montagnards du pays. Il y eut deux actions dans le même jour, & toutes deux furent à l'avantage des Othoniens.

D'*Horrea* on arrivoit à *Ægytna*, bâtie au nord du Gourjan, au-dessous du village de Mongins, en Latin *Monginum*, qui me paroît dérivé de *Mons Ægytnæ*. Nous placerons au fond du Gourjan le port d'*Ægytne*, nommé le Port des Oxibiens, *Portus Oxibius* par Strabon & Etienne de Byzance.

Les Oxybii.

Ces Oxibiens, qui occupoient la partie méridionale des Diocèses de Grasse & de Vence, étoient redoutables par leur nombre & leur bravoure. Ils assiegerent, 150 avant J. C., les villes de Nice & d'Antibes, qui étoient deux colonies Marseilloises, & les auroient emportées, si Marseille n'eût appellé à son secours les Romains ses alliés, qui saisirent avec empressement cette occasion de faire sentir leur pouvoir en deçà des Alpes.

Cependant ils résolurent d'employer d'abord la voie des négociations, & ils firent embarquer, avec les Députés de Marseille, trois Ambassadeurs qui arriverent au port d'Ægytne, où les Oxibiens voulurent les empêcher de débarquer. Ces Barbares enjoignirent même à un des Ambassadeurs Romains, nommé *Flaminius*, qui étoit descendu à terre avec quelques personnes de sa suite, de remonter sur son vaisseau, & de s'en retourner.

Comme il refusa d'obéir, on en vint aux mains : deux de ses gens resterent sur la place ; & lui-même ayant été dangereusement blessé, eut de la peine à regagner les vaisseaux & la pleine mer.

Cette insulte irrita les Romains,

marginalia: Les Oxybii. — Histoire de Provence, t. 1, p. 113.

comme on devoit s'y attendre, & fut cause qu'ils porterent pour la premiere fois les armes en-deçà des Alpes, & qu'ils s'ouvrirent la conquête des Gaules.

En parcourant le pays que je viens de nommer, on remarquera que, depuis Cannes jusqu'à Antibes, on marche sur le granit. Celui qui est aux environs de ce bourg, ressemble au granit d'Egypte, avec cette différence qu'il est plus abondant en quartz & en mica : en allant de Cannes à Antibes, vous laissez sur la gauche le terroir de *Valauri*, qui fournit une manganaise propre à donner à la poterie une couleur de fer. Il fournit aussi une argille tenace & réfractaire, avec laquelle on fait des vases qui résistent au feu, mais qui sont permeables à l'huile, quoique induits de vernis en dedans. Mêlée dans la proportion d'un à cinq avec la marne crayeuse de Biot, on en fait des jarres pour y mettre de l'huile. Le chemin de Cannes à Antibes est jonché d'une pierre grisatre & grossiere, entremêlée de mica, de quartz & de feld-spath : c'est une mauvaise espece de granit.

Antibes, que je viens de nommer, étoit une colonie Marseilloise, fondée

Antibes.

Antibes. environ 340 ans avant J. C. Alors les Romains firent d'Antibes un ville Latine, & la décorerent des mêmes édifices publics que les colonies du premier ordre. Ils y firent conſtruire un théâtre; on en voit encore quelques veſtiges près de la porte de la ville. Une partie de l'enceinte paſſoit à l'endroit où eſt le jardin des Ingénieurs. Je crus d'abord que cet édifice pouvoit bien être un amphithéâtre; je croyois même y appercevoir quelques traces des loges, où l'on tenoit les animaux deſtinés au combat; mais j'abandonnai cette idée, quand je me rappellai que les Romains ne firent conſtruire des amphithéâtres que dans les colonies du premier ordre, & qu'on n'en trouveroit peut-être pas ſix en France.

Comment donc auroient-ils fait élever une conſtruction auſſi diſpendieuſe dans une ville où ils n'avoient point mis de colonie? Cette conſidération me fit croire qu'il falloit prendre ces veſtiges d'antiquités dont je viens de parler, pour les reſtes du théâtre : car nous ſavons poſitivement qu'il y en avoit un. Il en eſt fait mention dans une inſcription gravée ſur une pierre, qui a la forme d'une porte : on a repréſenté trois cyprès au-deſſus au-dessus de l'inscription; & au-dessous une urne, de laquelle sortent deux tiges de lierre, arbuste consacré aux Danseurs comme aux Poëtes. En effet, l'inscription fut faite pour conserver la mémoire d'un enfant de douze ans, qui dansa deux jours de suite sur le théâtre, & mérita les applaudissements du public. Il est appellé *Septentrio*, peut-être parcequ'il étoit originaire du nord; comme aujourd'hui on appelle *Champagne*, un homme originaire ou natif de la Champagne.

La même ville avoit des Décurions & d'autres Magistrats municipaux, & un corps d'Utriculaires. J'ai fait connoître ces Bateliers en parlant d'*Ernaginum* ou de S. Gabriel.

Une autre inscription trouvée à Antibes, fait mention d'un *Equus publicus*. C'est le nom qu'on donnoit aux Chevaliers qui recevoient un cheval, non pour servir dans la cavalerie, mais par honneur & par distinction. On étoit Chevalier par la naissance; mais quand on recevoit du Censeur ou des Empereurs le cheval, qu'ils donnoient solemnellement au nom de la République, on entroit dans les Compagnies qui se nommoient *Turmæ Equorum publicorum*,

L

Antibes.

& l'on devenoit alors *Eques equo publico.* Celui qui fut décoré de ce titre, & en l'honneur de qui l'inscription fut faite, étoit peut-être né en Provence; car nous avions dans nos villes des citoyens inscrits au nombre des Chevaliers Romains. Tel étoit un *Pompeius Paulinus*, dont parle Pline, lequel étoit Chevalier Romain d'Arles. *Hist. de Prov. tom. 1, p. 12.*

Les habitants d'Antibes faisoient anciennement une saumure de thon fort estimée à Rome; mais qui l'étoit moins que celle de maquereau, suivant Martial.

Antipo'itani, fateor, sum filia Thinni;
Essem si Scombri non tibi missa forem.

Cette ville a beaucoup perdu de son ancienne grandeur par les ravages des Pirates & des Sarrasins sur-tout, qui, depuis la chûte de l'Empire d'occident, ont infesté les côtes de Provence durant plusieurs siecles. C'est une des causes qui lui fit perdre le Siege Episcopal, transféré à Grasse en 1244. La Maison de Grasse avoit, dès le douzieme siecle, une partie de la Seigneurie d'Antibes, qu'elle vendit successivement aux Evêques.

Clément VII s'empara ensuite de la ville en 1384, sous prétexte de la maintenir dans son obéissance, & la vendit à MM. de Grimaldi de Gênes, auxquels Jean XXIII permit en 1413 d'élire un Ecclésiastique, pour exercer dans Antibes la même jurisdiction que l'Evêque de Grasse y avoit auparavant. Ce fut-là l'origine du Vicariat Apostolique supprimé par Arrêt du Conseil, le 8 Octobre 1732.

MM. de Grimaldi vendirent à Henri IV en 1608 la Seigneurie d'Antibes, pour le prix de 250000 florins.

Cette ville est petite, mal bâtie, & assez bien fortifiée. Les remparts offrent, en certains temps de l'année, une promenade agréable par l'étendue de la vue & par l'air qu'on y respire.

Il y a dans ce Diocese la plus ancienne Abbaye des Gaules; c'est celle de Lerins, fondée vers l'an 408 par S. Honoré, originaire de Toul, & issu d'une Famille Consulaire.

L'île de Lerins, nommée *Lerina* dans les Itinéraires, & *Planasia* dans Strabon, parcequ'elle est fort unie, n'a qu'environ sept cents toises de long sur deux cents de large. L'air y est fort bon ; & la

Antibes.

Abbaye de Lerins.

Isle de Lerins. terre, quoiqu'argilleuse, y est par-tout si dure dans les années de sécheresse, que les hirondelles ne s'y arrêtent pas, faute d'argille molle pour faire leurs nids.

Les Romains ont habité cette île, & me paroissent y avoir eu quelque Temple ; c'est du moins ce qu'on peut conjecturer des six colonnes qui portent la voûte du cloître de la citerne. Elles sont faites, la plupart, de gros morceaux de colonnes antiques réunis, & sur l'un desquels on lit le nom de l'Empereur Constantin le jeune.

CONSTANTINO AVGVSTO ::::: NEPOTI. DIVI
   CONSTANTII. AVGVSTI.....

Peut-être à côté du Temple avoit-on élevé quelque monument en l'honneur de cet Empereur : mais nous ne savons ni en quelle occasion, ni par quels motifs. Parmi ces colonnes, il y en a trois de granit & une de pophyre : ce sont les mieux conservées.

Au midi de l'île, sur le bord de la mer, on voit une pierre qui sert de base à un Oratoire. C'étoit un autel votif, dédié à Neptune par une femme nommée *Veratia Montana*.

NEPTUNO VERATIA MONTANA.

Isle de Lerins.

Le Monastère, quoique fort grand, est renfermé dans une seule tour, bâtie vers l'an 1160, en pierre de taille, d'un grain très fin, qui n'a pas souffert la moindre dégradation depuis tant de siecles. On y a pratiqué un four à quatre pieds au-dessous du niveau de la mer. La muraille, qui est au midi & battue par les flots, est couverte d'un sel abondant; au lieu qu'on n'en trouve point sur l'autre, qui est au nord, & seulement éloignée de la précédente d'environ quatorze pieds. L'Abbaye de Lerins, qui depuis l'an 1505, étoit unie à la Congrégation du Mont Cassin, est retournée dans l'Ordre de Cluny, auquel elle s'étoit soumise en 997.

Isle de Ste Marguerite.

L'île de Sainte-Marguerite, située entre celle de Lerins & la terre ferme, étoit appellée *Lero* chez les Anciens, à cause du culte qu'on y rendoit à une Divinité Gauloise de ce nom. Celui de Sainte-Marguerite vient d'une Chapelle dédiée à cette Sainte. Cette île n'est séparée de celle de Lerins que par un canal, d'environ trois cents toises. Du temps de Strabon les Romains entretenoient une garnison dans l'une & dans l'autre.

Le Prisonnier au masque de fer. C'est à l'île Sainte-Marguerite que fut transféré vers la fin du dernier siecle, le fameux Prisonnier au masque de fer, dont on ne saura peut-être jamais le nom. Il n'y avoit que peu de personnes attachées à son service, qui eussent la liberté de lui parler. Un jour que M. de Saint Marc s'entretenoit avec lui, en se tenant hors de la chambre, dans une espece de corridor, pour voir de loin ceux qui viendroient, le fils d'un de ses amis arrive, & s'avance vers l'endroit où il entend du bruit. Le Gouverneur qui l'apperçoit, ferme aussi-tôt la porte de la chambre, court précipitamment au devant du jeune homme, &, d'un air troublé, il lui demande s'il a entendu quelque chose. Dès qu'il se fut assuré du contraire, il le fit repartir le jour même, & il écrivit à son ami *que peu s'en étoit fallu que cette aventure n'eût coûté cher à son fils; qu'il le lui renvoyoit de peur de quelqu'autre imprudence.*

Cette anecdote rappelle celle du pêcheur, qui avoit trouvé l'assiette d'argent, & à qui M. de Saint Marc dit : *tu es bienheureux de ne savoir pas lire.*

Je rapporte ce trait sur la foi de M. de Voltaire, qui ne l'a pas imaginé ; mais je dois dire que les personnes du fort les plus âgées m'ont assuré n'en avoir jamais entendu parler.

Isle Sainte-Marguerite.

J'eus la curiosité le 2 Février 1778, d'entrer dans la chambre de cet infortuné Prisonnier. Elle n'est éclairée que par une fenêtre du côté du nord, percée dans un mur fort épais, & fermée par trois grilles de fer, placées à une distance égale. Cette fenêtre donne sur la mer. Je trouvai dans la Citadelle un Officier de la Compagnie Franche, âgé de 79 ans : il me dit que son pere, qui servoit dans la même Compagnie, lui avoit plusieurs fois raconté qu'un *frater* apperçut un jour, sous la fenêtre du Prisonnier, quelque chose de blanc qui flottoit sur l'eau. Il l'alla prendre & l'apporta à M. de Saint Marc. C'étoit une chemise très fine, pliée avec assez de négligence, & sur laquelle le Prisonnier avoit écrit d'un bout à l'autre.

M. de Saint Marc, après l'avoir dépliée, & avoir lu quelques lignes, demanda au *frater*, d'un air fort embarrassé, s'il n'avoit pas eu la curiosité de lire le contenu. Celui-ci lui protesta plu-

Isle Sainte-Marguerite. sieurs fois qu'il n'avoit rien lu ; mais deux jours après il fut trouvé mort dans son lit. C'est un fait que l'Officier a entendu raconter tant de fois à son pere, & à l'Aumônier du fort de ce temps là, qu'il le regarde comme incontestable. Le suivant me paroît également certain, d'après tous les témoignages que j'ai recueillis sur les lieux, & dans le Monastere de Lerins, où la tradition s'en est conservée.

On cherchoit une personne du sexe pour servir le Prisonnier : une femme du village de Mongins vint s'offrir, dans la persuasion que ce seroit un moyen de faire la fortune de ses enfants ; mais quand on lui dit qu'il falloit renoncer à les voir, & même à conserver aucune liaison avec le reste des hommes, elle refusa de s'enfermer avec un Prisonnier dont la connoissance coûtoit si cher. Je dois dire encore qu'on avoit mis aux deux extrémités du fort, du côté de la mer, deux sentinelles qui avoient ordre de tirer sur les bateaux qui s'approchoient à une certaine distance.

La personne qui servoit le Prisonnier mourut à l'île de Sainte Marguerite. Le frere de l'Officier, dont je viens de parler, qui étoit pour certaines choses, l'homme de confiance de M. de Saint-Marc, a souvent dit à son fils qu'il avoit été prendre le mort à l'heure de minuit dans la prison, & qu'il l'avoit porté sur ses épaules dans le lieu de la sépulture. Il croyoit que c'étoit le Prisonnier lui-même qui étoit mort : c'étoit, comme je viens de le dire, la personne qui le servoit, & ce fut alors qu'on chercha une femme pour la remplacer.

Isle Sainte-Marguerite.

Le terroir d'Antibes abonde en coquillages fossiles, parmi lesquels on distingue les cœurs canelés, qui ne sont point pétrifiés. On laisse sur la gauche, en allant à Vence, le village de Biot, dont le terroir contient une pierre crétacée, grisâtre, toute composée de coquilles & de détriments de coquilles marines. Si vous voulez suivre un filon de coquillages fossiles, vous le trouverez d'abord sur la partie basse de la colline de *Saint-Paul*; car les coquillages y sont incrustés dans une pierre crétacée & tendre; ensuite à Vence, qui est bâtie sur une roche coquilliere. Le filon, qui s'étend fort loin, présente auprès d'une chapelle qu'on rencontre en allant à Grasse, une quantité prodigieuse de

Histoire-Naturelle.

L v.

peignes amoncelés ; enfin vous retrouverez le banc à *Tourretes*, &, outre les peignes, vous y diftinguerez beaucoup de buccardites.

Diocèfe de Vence. La ville de Vence, appellée *Vincia* dans Ptolomée, étoit Capitale de *Nerufi*, peuple des Alpes maritimes. Les infcriptions nous apprennent qu'elle fut confacrée au Dieu Mars, *Marti Vincio* ; qu'on y adoroit la Déeffe Cybelle, à laquelle on faifoit le facrifice des Tauroboles, dont nous avons parlé à l'article de Riez, & que les Habitants firent ériger un monument en l'honneur de *P. Licinius-Cornelius Saloninus Valerianus*, fils aîné de l'Empereur Gallien & petit-fils de Valerien ; il étoit Prince de la jeuneffe, c'eft-à-dire, Chef-Général du Corps des Chevaliers Romains, qui, depuis qu'ils furent détachés des Légions, fe divifoient en fix turmes ou efcadrons, dont chacune avoit fon Commandant, appellé Sevir *equitum Romanorum*.

Cette ville paroît tirer fon nom du celtique *vin*, qui fignifie *belle*, & de *zi* habitation. Elle eft en effet agréablement fituée fous un très beau climat : auffi du temps des Romains étoit-elle plus confidérable qu'elle ne l'eft à préfent. Le grand nombre d'inscriptions qu'on y a trouvées en est la preuve. Elle souffrit beaucoup dans le moyen âge, & elle est restée dans une très grande médiocrité.

La partie de la Seigneurie qui dépendoit des Comtes de Provence, fut donnée par Raymond Bérenger IV à Romée de Villeneuve, son Ministre d'Etat, homme d'un mérite rare, & dont la conduite parut à des Auteurs Italiens un fond très propre à être orné de circonstances romanesques.

Ils débitent que ce Romée étoit un Gentilhomme inconnu, qui, revenant du pélerinage de Saint-Jacques de Compostelle, s'attacha au service de Raymond Bérenger, & que ce Prince, mécontent de son administration, lui demanda ses comptes. Romée après les avoir rendus & avoir prouvé son intégrité, lui dit:
« Monseigneur, je vous ai servi long-
» temps ; j'ai mis un tel ordre dans vos
» finances, que votre Etat est devenu
» considérable de petit qu'il étoit. La
» malice de vos Barons vous engage à
» me payer d'ingratitude. J'étois un
» pauvre Pélerin quand je suis venu à
» votre Cour ; j'ai vécu honorablement
» des appointements que vous m'avez

Vence. « donnés ; faites moi rendre mon mu- « let, mon bourdon, ma pannetiere, « & je m'en retournerai comme je suis « venu ».

Le Comte, ajoute-t-on, touché de ces paroles, voulut retenir le Pélerin ; mais celui-ci résista aux sollicitations, & partit sans qu'on ait jamais su ce qu'il étoit devenu. Ces fables concourent avec l'Histoire à prouver que Romée montra dans son administration des talents & une intégrité rares.

Le Loup. Pour aller d'Antibes à Vence, on passe la riviere du *Loup*, appellée du temps des Romains *Apros*. Elle couloit vers son embouchure dans le territoire *Les Déciates.* des *Déciates*, qui paroissent avoir eu tout auprès leur chef-lieu, appellé *Deciatum* par Etienne de Byſance.

Les Nerusi. Ce Peuple & les *Nerusi*, qui étoient un peu au-dessus, confinoient au Le-
Les Velauni. vant avec les *Velauni*, répandus vers
Le Var. l'embouchure du Var, *Varum flumen*, qui, du temps de Pline & de Strabon, faisoit la séparation des Gaules & de l'Italie, comme il sépare aujourd'hui la Provence de presque tout le Comté de Nice, qui dépend du Roi de Sardaigne. Je dis presque tout, parceque ce Prince possede

encore quelques villages entre cette riviere & l'Esteron.

Le Var.

Le Var est très rapide. Il entraîne le gravier de dessous les piés, & en été, quand il y a des orages, il grossit quelquefois prodigieusement dans l'espace de deux heures, à cause des torrents qui tombent des montagnes. La facilité avec laquelle il change de lit d'un jour à l'autre, & souvent plusieurs fois dans le même jour, fait que les Etrangers ne doivent point s'exposer à le passer, sans avoir des gaieurs qu'on prend à Saint-Laurent, quand on sort de Provence; ou sur le bord opposé, quand on vient de Nice. Si l'on ne passe ni en voiture ni à cheval, on s'assied sur l'épaule de deux hommes, qui se tiennent serrés l'un contre l'autre, en prenant réciproquement avec la main le haut de leur veste au-dessous du cou, de maniere que l'un passe son bras droit sur le bras gauche de l'autre; on traverse le fleuve dans cette attitude; mais il faut avoir soin de ne pas regarder l'eau: elle est si rapide que la tête tourneroit, & l'on risqueroit de tomber.

A Antibes on prend un billet du Commandant pour sortir de France,

Le Var. sans quoi l'on est obligé de rétrograder, quand on est à Saint-Laurent.

Rien n'est plus varié que les pierres du Var. Outre les calcaires ou les cailloux, on y trouve des morceaux de beau granit, du grès, & une pierre grise veinée de spath. Ces différentes pierres sont tout autant de preuves de la diversité des torrents & des rivieres qui se jettent dans le Var, & qui sont d'un côté, la *Vésubie*, la *Tinée*, les *Chams* & la *Roudoule*; & de l'autre l'*Esteron*. Les quatre premieres ont leur source dans les hautes montagnes du Comté de Nice; l'Esteron a la sienne près de Saint-Auban, dans le diocese de Senez.

Diocese de Nice. Après avoir passé le Var on entre dans le terroir de Nice, borné au midi par la mer, & au nord par les hautes montagnes des Alpes, qui le mettent à l'abri du froid aquilon. En hiver, lorsque l'aride sommet de ces montagnes est caché sous des tas énormes de neige, c'est un spectacle bien frappant de voir à leur pied la nature se couronner de fleurs & même de fruits, sur cette verdure éternelle, dont les jardins sont émaillés. C'est au mois d'Avril sur-tout qu'elle paroît dans toute sa beauté; la vigne &

l'oranger exhalent une odeur qui, se mêlant à celle de l'œillet, de la rose & du jasmin, parfume l'air d'alentour. On voit alors qu'on peut dire de ce terroir avec bien plus de fondement que de celui d'Hyeres,

> Vertumne, Pomone & Zéphyre
> Avec Flore y regnent toujours ;
> C'est l'asyle de leurs amours,
> Et le trône de leur empire.

On trouve à Nice tout ce qui peut en rendre le séjour intéressant ; un air sain, des fruits, & des légumes excellents toute l'année, des promenades agréables, soit dans les jardins, soit sur le chemin neuf du côté du Port, soit sur les remparts, d'où l'on voit d'un coup-d'œil les montagnes, la campagne & la mer. Le quartier neuf de la ville est assez bien bâti. Le Port, quoiqu'il ne soit point encore achevé, est une source d'agrémens & d'avantages pour les Habitants.

La ville de Nice fut fondée par les Marseillois 340 ans avant J. C. Il s'en faut bien que le terroir fût alors aussi bien cultivé qu'il l'est à présent. Il étoit habité par les *Liguriens Vediantii*, qui avoient leur quartier principal à *Cimiez*:

c'étoient des especes de Sauvages sans Agriculture, sans Arts, & presque sans Loix, vivant de la chasse & de la pêche. Ils firent tous leurs efforts pour s'opposer à l'établissement des Marseillois dans leur territoire ; mais ils furent vaincus, & la colonie prit le nom de NIKII, qui signifie *victoire* en mémoire des avantages qu'elle venoit de remporter sur eux en cet endroit.

Ces Colons furent les premiers qui planterent dans le pays la vigne & l'olivier, & quelques autres arbres étrangers, laissant à leurs successeurs le soin d'y transporter ceux qui sont plus propres à satisfaire des goûts de fantaisie, qu'à procurer une utilité réelle.

La colonie eut les mêmes cérémonies religieuses & le même gouvernement que la métropole. Elle se rendit florissante, & servit utilement les Romains pour la conquête de la Provence : elle fut sous la dépendance de Marseille jusques vers le milieu du premier siecle de l'Eglise. Alors elle passa entiérement sous la domination Romaine, & prit la même forme d'administration qu'avoient les autres villes de la Province. Mais les mœurs & les usages anciens s'y conservoront long-temps; & l'on ne doit pas regarder comme une cérémonie particuliere aux Romains, ce que fit une Dame du lieu, nommée *Laïs*, qui ayant perdu ses deux fils leur décerna une statue, & donna douze mille sexterces, c'est-à-dire, trois mille livres de notre monnoie, au College des *Centonarii*, à condition que, de l'intérêt de cette somme, ils feroient tous les ans, le cinq des Ides d'Avril, qui étoit le jour de la naissance & en même temps l'anniversaire de l'un de ses fils, un sacrifice expiatoire, donneroient un festin dans le Temple, & consacreroient une statue couronnée de fleurs.

Nice.

Cet usage est de tous les temps, & presque de tous les peuples; & l'on peut lui rapporter celui où l'on est encore aujourd'hui, en divers endroits de la Province, de porter du bled, du pain & du vin à l'offrande le jour qu'on ensevelit un mort. Nous serions également autorisés à donner la même origine à la couronne qu'on met sur la tête des personnes du sexe mortes dans le célibat.

Usages.

Chez les Anciens, c'étoit une distinction qu'on accordoit aux personnes des deux sexes qui l'avoient méritée par leurs vertus. Peut-être le jeune homme dont il est parlé dans l'inscription, avoit-il été enterré avec cette marque d'honneur; & sa mere voulut qu'on la renouvellât tous les ans, en faisant couronner sa statue le jour de son anniversaire.

Les ravages des peuples du nord & des Sarrasins dépeuplerent insensiblement la ville de Nice. Elle ne répara ses pertes que sous les Comtes de Provence de la Maison de Barcelone. Détachée de la Provence en 1388, elle passa sous la domination de la maison de Savoie, qui fit rebâtir sur la montagne en 1440 un fort qui passoit pour imprenable, & qui, après avoir résisté aux forces combinées des François & des Turcs en 1543, fut pris & détruit par le Maréchal de Catinat au commencement du siecle.

Le voisinage de la mer, qui exposoit la ville de Nice aux incursions des Pirates, quand les différens Etats de l'Europe étoient encore dans l'anarchie, fait toute sa richesse, depuis que les gouvernements devenus plus fixes & plus éclairés, peuvent s'occuper du bonheur des peuples. Cette ville étant d'ailleurs la seule qui puisse échanger les productions du Piémont contre celles des pays maritimes, devient pour cette raison intéressante dans les états du Souverain de qui elle dépend; & pour peu que le Gouvernement continue de s'en occuper, elle répandra le commerce dans l'intérieur des terres, y animera l'agriculture, l'industrie & la population, si la communication d'un endroit à l'autre, & l'exportation des denrées deviennent faciles par la commodité des chemins, sans lesquels le commerce ne fait que languir.

Nice.

Cette ville est capitale du Comté de Nice. Le Gouverneur & le Commandant y font leur résidence: il y a de plus un Sénat, un Intendant, une Chambre de Commerce, & un Préfet, dont les fonctions sont à-peu-près les mêmes que celles de nos Bailliages.

Quand vous serez à Nice, vous pourrez vous aller promener sur l'ancien local de la ville de Cimiez, qui n'est éloigné que d'un mille & demi. Vous y verrez quelques restes d'antiquité, & entr'autres les vestiges d'un amphithéâtre dans lequel S. Pons souffrit le martyre sous l'empire de Valérien, l'an 258 de J. C.

Cimiez.

Cimiez.

Histoire de Provence, t. 1, p. 32 & 561.

Cimiez eut toutes les marques d'une métropole civile ; de fortes tours, de bonnes murailles, des thermes, des temples, un magnifique aqueduc, qui fut rétabli vers le milieu du deuxieme siecle, par les ordres de *M. Aurelius Masculus*, Président des Alpes maritimes, à qui trois colléges de la ville, parmi lesquels devoit être celui des Prêtres, décernerent un monument public de leur reconnoissance. Il y avoit en outre à Cimiez un Sénat, une Milice, un Président ou Commandant de la Province, dont l'autorité s'étendoit d'un côté, depuis Gênes jusqu'à Digne, & de l'autre, depuis Vence jusqu'au sommet des Alpes.

Inscr. 2, 3, 4 & 5.

Les inscriptions font mention de divers autres Magistrats. Nous y trouvons un *Albinus*, de la Tribu *Faleria*, qui étoit non seulement Questeur & Duumvir dans sa patrie, mais encore chargé de faire valoir l'argent de la Communauté. On appelloit cet Officier *Curator KALendarii pecuniæ*. Un *P. Secundus Severinus*, Quartumvir, administrateur des fonds publics, *Curator*; & administrateur en particulier de ceux qui étoient destinés à l'entretien & à l'éducation d'un certain nombre d'enfants de l'un & de l'autre Sexe, *Quæstor alimentorum*. De riches particuliers laissoient quelquefois en mourant une somme considérable pour ces utiles établissements, que nous n'avons fait que renouveller sous des formes différentes.

Cimiez.

Ces inscriptions & plusieurs autres prouvent que la ville de Cimiez étoit considérable. Elle étoit capitale des *Vediantii*, & on y adoroit les Déesses tutélaires de ce peuple, sous le nom de *Matronæ Vediantiæ*.

Les Vediantii.

Le rang qu'elle tenoit dans les Alpes maritimes fut cause que les premiers Chrétiens y établirent un Siege Episcopal. Nice eut aussi le sien; mais ils furent réunis en 465 par le Pape S. Hilaire.

L'Abbaye de S. Pons, située vis-à-vis de Montalban, sur une petite élévation d'où l'on a un des plus beaux points de vue qu'il y ait en Provence, fut fondée vers l'an 775, pour le plus tard. Tous les Historiens, sans en excepter l'Abbé Vely dans son Histoire de France, & M. le Beau dans l'Histoire du Bas-Empire, ont cru que cette Abbaye avoit été fondée par Syagrius, fils de Carloman & neveu de Charlemagne. C'est une erreur,

Ancienne Abbaye.

car le saint Fondateur de ce Monastere fut fait Evêque de Nice en 777 ; il ne pouvoit donc pas être fils de Carloman, qui, étant né en 751, ne pouvoit point avoir en 777 un fils déjà fondateur d'une Abbaye & Evêque de Nice.

La Turbie. Si de cette ville l'on va à Monaco, qui n'est qu'à quatre lieues, on passera par *la Turbie*, où l'on trouvera les vestiges du fameux trophée qu'Auguste fit élever en cet endroit, pour y faire graver les noms des différents peuples des Alpes qu'il avoit soumis à sa domination.

Cassini. Je ne parle point de *Perinaldo*, parceque cet endroit n'est remarquable que pour avoir été la patrie de Jean-Dominique Cassini, qui fit pour les progrès de l'astronomie, ce que les plus fameux Navigateurs & les Voyageurs les plus célebres ont fait pour l'avancement de la géographie.

Louis XIV, qui eut la passion d'attacher à la France tous les grands Hommes que la nature avoit fait naître hors de ses états, attira celui-ci à Paris ; & de toutes ses acquisitions, c'est une de celles dont la mémoire périra la derniere. M. Cassini perdit la vue dans les dernieres années de sa vie ; & selon l'esprit

de la fable, dit l'Auteur de son éloge, *Cassini.*
ce grand Homme, qui avoit fait tant
de découvertes dans le ciel, ressemble-
roit à Tirésie, qui devint aveugle pour
avoir vu quelque secret des Dieux.

Monaco est une Principauté souve- *Monaco.*
raine, qui, après avoir appartenu durant
plusieurs siecles à une branche de la
Maison de Grimaldy, a été portée en
1715 dans celle de Gouyon de Mati-
gnon, par Louise-Hypolite de Grimaldy, héritiere de ce petit Etat ; mais
cette Principauté n'ayant jamais été en-
clavée dans la Provence, devient étran-
gere à mon sujet, ainsi que *Vintimille*, *Vintimille*
déjà possédée par la Maison de ce nom,
dès le milieu du onzieme siecle.

A Vintimille, ainsi que dans la partie
orientale & septentrionale du Diocese
de Nice, les femmes du peuple tressent
leurs cheveux en queue, & les roulent *Usages.*
derriere la tête autour d'un poinçon
d'argent, comme font les paysannes dans
la plus grande partie de l'Italie. Cette
coëffure étoit en usage chez les Romains.

Nous allons reprendre notre Itinéraire tout le long du Var, pour parcourir la partie occidentale du Diocese de

Nice ; & entrer ensuite dans celui de Glandeves.

En sortant de Nice, vous laissez à votre droite le village de *Fallicon*, qui paroît avoir pris la place d'un plus ancien, nommé *Comaicia* dans une inscription Romaine & dans une Charte de l'an 1203.

<small>Fallicon.</small>
<small>Inscript. 6.</small>

Ensuite, en remontant vers le Var, vous trouvez *Aspremont*, bâti sur les ruines, ou tout auprès d'un bourg dont les habitants érigerent, vers la fin du premier siecle de l'Eglise, un monument de reconnoissance à leur protecteur *M. Attilius*, de la Tribu Faleria, Prêtre perpétuel de l'Empereur *Nerva*, & Tribun de la septieme cohorte des Liguriens.

<small>Aspremont.</small>
<small>Inscript. 7.</small>

On a découvert au même endroit une autre inscription, qui n'est qu'un vœu en l'honneur d'Hercule. Tout ce pays, qui est sur la rive gauche du Var jusqu'à la *Vesubie*, dépendoit des *Vediantii*.

Indépendamment des objets d'histoire naturelle qu'il offre à la curiosité du Voyageur, il ne laisse pas d'être intéressant pour une personne versée dans l'Histoire Romaine. On aime à se rappeller que

que long-temps avant que les Romains vinssent en-deçà des Alpes, ces montagnes étoient habitées, & que ces Conquérans y trouverent des hommes que la terreur du nom Romain n'avoit point encore subjugués. Peut-être n'avoient-ils jamais entendu parler ni de Rome, ni de ses exploits : confinés dans leurs tristes demeures, séparés des habitants de la plaine, avec lesquels ils avoient peu de rapports, dans un temps où il n'y avoit ni science, ni commerce, ni routes frayées, ils ne soupçonnoient peut-être pas qu'il y eût une nation occupée à subjuguer des hommes qui, vivant dans des climats éloignés & sauvages, n'avoient rien à démêler avec elle. Nous dirons plus bas ce que Diodore de Sicile nous apprend des mœurs de ces Montagnards : la résistance qu'ils firent aux Romains mérite que nous les nommions tous, les uns après les autres, & que nous indiquions les lieux qu'ils habitoient.

Anciens Peuples.

Après les *Vediantii*, on trouvoit les *Oratelli* sur la rive occidentale de la Vesubie. Leur quartier principal paroît avoir été dans le terroir d'*Utel*, au confluent de la Tinée & du Var.

Ibid. t. 1, p. 13.

Utel.
Les Oratelli.

M

Les Nementuri. Sur la rive gauche de la Tinée, étoient les *Nementuri*, du côté de *Clans*, près de cette forêt superbe, qui a plus de huit lieues de tour. *Nementuri* signifie en Celtique, *habitants d'une terre couverte de bois*. Une inscription trouvée dans le terroir de Clans, prouve qu'il y avoit un village dont les habitants s'appelloient *Almancenses*. Ils firent un vœu à Hercule.

HERCULI LAPIDARIO
ALMANCENSES.

D'*Almancenses* pourroit bien s'être formé par corruption le nom de *Clans*. *Marie.* Le terroir de *Marie*, qui confine avec celui de ce village, & que nous croyons avoir été compris dans le territoire des *Oratelli*, a aussi fourni une inscription *Inscript. 8.* & des médailles de Vespasien, de Néron & des Empereurs qui l'avoient précédé.

Le Villars. Le Villars & le Touet appartenoient *Les Eguituri.* aux *Eguituri*. Au Villars on a trouvé un marbre en l'honneur d'un Préfet de la *Inscript. 9.* septieme Cohorte des Liguriens.

La rive droite de la Tinée étoit habitée par un Peuple plus considérable que ceux que je viens de nommer. Il paroît avoir tiré son nom de cette riviere, ou le lui avoir donné. Ce sont les *Ectini* qui occupoient un pays fort étendu depuis les sources de la Tinée jusqu'au *Puget de Theniers*, ainsi nommé, sans doute, de *Pugetum Ectinorum*. Voyez deux fragments d'inscriptions trouvés en cet endroit ; l'un nous apprend que les Habitants voulurent ériger un monument en l'honneur de leur Protecteur, *M. Julius Nigronius*, & que celui-ci, content de leur zele, ne voulut pas qu'ils en fissent la dépense : dans l'autre nous lisons, qu'ils décernerent, pour marque d'honneur, à *C. Attilius*, de la Tribu *Faleria*, Préfet de la septieme Cohorte des Liguriens, un lieu pour y faire bâtir, on ne sait si c'est une maison, un temple, ou un monument.

Les Ectini.

Le puget.

Inscript. 10 & 11.

Le territoire des *Eguituri*, que nous avons placé au Toet & au Villars, c'est-à-dire au midi des *Ectini*, étoit borné par celui de ce Peuple au levant, au nord & au couchant.

Vis-à-vis & de l'autre côté, vous voyez l'ancien pays des *Suetri*, qui s'étendoit tout le long de *l'Esteron*. Cette riviere pourroit bien avoir tiré son nom

Les Suetri. L'Esteron.

de celui de ce Peuple, comme si l'on disoit *fluvius Suetrorum.*

{Remarques sur ces montagnes.} Les montagnes qu'habitoient ces Peuples, sont en général calcaires : il y en a de marneuses depuis leur base jusqu'à la partie moyenne. Il en est de même de celles qui sont dans les dioceses de Glandeves, de Senez, de Digne, d'Ambrun & de Sisteron. Aussi voyons-nous que c'est cette partie de la Provence qui fournit presque toutes les rivieres & les sources abondantes. Comme le noyau de ces montagnes est couvert d'une terre qui se décompose aisément, telle que la calcaire, la marne & le plâtre, les eaux qui la pénetrent enlevent successivement ce qu'elles trouvent dans les fentes des rochers, s'amassent dans les cavernes, que les affaissements & les tremblements de terre y ont formées, & s'en échappent ensuite par mille canaux souterrains, pour aller porter la fécondité dans les campagnes. On remarque même que les prairies où on les détourne pendant l'hiver, donnent une plus grande quantité de foin que les autres, pourvu qu'elles ne soient pas éloignées de la source. Les eaux à une certaine distance, perdroient ce degré de chaleur qu'elles ont dans leur réservoir, & qui contribue à entretenir la végétation.

Remarques sur ces montagnes.

Les rivieres qui descendent de ces montagnes sont en général fort poissonneuses, & la plupart abondent en truites excellentes. On se sert, dans certains endroits, d'un moyen assez singulier pour prendre le poisson : on fait bouillir quelques livres d'avoine, & on la jette encore chaude dans un endroit où les eaux sont dormantes ; l'odeur qu'elle leur communique attire les poissons de fort loin ; alors on tend vite un filet dans toute la largeur de la riviere, pour les empêcher de descendre.

Parmi ces montagnes il y en a qui sont absolument nues, & composées d'une pierre tendre. Leur voisinage est très dangereux, parceque le soleil les calcine, la glace les fond, l'humidité de la neige les divise, & tous ces débris tombant dans les ravins, s'il survient une pluie d'orage, les eaux les entraînent au loin avec un mugissement affreux. On croiroit voir rouler une montagne dans la plaine, au milieu d'une poussiere d'eau qui s'échappe des vagues écumantes. L'air d'alentour en est si agité, qu'il

M iij

fait plier les arbres, & souvent même il les renverse. On ne voit que trop souvent disparoître sous ces monceaux énormes de pierres, des hommes, des animaux, des maisons, des prairies, & des campagnes couvertes de vignes & d'oliviers. En remontant le Var, depuis Nice jusqu'à Entrevaux, on ne rencontre que trop souvent des plaines rendues pour toujours stériles par ces effrayantes inondations, dont nous avons été nous mêmes témoins plus d'une fois.

Remarques sur ces montagnes.

Au reste, il n'y a guere que les montagnes voisines du Var, qui soient absolument dépourvues de terre dans la partie supérieure, & susceptibles de cette décomposition ; celles qui s'approchent davantage des hautes Alpes, sont couvertes d'une herbe fine, qui fournit un excellent pâturage aux bestiaux du pays, & à ceux qu'on y mene du côté d'Arles au commencement de Juin.

Observation sur la formation de ces montagnes.

Je ne puis finir cet article sans observer que la premiere idée dont on est frappé en regardant cet amas de montagnes, c'est que toute cette contrée, ou du moins la plus grande partie, étoit originairement un terrein continu, qui s'élevoit par gradation jusqu'au dernier terme; qu'il s'y fit d'abord des affaissemens en différents endroits; & qu'ensuite l'action des glaces, leur fonte, ainsi que celle des neiges, & la chûte rapide des eaux pendant les orages, diviserent peu-à-peu ce terrein, le creuserent, formerent des vallons, & isolerent par conséquent des monceaux de terre que nous appellons montagnes, parcequ'ils sont beaucoup plus élevés que le sol qui les environne. La plupart de ces montagnes une fois formées, ont laissé nécessairement échapper la terre qui les couvroit, & qui, n'étant plus retenue dans sa pente rapide, est tombée par son propre poids, ou par l'action des eaux qui l'ont trop divisée. La pierre vive, qui formoit le noyau du terrein, a donc paru telle qu'on la voit encore, hérissée sur la surface de la province.

Formation de ces montagnes.

Parmi ces montagnes où le roc n'est point encore visible, il y en a beaucoup dont la terre est rouge; telles sont celles d'*Auvare*, de la *Croix*, de *Guillaume*, de *Dalluis*. Cette terre est quelquefois coupée par des bandes de terre verte; elle contient même en certains endroits du vitriol bleu, ce qui annonce la présence du cuivre. Aussi en trouve-t-on,

M iv

Histoire-Naturelle.

non-seulement dans le terroir des villages que je viens de nommer, mais encore dans celui de *Saint-Léger* & du *Puget de Rostan*. Ce minéral s'annonce sur-tout auprès du Dalluis. Il ne doit pas être le seul dans ces montagnes : la couleur rouge dont elles sont fortement imprégnées est un indice que le fer y est répandu.

Diocese de Glandeves.

Ces villages sont dans le diocese de Glandeves, ainsi nommé du nom d'une ville qui ne subsiste plus, & qui s'appelloit *Glannatina* : ce mot signifie *habitation sur le rivage*.

Cette ville étoit en effet bâtie sur un terrein que le Var a dégradé, mais qui ne pouvoit pas fournir une grande enceinte : aussi y trouve-t-on peu de vestiges d'habitations, excepté les débris de l'ancienne Eglise de Notre-Dame-de-la-Sedz, à côté desquels on a bâti, depuis environ cent ans, le Palais de l'Evêque. Il est seul dans une campagne resserrée d'un côté par le Var, & de l'autre par un roc, sur lequel on voit les ruines de l'ancien château.

La ville de Glandeves n'a été entiérement détruite que sur la fin du quatorzieme siecle, pendant les guerres civiles qui désolerent la Provence. Cependant elle devoit avoir beaucoup souffert de la fureur des Lombards dans le sixieme, & des Sarrasins dans le dixieme : c'est peut-être dans le temps de ces derniers, que quelques Habitants, pour éviter les périls dont ils étoient menacés, se retirerent à l'endroit où ils bâtirent *Entrevaux*, qui, par sa situation au pied d'une montagne, étoit moins exposé aux attaques des ennemis, & au débordemens de la riviere.

Glandeves.

Entrevaux a long-temps appartenu à la Maison de Glandevès, qui partageoit avec l'Evêque, la Seigneurie de Glandeves, & possédoit celle de plusieurs terres des environs.

Au levant de cette ville, sur la rive droite du Var, au terroir de la Penne, on trouvoit les *Beritini*, connus par un vœu qu'ils firent au Dieu Mars, surnommé *Jeusdrino*. Les mots IEVS & BERITINI étoient très propres à faire naître des conjectures sur les premiers Habitants de ce canton : l'on n'a pas manqué de dire qu'ils étoient originaires de *Berite* en Phénicie, & qu'ils étoient venus en Provence sous la conduite de quelque Chananéen, nommé *Jeus* ; car

La Penne.

Les Beritini.

M v.

La Penne. on sait que les Chananéens faisoient un grand commerce; qu'ils avoient des Colonies sur les côtes de la Méditerranée, & qu'après que Josué les eut chassés de leur pays, ils se répandirent dans la Grece, en Afrique, en Espagne & dans la partie méridionale des Gaules, à ce qu'on prétend. On a donc cru qu'un petit nombre de ces fugitifs pourroit bien s'être venu établir à la *Penne*.

Cette conjecture a paru d'autant plus probable, que la vallée où ce village est bâti, porte le nom de *Chanam*, & que parmi les différents quartiers, l'un s'appelle *Manassès*, l'autre le *Pays de Salomon*, un troisieme le *Champ d'Uriel*. Ce qu'il y a de remarquable, c'est que ce champ est rempli de pierres à fusil, & que *ur* en chaldéen signifie lumiere, feu: enfin il y a une montagne qui s'appelle *Adon*. En falloit-il davantage pour faire croire dans le pays que les Phéniciens vinrent habiter cette vallée? Pour nous qui ne croyons pas ces conjectures suffisantes pour assurer que le terroir de la Penne a été habité par des Phéniciens, nous aimons mieux dire que ces noms ont été donnés à ces différents quartiers par des Juifs, qui, dans le moyen âge, y avoient des possessions. L'épithete IEVSDRINO, donnée au Dieu Mars, signifie *preneur de Villes*.

Au sud-ouest de la Penne, le village de *Briançon* a fourni quelques médailles d'or, d'argent & de cuivre, & des inscriptions, qui sont une preuve que ce village, du temps des Romains, étoit plus considérable qu'il n'est aujourd'hui. Une de ces inscriptions fut mise par ordre de la Communauté, en 259 ou 260, sur un monument élevé en l'honneur de *P. Linius-Cornelius-Saloninus-Valerianus*, fils aîné de l'Empereur Gallien, & déclaré César en 259. L'autre nous apprend que les Habitants honorerent comme leur protecteur, un nommé *Maternus*, qui avoit rempli avec honneur la place de *Duumvir*, à Briançon, ainsi que celle de *Flamine* ou de Prêtre.

Briançon.

T. 1, p. 80.

La troisieme est en l'honneur de *Lucius-Valerius-Domitius Aurelianus*, nommé Empereur vers le mois d'Avril 270, & assassiné sur la fin de Février ou de Mars 275.

Il y a dans le terroir de Briançon des pyrites luisantes, qui avoient trompé par leur éclat quelques personnes qui les

M vj

exploiterent comme une bonne mine cuivreuse.

<small>Lieu remarquable.</small> Après avoir passé Briançon, on trouve la clue de S. Auban; elle est par sa singularité un des endroits les plus remarquables de la Provence. Elle est formée par deux roches de pierre vive, taillées à pic, & hautes d'environ soixante toises, depuis leur base jusqu'au sommet. Dans l'une on a creusé un chemin, où quand on y passe, pour la premiere fois, on éprouve ce sentiment d'horreur qu'inspirent la vue d'une masse énorme de rochers suspendus sur la tête; la profondeur d'un vallon où la vue ne peut pénétrer, & d'où s'éleve un bruit sourd, successivement grossi par les échos multipliés, & occasionné par les eaux de l'Esteron, qui font effort pour s'échapper à travers les gros quartiers de pierre détachés de la masse. La surface aride du rocher, qui est vis-à-vis & à très peu de distance; la solitude & le silence du lieu, interrompu seulement par le cri des oiseaux de proie, tout jusqu'aux arbrisseaux attachés par leurs racines à des morceaux de terre prêts à s'ébouler, fait de ce lieu un spectacle d'autant plus frappant, qu'il est rare.

J'aurois pu en faire une description plus détaillée, si, lorsque j'y passai, il y a neuf ans, j'avois prévu que je donnerois un Voyage de Provence; je n'en parle à présent que d'après l'impression que me firent ces objets. Je me rappelle qu'il y a vers le sommet du rocher, vis-à-vis du chemin & dans la partie le plus inaccessible, une croix & un trou, dont l'ouverture est en partie l'ouvrage des hommes. Il y a toute apparence que ce trou étoit une cache dans le temps des guerres civiles; & puisqu'on l'avoit ménagé dans un endroit où l'on ne pouvoit descendre que par le moyen d'une corde, & au péril de sa vie, il faut qu'on mît un grand prix aux effets qu'on cachoit, & que l'avidité du pillage fût bien grande. *Lieu remarquable.*

Au *Mas*, près de S. Auban, il y a un beau filon de charbon de terre qui n'est point exploité; & à *Peyresc*, à l'autre extrémité du Diocese, une caverne d'où sort, tous les soirs, un petit vent, qui augmente sensiblement jusqu'à minuit. Alors il commence à diminuer jusqu'au lever du soleil, qu'il tombe entiérement. Gassendi & Bouche en font mention, sans en donner l'explication. Ce vent est l'ef- *Peyresc.*

Peyresc. fet des vapeurs qui se forment dans la caverne pendant la chaleur du jour, & qui, sur le soir, lorsque l'air extérieur se rafraîchit, sortent avec précipitation, jusqu'à ce qu'elles soient épuisées, ou que la fraîcheur de la nuit les ait condensées. Pour expliquer le phénomene d'une maniere satisfaisante, il faudroit en connoître toutes les circonstances, & savoir le mois où le vent commence, & quel est le dégré de température qui lui est le plus favorable; car il doit être plus ou moins rare suivant les différentes variations de l'atmosphere.

Triullati. Le terroir de Peyresc confine avec celui de *Dalluis*, où habitoient les anciens *Triullati*.

Véamini. De-là, si vous tournez vers l'ouest, & que vous passiez le Verdon, vous entrerez dans le terroir de *Torame* haute & de Torame basse, occupé du temps des Gaulois par les *Véamini*, mot celtique qui signifie habitants d'une terre rouge, & en effet, à Torame, les montagnes sont de cette couleur. Vous remarquerez aussi que *Toramina*, a la même signification à-peu-près que *Véamini*; car, *tor* signifie habitation, & *min* rouge, d'où vient *minium*.

Enfin, vous montez un peu plus vers le nord, entre l'Iſſolle & le *Verdon*, vers les ſources de celui-ci, & vous arrivez dans l'ancien territoire des *Gallitæ*, répandus depuis *Allos* juſqu'à *Colmars*, en latin *Collis Martius* ou *Collis Martis*, parcequ'on y adoroit le Dieu Mars.

<small>Dioceſe de Senez.</small>

<small>Allos & Colmars.</small>

On voit près de Colmars une fontaine intermittente, remarquable par la fréquence de ſes retours. Gaſſendi, qui l'avoit examinée, aſſure qu'elle coule quatre fois dans une heure, & pendant ſept minutes à chaque fois, après leſquelles il y a une ceſſation abſolue, tantôt de huit, tantôt de ſept, & tantôt de ſix minutes.

<small>Fontaine intermittente.</small>

Le méchaniſme de ces fontaines eſt connu ; c'eſt le même que celui du Siphon. On eſt perſuadé aujourd'hui qu'il y a, dans les montagnes où ces fontaines prennent leur ſource, deux réſervoirs, l'un ſupérieur & l'autre inférieur, qui communiquent enſemble par un conduit recourbé en ſiphon, de maniere que la branche la plus courte a ſa baſe dans le réſervoir ſupérieur, & l'autre vient aboutir au réſervoir inférieur. Lorſque le premier eſt rempli,

Fontaine intermittente. & que l'eau est parvenue au-dessus de la courbure du conduit ou siphon, elle s'écoule dans l'autre, & met le réservoir supérieur à sec. Celui-ci se remplissant de nouveau, le même effet recommence; ainsi de suite, tant qu'il n'y a point d'obstacle qui détruise ce jeu de la nature. La seule chose qui puisse embarrasser, est de savoir pourquoi, dans cette fontaine, le temps de l'intermittence ou de la cessation est tantôt de huit, tantôt de sept, & tantôt de six minutes : mais la surprise cesse, quand on fait attention qu'elle dépend du plus ou du moins d'eau qui arrive à la source.

Ubaye. Si vous passez la riviere d'*Ubaye*, vous entrez dans le pays qu'occupoient les *Esubiani*, dont la riviere & le village d'Ubaye, bâti tout auprès, paroissent avoir conservé le nom.

Descendez ensuite l'espace de quatre à cinq lieues au midi, & vous verrez l'ancien quartier des *Edenates*, au terroir de *Seyne*, en latin *Sedena*, visiblement dérivé du nom de ses anciens habitants.

Seyne.

Remarques sur ces peuples. Tous ces peuples, qui étoient au nombre de treize, en y comprenant les *Nerusii*, formoient sur ces montagnes, avant qu'ils fussent soumis aux Romains, des hordes comme les Sauvages de l'Amérique. Ils sont nommés les derniers sur le trophée qu'Auguste fit élever à la Turbie, pour y consacrer les noms de ceux qu'il avoit soumis à sa domination. Pline les appelle *Ligures capillati, Liguriens chevelus*, parcequ'ils portoient les cheveux longs & flottants. Ce furent eux qui, avec les Salyes, les Vediantii & les Vagienni, habitants de la partie supérieure des vallées de Sture & de Grana, opposerent aux Romains une plus longue résistance ; mais ils furent obligés de céder aux armes du Consul *Marcus Fulvius*, qui, en mémoire de cette victoire, fit ériger un monument de sa reconnoissance envers Jupiter, au terroir de S. Etienne, vers l'extrémité septentrionale du Diocese de Nice, dans les plus hautes montagnes, 125 ans avant J. C. Voici l'inscription.

Remarques sur ces peuples.

I. O. M.
M. FULVIUS.
DEVICTIS. ET. SUPERATIS.
LIGURIRUS. BAGIENNIS.
VEDIANTIBUS. MONTANIS.
ET. SALUVIEIS.
V. S. L. M.

Remarques sur ces peuples. Cependant ces peuples, indociles au joug qu'on leur avoit imposé, le secouerent quelques années après, & le Sénat de Rome aima mieux leur laisser la liberté de se gouverner par leurs propres loix, moyennant un tribut, que d'envoyer de nouvelles troupes dans les défilés des Alpes, où elles auroient risqué de périr, tandis qu'elles pouvoient faire ailleurs des conquêtes plus faciles. Cette forme de gouvernement dura jusqu'au temps où Auguste se fut rendu maître de l'Empire. Alors il les soumit à son obéissance, 13 ans avant J. C. réduisit leur pays en Province ; & pour conserver le souvenir d'un événement si mémorable, il fit ériger deux trophées semblables, l'un à la Turbie, comme nous l'avons dit, & l'autre à Suze, de l'autre côté des montagnes, à l'entrée du Piémont.

Ces Montagnards étoient alors barbares ; ils couchoient sur des peaux ou sur des feuilles d'arbres : un petit nombre habitoit sous des chaumieres ; les autres logeoient dans le creux des rochers ou dans des cavernes formées par la nature. Cette privation forcée des commodités de la vie les rendoit robustes, agiles &

propres à tous les travaux. Ils se civili-ferent ensuite ; & nous connoissons des pierres milliaires qui nous apprennent que sous Auguste, on commença d'ouvrir des chemins dans ces montagnes. L'un, qui alloit de Cimiez dans ce que nous appellons aujourd'hui le *haut Dauphiné*, passoit à *Marie*, *Pierles*, *Ilonse*, *Saint-Sauveur* & *Saint-Etienne*.

Remarques sur ces Peuples.

Ces mœurs étoient celles des *Sentii*, qui avoient pour capitale *Sanitium*. La position de cette ville répond à celle de Senez, & nous fait connoître le territoire des *Sentii*. Il est parlé d'un Décurion de *Sanitium* dans une inscription que nous rapportons. Le même étoit Décurion honoraire à Nîmes.

Senez.

La ville de Senez est fort petite, mal bâtie & mal située. Il n'y a que le zèle de la Religion qui ait pu y faire établir un Evêché. Le desir des richesses & des distinctions n'auroit jamais conduit les Apôtres de la Provence dans un lieu où un Evêque, obligé de vivre loin du monde & des grandeurs, n'a que des occasions d'exercer son zèle & sa charité.

Inscription 12.

Les anciens monuments ne font mention que d'une ville appellée *Salinæ*, qui

Salinæ. ne subsiste plus. Les inscriptions, les témoignages des Auteurs, & quelques restes d'antiquités sont une preuve que sa position étoit à Notre-Dame du Plan; à un petit mille de *Castellane*. Tout annonce que cette ville n'étoit pas des plus médiocres. Plusieurs inscriptions parlent des citoyens de *Salinæ*, qui occupoient ailleurs des emplois honorables. Il y en a une qui nous apprend que l'an 181 de J. C. les Cabaretiers de cette ville avoient choisi pour leur protecteur un de leurs concitoyens, nommé *Flavius*, fils de *Verinus*, lequel Flavius étoit Décurion de sa patrie. Il y avoit été Questeur & Duumvir. Il étoit Duumvir à Fréjus, Flamine ou Prêtre & Protecteur de la Province des Alpes maritimes. Ils lui éleverent par honneur un monument public.

La ville de *Salinæ* fut détruite par les Saxons & les Lombards, dans le sixieme siecle. Ceux des habitants qui échapperent au carnage, voulant se mettre à l'abri de pareilles incursions, se retirerent sur une montagne voisine, où ils bâtirent des maisons qu'ils entourerent de murailles. C'est de-là que le village prit le nom de *Petra Castellanæ*, qui signifie *Roche du Château*. Ce nom étoit connu en 960. La Seigneurie du village & des environs appartenoit déjà en 1050 à la Maison de Castellane. L'un des Seigneurs ayant refusé l'hommage au Comte de Provence, sous prétexte que ses ancêtres n'avoient reçu l'investiture de leurs terres que des Empereurs, soutint un siege en 1189 ; mais il fut obligé de se rendre, & fit hommage de vingt-cinq terres.

On peut voir dans l'Histoire de Provence un Troubadour de cette Maison, qui, partageant son temps entre les affaires politiques, la guerre & la poésie, employa son talent pour les vers à déclamer contre la Noblesse qui se laissoit opprimer ; & ses armes, à soutenir la ville de Marseille contre Charles d'Anjou, qui le punit de sa témérité.

« Je préfere, disoit-il, les Arbalê-
» triers & les Cavaliers bien rangés en
» bataille, à ceux qui n'ont que de la
» beauté ; & jamais je ne me lasserai de
» livrer assauts & combats ».

Avec des sentiments plus pacifiques il eût été plus heureux, & il auroit conservé à ses descendants des terres considérables dont Charles d'Anjou le priva.

Usages.   La chaussure des Paysans dans la partie septentrionale des Dioceses de Glandeves & de Senez, ressemble à celle des paysans de Terracine, dans les états du Pape, sur les frontieres du Royaume de Naples. Elle consiste en un morceau de peau crue & non tannée, qu'ils replient sur le pied avec une corde passée en forme de lacet, depuis le bout du pied jusqu'à la jambe, autour de laquelle ils lient la corde. C'étoit la chaussure des anciens Romains, avec cette différence que les riches ne se servoient ni de corde, ni de peau crue.

Histoire-Naturelle.   L'Histoire naturelle de cette partie de la Provence n'est point connue. Le temps & la dépense que ce travail exige, les difficultés des chemins, l'ennui du voyage dans un pays où l'on ne trouve pas, il s'en faut bien, toutes les commodités de la vie, ralentiront le zèle de quiconque voudra l'entreprendre. Non-seulement il y auroit beaucoup d'observations à faire sur les oiseaux & les quadrupedes (la botanique est faite); mais encore sur l'élévation des montagnes, sur leur site, leur organisation & sur les volcans éteints ; nous présumons que le lac d'Alloz occupe le terrein consumé par un volcan. Le cours des rivieres, les dépôts qu'elles forment, pourroient encore fournir des descriptions curieuses.

L'eau, dans ces montagnes, découvre quelquefois, comme il arrive dans la vallée de *Barcelonette*, des melezes fort gros & fort longs, qu'on retire avec la plus grande peine de l'intérieur des terres, où ils étoient enfouis. Ces arbres se fendent alors avec beaucoup de facilité, selon le fil du bois, & ils répandent, quand on les brûle, une odeur très désagréable. Ils sont une preuve certaine que les eaux ont entraîné les terres & bouleversé ce pays-là ; & si les matieres végétales sont la base des charbons de terre, il ne manqueroit à ces arbres que d'être imprégnés d'une quantité suffisante de bitume, pour former ce fossile. Il faudra donc attribuer à cette cause la mine de houille, qui est au-dessus du village de *S. Ours*, près de Meyrones : celle de la Paroisse de *Feuilleuse*, & enfin celle qui est à une demi-lieue de Barcelonette dans le vallon de *Godissar*.

Quant aux minéraux, on en trouveroit beaucoup dans ces contrées. Le

Histoire-Naturelle.

plomb n'y est point rare : il y a des mines d'argent à *Torame haute*, d'argent & de cuivre à la *Bréoule*; d'or à *Ubaye*, suivant l'*Oryct. d'Argenville*. Ainsi, les deux parties de la Provence les plus opposées entre elles par la température du climat & la hauteur des montagnes, contiennent à-peu-près les mêmes minéraux.

Les fontaines salées ne sont point rares dans le Diocese de Senez; il y en a une près de cette ville; une à *Gevaudan*, une autre à *Tartone*, & deux à *Castellane*. Les eaux de l'une sont salées & ameres, à-peu-près comme celles de la mer. Cette salure vient sans doute d'un sel fossile répandu dans le sable, semblable à celui de Pologne & de Catalogne. Quant à l'amertume, il faut l'attribuer à quelque sel d'une autre nature, ou à quelque bitume dont le filon n'est pas visible.

Le puits salé de *Moriez* donne une livre de sel très blanc & très bon sur trois livres d'eau. Gassendi remarque, qu'à quantités égales, il est plus difficile à dissoudre dans l'eau commune que celui de la mer. Cette fontaine fut sûrement connue des Romains : le nom de de *Muria*, qu'ils donnerent à l'endroit où elle coule, & dont Moriez est dérivé, en est la preuve. Elle avoit été recouverte, on ne sait par quelle cause, & ne fut retrouvée pour la seconde fois qu'en 1636, lorsqu'on augmenta le prix du sel. Les habitants s'étant apperçus que les pigeons alloient souvent boire dans un vallon voisin du village, s'imaginerent que l'eau pourroit être un peu salée ; ils creuserent, & trouverent un puits grossiérement construit.

Les coquillages fossiles de ce Diocese se trouvent dans la partie méridionale en plusieurs endroits : en allant, par exemple, de Castellane à *Comps*, on rencontre des bancs immenses de roubines pénétrés de gryphites, ordinairement mêlés avec d'autres coquillages ; mais il y a peu d'endroits qui offrent autant de cornes d'ammon que le ravin formé à la montagne de Chamate près de *Vergons*. Le même fossile n'est point rare aux extrémités du terroir de *Norante* vers celui de *Pel*, non plus qu'au terroir de *Soleillas*, du côté de *Demandols*. Il y a des amas de soufre pur à *Gevaudan* ; à *Barrême*, il est répandu sur des pyrites.

Deux Sauvages.

Ces montagnes de la haute Provence sont une continuité de celles du Dauphiné, sur lesquelles on trouva au mois de Juillet 1646, deux sauvages qu'il eût été facile de prendre, & qu'il eût été fort intéressant d'interroger, quand on les auroit mis en état de se faire entendre. Voici ce que j'en trouve rapporté dans une lettre que j'ai tirée des Manuscrits de la Bibliothèque du Roi : elle est datée de Grenoble, le 13 Septembre 1646, & fut écrite par M. Salvaing de Boissieu.

« L'avis qu'on vous a donné, Monsieur, de deux Sauvages qui ont été vus aux montagnes du Dauphiné, est véritable ; & voici ce que j'en ai appris.

» Au mois de Juillet 1646, quelques Bûcherons, au nombre de six ou sept, allant travailler dans le bois de la Combe, ouïrent une voix fort agréable, mais sans articulation, qui donna curiosité à l'un d'eux de s'avancer jusqu'à l'endroit d'où venoit la voix, pour savoir ce que c'étoit ; & après avoir fait trente ou quarante pas, il découvrit une femme velue par tout le corps, à la réserve d'un

» petit espace au-dessous des yeux, *Deux Sauvages.*
» ayant les cheveux pendants jusques
» auprès du coude, & qui étoient re-
» pliés en forme de flocons, les ma-
» melles fort avalées, dont le bout
» témoignoit qu'elle étoit nourrice ;
» & ses pieds fort petits, & semblables
» à ceux d'un enfant de trois ans. Mais
» comme ils étoient couverts de poil,
» il ne put pas remarquer s'ils avoient
» des doigts. Il demeura plus d'une
» demi-heure à la considérer de huit ou
» dix pas, sans qu'elle en fût effarou-
» chée : mais quant à lui, il n'eut pas
» la force d'aller à elle, & il s'enfuit.
» Ayant ensuite raconté son aventure,
» un autre Bûcheron plus déterminé dit
» qu'il iroit le lendemain au bois, &
» que s'il avoit la même rencontre, il
» ne seroit pas aussi timide : il tint
» parole ; car à peine il eut donné quel-
» ques coups de coignée à un arbre,
» qu'il entendit le chant de cette Sau-
» vage ; & étant allé, avec un autre
» Bûcheron qui l'avoit suivi, vers l'en-
» droit d'où venoit la voix, il l'apper-
» çut, & courut à elle ; & comme elle
» s'enfuyoit, il la prit par les cheveux.
» Cette femme alors poussa un cri sans

Deux Sauvages.

« articulation, & fit un signe de la main pour appeler à son secours le mâle, qui vint en même temps à grands pas, laissant tomber quelques racines qu'il tenoit dans la main. Le Bûcheron, qui se voyoit abandonné de son compagnon, eut peur, de sorte qu'il lâcha prise. A l'instant le mâle prit la femelle par la main, & tous deux gagnerent fort vîte le haut du rocher, étant vus des deux paysans l'espace de trois ou quatre cents pas. Il demeura un flocon de poil dans la main de celui qui l'avoit saisie, lequel a confirmé la relation qui avoit été faite par le premier, à laquelle il ajoute que la femelle avoit l'haleine puante, que l'un & l'autre sont de fort petite taille, mais ramassés & membrus; que le poil dont ils étoient couverts, étoit de la longueur de six lignes, de couleur noirâtre, hormis l'extrémité qui étoit blanche; qu'ils n'en avoient point à la paume de la main, non plus qu'au-dessous des yeux. »

Voilà, ajoute l'Auteur, tout ce qui est véritable de ces deux Sauvages, que j'ai pris soin de savoir parfaitement, & digne d'être considéré.

La même relation se trouve confirmée par une autre lettre datée de Grenoble le 5 Août 1646, sans nom d'Auteur : il est fâcheux qu'on ne fît point de recherches pour prendre ces deux Sauvages, qui vraisemblablement n'ont point laissé de postérité. *Manuscrits de Dupuy*, n° 639.

Deux Sauvages.

ADMINISTRATION DE LA PROVINCE.

Il semble que la Provence, qui est réduite à des limites assez étroites, ne devroit former qu'un seul corps politique. Cependant comme les révolutions dans le moyen âge avoient détaché plusieurs Communautés de ce petit état, elles vinrent ensuite s'y joindre avec les coutumes, les franchises & les prérogatives qui leur étoient propres ; & pour les conserver, elles demanderent à n'être point réputées de la Provence. Il est arrivé de-là qu'elles sont séparées du corps, & qu'elles ont une administration particuliere, n'ayant pas voulu être soumises à la direction des Etats généraux. On les distingue sous la dénomination de terres adjacentes. Elle ne sont point, comme on voit, des démembre-

Administration.

ments d'autres Provinces, mais des portions de la Provence elle-même, réunies sous des conditions particulieres, dépendantes du même Gouverneur, soumises au même Parlement & au même Intendant. MM. les Procureurs du pays n'y ont aucune autorité, & n'y peuvent pas même paroître avec les ornements de leur place, quoiqu'ils aient cette prérogative dans toute l'étendue du pays, dépendant du corps de la Province.

Ce qu'il y a encore de remarquable, c'est que ces terres adjacentes, parmi lesquelles Arles & Marseille sont villes privilégiées, ne sont pas même réunies entr'elles par une administration commune : ce sont autant d'especes de Républiques & d'administrations particulieres, qu'il seroit inutile de faire connoître chacune séparément. Nous nous bornerons à donner une idée de l'administration du pays soumis aux Etats, qu'on regarde comme le corps de la Province, parcequ'il en est la partie la plus considérable.

On l'appelle aussi les *Vigueries*, parceque ce corps est divisé en vingt-deux districts nommés *Vigueries*, qui sont, Aix, Tarascon, Forcalquier, Sisteron,

Anot, Grasse, Hyeres, Draguignan, Toulon, Digne, Saint-Paul-les-Vence, Moustiers, Castellane, Apt, Saint-Maximin, Brignolles, Barjols, Colmars, Seynes, Lorgues, Val-de-Barrême, & Aubagne qu'on a substitué à Guillaume, depuis que cette derniere ville a passé sous la domination de la Savoie.

Administration.

Toutes ces villes sont chefs de Viguerie, & en cette qualité elles ont un certain nombre de Communautés qui leur sont en quelque façon subordonnées. Ces Communautés s'administrent d'elles-mêmes par des Officiers Municipaux qu'elles élisent.

Outre leur administration particuliere pour le payement des impositions établies par les états, & des dépenses de leur police intérieure, elles ont encore des intérêts communs avec un certain nombre d'autres communautés, qui leur sont unies, pour former cette espece de corps politique, que nous appellons *viguerie*. On entend par ce mot, l'association de plusieurs communautés qui portent le nom de la cité principale.

Nous avons donc trois Corps qui composent, à proprement parler, la Province ; savoir, les Communautés,

Administration. qui sont elles-mêmes composées des Habitants; les Vigueries, qui sont composées des Communautés; & la Province, qui n'est que la réunion des Vigueries.

Chacun de ces trois Corps a ses deniers & ses impositions.

La Province impose pour la généralité: l'Assemblée & la Viguerie imposent sur toutes les Communautés de son district, pour ses affaires particulieres. La Communauté impose pour satisfaire aux charges de la Province & de la Viguerie, & encore pour les besoins particuliers de son administration.

On suit pour la levée de ces trois sortes d'impositions, deux regles de répartition, qu'il est bon d'observer; l'affouagement & le cadastre.

On appelle affouagement, l'opération générale, par laquelle la Province fait estimer, sur des regles communes, la valeur du territoire, & les avantages locaux de chaque Communauté.

Cette estimation générale des biens est divisée en différentes parties, qu'on appelle *feux*, mot de convention inventé pour exprimer une certaine valeur; par exemple, pour exprimer une étendue de terrein estimée cinquante mille livres,

Ainsi une Communauté qui seroit évaluée dix feux, seroit jugée avoir deux fois autant d'avantages & de ressources que celle qui seroit évaluée cinq feux : par conséquent elle supporteroit le double des impositions.

Les estimations des vingt-deux Vigueries réunies, donnent la valeur totale du corps entier de la Province; considérées séparément elles donnent la valeur de la Viguerie ; & en les sous-divisant en tout autant d'estimations qu'il y a de Communautés, on connoît la valeur proportionnelle de chacun de ces petits Corps politiques. Si vous poussez la subdivision plus loin, vous trouverez la valeur des biens fonds de tous les Habitants. Ainsi l'affouagement est une estimation proportionnelle du Corps & de toutes ses parties.

C'est sur cette regle de proportion que sont reparties les impositions de la Province. On sait ce que doit payer chaque Viguerie, chaque Communauté, d'après la connoissance exacte qu'on a de la valeur de ses biens, par le nombre des feux.

Mais lorsqu'il s'agit de répartir sur les contribuables de chaque Communauté,

Administration.

la charge que cette Communauté supporte, alors on suit une autre regle de proportion pour connoître la valeur relative de tous les biens fonds qui sont dans le territoire, & l'on appelle *cadastre* l'opération que l'on fait pour y parvenir.

De même que l'affouagement détermine ce que chaque Communauté doit supporter dans les impositions de Province ou de Viguerie, de même le cadastre regle le contingent de ce que chaque particulier doit payer, soit pour l'imposition de Province ou de Viguerie, soit pour les dépenses particulieres de la Communauté. *

(*) On donne aussi le nom de cadastre ou de compoix, au livre terrier de la Communauté, c'est un regitre en papier timbré, où, sous le nom de chaque Propriétaire, rangé par alphabet, on trouve la note de toutes les propriétés qui lui appartiennent, leur contenance & leur estimation à un certain nombre de livres cadastrales. La livre cadastrale est ordinairement supposée de mille livres, & divisée en seize onces, en quarts & demi quarts. Ainsi, une propriété, qui est estimée au cadastre une livre quatre onces, est supposée de la valeur de 1250 liv. & si l'on impose 10 liv. 10 s. par liv. cadastrale, elle paiera 12 liv. 10 s.

Il y a donc deux regles de répartition, l'affouagement & le cadastre; trois sortes d'impositions, imposition de la Province, impositions des Vigueries, imposition des Communautés; & par conséquent trois sortes d'Assemblées pour établir les impositions, & pour décider les affaires de leur ressort.

Si l'on vouloit faire un Traité complet sur cette matiere, il faudroit donc le diviser en administration de la Province, en administration des Vigueries, en administration des Communautés; examiner sur quels principes chacune de ces administrations doit rouler; quelles sont les personnes qui composent l'Assemblée de la Province, l'Assemblée des Vigueries, l'assemblée des Communautés; parler ensuite des droits de ces Assemblées, des modifications qu'on y a mises, & de celles dont ils peuvent être susceptibles. Il faudroit enfin dire deux mots de la forme des délibérations, de l'élection des Officiers & de leurs fonctions.

Mais pour traiter cette matiere, il faudroit m'engager dans des détails qui me feroient sortir des bornes que je dois me prescrire. C'est assez que je donne

Administration.

une idée de l'état actuel de l'administration, dont je viens de montrer le méchanisme.

Administration.

Les Etats de Provence ont été suspendus il y a cent quarante ans; car la derniere Assemblée se tint à Aix en 1639; &, malgré les reclamations qu'on a faites, on n'a jamais pu en obtenir le rétablissement. On leur a substitué l'Assemblée générale des Communautés, qui exerce les pouvoirs de ces mêmes Etats, & décide en dernier ressort des intérêts du Pays.

Cette Assemblée est composée de Monseigneur l'Archevêque d'Aix, qui la préside; de MM. les Consuls d'Aix, Procureurs du Pays; de deux Evêques, Procureurs joints pour le Clergé; de deux Possédants fiefs, Procureurs joints pour la Noblesse; de vingt-deux Députés des Chefs de Viguerie, & de quinze autres Députés des principaux lieux de le Provence, faisant en tout trente-sept Votants.

M. le Gouverneur, & en son absence M. le Commandant, & M. l'Intendant, Commissaire départi, y assistent.

La premiere séance est uniquement employée à des préliminaires d'usage, sur lesquels il est inutile de nous arrêter. Le lendemain on lit les Lettres-Patentes du Roi pour la convocation de l'Assemblée, & pour la demande du don gratuit. On fait aussi lecture des lettres de cachet que Sa Majesté écrit à ce sujet aux Procureurs du Pays, & aux Députés des Communautés, & l'on accorde le don gratuit, après avoir délibéré.

{Administration}

Le jour suivant M. l'Intendant, Commissaire du Roi, qui assiste à toutes les séances, remet les instructions que M. le Gouverneur & lui ont reçues touchant certains objets sur lesquels l'Assemblée délibere. M. l'Assesseur rend ensuite compte de la gestion des MM. les Procureurs du Pays, à laquelle l'Assemblée générale donne sa ratification & son approbation. Enfin, on propose tout ce qu'on croit devoir être soumis à la délibération de l'Assemblée, & l'on fixe les impositions pour le courant de l'année. Elles sont réparties suivant les regles que nous avons exposées ci-dessus.

Les affaires qui demandent des discussions trop longues pour être traitées dans les trois jours que se tient l'Assemblée des Communautés, celles qui surviennent dans le courant de l'année &

Administration.

qui demandent une prompte expédition, sont terminées dans des Assemblées particulieres, indiquées & présidées par M. l'Archevêque d'Aix, & composées de MM. les Procureurs-nés & Procureurs-joints. Ces Assemblées ne sont que les représentantes de l'Assemblée générale, les exécutrices de ses volontés, & ne statuent que sous son bon plaisir, & sauf sa ratification.

M. l'Archevêque d'Aix est premier Procureur du Pays, & Président de toutes les Assemblées. Il est inamovible, au lieu que les quatre autres Procureurs-nés du Pays, ne sont en place que pour un an ou deux. Il opine le premier, propose toutes les graces, & la nomination au remplacement des Officiers du Pays, & à l'audition du compte : les Députés aux Assemblées ne peuvent rien proposer sans l'avoir prévenu, &c. &c.

MM. les Consuls & Assesseur de la ville d'Aix, sont aussi Procureurs-nés du Pays. La procuration du Pays a été jointe à leur place par une Ordonnance de 1535, & par un Edit de 1594. Ils sont Administrateurs & Ordonateurs des ponts & chemins ; nomment les Experts & les Arpenteurs pour les cadastres des

Communautés; suivent en Justice les procès de la Province; procédent à la répartition de la capitation, conjointement avec M. l'Intendant, & donnent leur avis sur les Requêtes que les Communautés lui présentent pour avoir la permission de plaider. Aucune de ces Communautés ne peut même rien fournir aux troupes, si ces MM. n'ont mis leur attache aux ordres des Gouverneurs & Commandants; enfin ils veillent sur les impositions des Communautés pour qu'elles soient suffisantes, & que les deniers n'en soient point divertis à d'autres usages.

Les impositions ne sont assises que sur les fonds de terre. Cependant quand une fois le nombre des feux est fixé, & que chaque Communauté connoît ce qu'elle doit payer relativement aux charges de la Province, & aux dépenses qu'elle est obligée de faire pour elle-même, elle a la liberté de s'imposer de la maniere qui lui paroît la moins onéreuse, & la plus convenable à sa situation, à moins qu'il n'en résultât une impossibilité de payer les charges.

La levée des deniers se fait d'une maniere fort simple. Chaque Communauté

Administration.

a un Trésorier particulier, à qui elle paye son contingent des impositions; & celui-ci le porte au Receveur de la Viguerie, qui la verse dans la caisse du Trésorier des Etats.

Au reste, tout ce que nous venons de dire ne regarde que le pays des Vigueries. Les terres adjacentes sont immédiatement soumises à M. l'Intendant, & payent directement au Receveur-Général des finances.

Comme elles ne sont point du corps de la Province, elles ne contribuent point à ses charges, excepté dans quelques objets d'utilité commune, tels que la solde de la milice, le terrein pris pour les fortifications, la paye de la Maréchaussée, la gratification des Maîtres de Poste, & les appointemens de l'Inspecteur des Manufactures.

Elles payent le tiers de la dépense que ces objets entraînent; & le tiers des charges communes imposées sur la Provence par Sa Majesté. Nous ne parlerons point des regles qu'elles suivent entr'elles pour la réparation de cette quotité: ces détails nous meneroient trop loin.

Nous ne parlerons pas non plus du corps de la Noblesse, qui a ses intérêts à part, ses assemblées générales & particulieres, ses syndics au nombre de douze, dont six d'Epée & six de Robe, tous possédans Fiefs. La Noblesse paye sa part des impositions, dont elle fait elle-même la répartition sur les membres, en se réglant sur l'*Afflorinement*, qui est aux biens nobles, ce que l'assouagement est aux biens taillables.

Administration.

Voilà tout ce que nous avions à dire sur cette importante matiere. Une personne qui voudroit la traiter à fond, auroit sans doute beaucoup de réflexions à faire sur les avantages & les inconvéniens de l'Administration, telle qu'elle est, depuis la suppression des états; sur l'instabilité des personnes destinées à la régler, & qui se succedant avec beaucoup de rapidité, n'ont que le temps de laisser dans leur gestion une foible empreinte de leur zele, de leur caractere, ou de leurs vues.

Du Climat.

D'après la description que je viens de faire de la Provence, on se doute bien qu'il n'y avoit point de Province dans le Royaume, qui ait un climat aussi varié.

Du climat.

Du climat. La partie septentrionale, toute hérissée de hautes montagnes, est très froide, & l'on y trouve les mêmes plantes que dans la Laponie, telles que le *Chamæro-lodendros, Alpina humifuga,* l'*uva ursi,* & plusieurs especes de saules nains; aussi la récolte y est-elle extrêmement tardive, & l'on y seme l'orge en même temps que l'on moissonne dans la partie méridionale. Celle-ci produit, à quelque différence près, le même fond de plantes que le Portugal, l'Espagne, l'Italie, la Corse & les côtes d'Afrique; de façon qu'en réunissant les extrêmes, c'est-à-dire, les Alpes & les côtes, on ne trouveroit pas cinquante plantes qui fussent communes à ces deux régions.

La partie moyenne de cette Province tient, quant à la température, un milieu entre la partie septentrionale & la partie méridionale.

Celle-ci est fort chaude; & ce qu'il y a de pis encore, les chaleurs y durent long-temps; car en général, depuis le commencement de Juin jusques au 15 Septembre, le thermomètre, à deux heures après midi, se soutient au-dessus de 20 degrés. Ces chaleurs sont cause que l'hiver commence fort tard dans la basse Provence, parceque les terres, & sur-tout les montagnes voisines de la mer, se refroidissent lentement. Le thermomètre, à Marseille, le 6 Août 1774, étoit à 30 degrés & demi hors de la ville, dans un endroit élevé au nord, & où il n'y avoit aucune réverbération qui pût agir sur le mercure. Qu'on juge par-là des chaleurs qu'on devoit éprouver dans des lieux bas, situés au midi, & couverts du côté du nord par des bâtiments ou des montagnes qui augmentoient l'action du soleil. On m'a assuré que le thermomètre ayant été suspendu pendant une demi-heure dans cette exposition, au bois d'une fenêtre fermée, à plus de trente pieds au-dessus de terre, étoit, à deux heures environ après midi, à 47 degrés.

Ces chaleurs vinrent de ce que la neige des Alpes avoit été fondue de bonne heure. Quand elle dure jusqu'au mois de Juillet, les montagnes conservent pendant tout l'été une humidité froide, dont nous ressentons les effets. L'air qui les presse, étant infiniment plus dense que celui de la partie méridionale, s'y précipite, parcequ'il trouve peu de résistance, & y porte cette fraî-

Du climat. cheur qui tempere l'ardeur du soleil; mais quand le vent se renforce, & qu'il vient des plus hautes montagnes, il refroidit considérablement l'air dans le mois de Mai & de Juin.

Le froid a parmi nous ses excès comme la chaleur; car le 4 & le 5 Janvier 1768 à 7 heures trois quarts du matin, le mercure, à Marseille, descendit à neuf degrés au-dessous de la congellation. C'est le plus grand froid qu'on ait ressenti de mémoire d'homme, puisqu'il n'est pas certain que celui de 1709 ait été aussi fort. Depuis la nuit du 5 au 6 il ne gela plus dans la ville; la liqueur alla toujours en montant. Le 9, à 7 heures du matin, elle étoit à huit degrés au-dessus de zéro, & ne descendit jamais, avant minuit, plus bas que de sept au-dessus du même terme, depuis le 12 jusqu'au 20 : aussi tous les amandiers du terroir étoient-ils en fleurs avant la fin du mois.

Température à Marseille. Ces faits prouvent que notre climat est fort doux en hiver, lorsqu'il n'est point altéré par quelque cause étrangere; car, à Marseille, on voit rarement de la neige & de la glace; on en voit encore moins à mesure qu'on avance tou le long des côtes jusqu'à Nice, qui est l'endroit le plus chaud de la Provence. A Marseille il est rare que le mercure tombe à six degrés au-dessous de zéro, qui est le terme où les orangers périssent, & où les oliviers souffrent beaucoup: on le voit quelquefois à trois, mais rarement deux jours de suite.

Sa variation, dans le courant de Décembre & de Janvier jusqu'au 15 Février, est en général

Depuis —3, jusqu'à 13. —3. 13.
Du 15 Février à la fin de Mars, les deux extrêmes sont, . . —1 . . . 15.
En Avril, ... 2 . . . 16.
En Mai, ... 8 . . . 21.
En Juin, ... 11 . . . 23.
En Juillet, ... 15 . . . 25.
En Août, ... 16 . . . 26.
En Septembre, . . . 13 . . . 23.
En Octobre, ... 8 . . . 17.
En Novembre, . . . 1 . . . 13.

Ces variations de 13 ou 14 degrés dans le même mois se font quelquefois sentir dans un jour; car en 1774, le thermomètre, qui, le 12 Novembre, un peu avant minuit, étoit à 13 degrés

Du climat. au-dessus de zéro, se trouva au terme de la glace le lendemain à la même heure.

Des Vents Ce sont les vents qui occasionnent ce dérangement dans notre température; car lorsque le temps est calme & serein, on trouve en Décembre & en Janvier les beaux jours du printemps. Mais un vent de nord ou de nord-ouest vient abattre, au moment qu'on s'y attend le moins, cette chaleur douce qui ranime ici la nature lorsqu'elle languit par-tout ailleurs.

Le nord-est souffle quelquefois; mais l'ouest-nord-ouest & le nord-ouest dominent depuis le mois de Novembre jusqu'aux premiers jours d'Avril. Ils commencent, & même assez fortement, quand il tombe de la neige sur les montagnes, & dans les Provinces qui sont au nord ou au couchant de la Provence; ils continuent, quoique foiblement pour l'ordinaire, pendant tout le temps qu'elle couvre la terre, & se renforcent quand elle fond. En Avril & en Mai, ils soufflent alternativement avec le sud-est & le sud-ouest. Ces deux vents de mer qui moderent les chaleurs de l'été, regnent presque seuls dans les mois de

Juin, Juillet, Août, Septembre & Octobre; mais, vers la fin d'Octobre, & quelquefois en Septemb. leur force augmente; & comme ils viennent alors de plus loin, ils nous apportent les nuages & la pluie.

Un vent bien singulier, quant aux effets, est le sud-sud-est. Il relâche les fibres, abat la vivacité, la bonne humeur, le feu de l'imagination, & répand dans le corps & dans l'esprit une lassitude qui rend incapable de travail & d'application; les oiseaux même se ressentent de cette impression de l'air: on n'entend plus leur gasouillement; un morne silence regne dans la campagne; tous les animaux sont assoupis: les personnes sujettes à des rhumatismes, ou qui ont eu des contusions ou des blessures dans quelque partie du corps, sentent leurs douleurs se réveiller; il est aisé d'en expliquer les causes, mais il y en a une à laquelle il me paroît qu'on ne fait pas assez d'attention: c'est cette prodigieuse quantité de matiere électrique, dont les vapeurs qui surchargent alors l'atmosphere sont imprégnées, & qui ne donnent point de commotion à la partie sensible des fibres, où l'on a reçu la blessure ou la contusion, sans y exciter quelque douleur.

Il seroit difficile de donner la raison de toutes ces variations des vents; mais parmi les causes que la Nature tient encore cachées, nous pouvons compter sans doute l'inégalité de raréfaction dans l'air. Celui des côtes étant plus raréfié, depuis le mois de Novembre, jusqu'au commencement d'Avril, que celui de l'intérieur des terres & des montagnes, celui-ci doit se mouvoir vers la Méditerranée avec d'autant plus de force, que l'inégalité de raréfaction sera plus grande. Tout le contraire arrivera quand la neige sera fondue & la terre desséchée. Alors l'action du soleil n'étant plus diminuée par l'humidité du sol, & se trouvant même augmentée par la réverbération, l'air, qui presse la terre, s'échauffera & se raréfiera plus que celui de la mer, qui, par cette raison, se précipitera jusqu'à une certaine distance dans les terres, & tempérera les grandes chaleurs.

Mais quand ces chaleurs sont si fortes que les deux atmosphères sont également raréfiés & en équilibre, il n'y a plus du zéphyr; alors la matiere électrique

trique de la mer, qui, pendant le jour, a été mise en mouvement par l'ardeur du soleil, sur-tout dans les endroits voisins des ports, s'éleve au-dessus des flots, & n'étant point dissipée par les vents, elle offre aux yeux du Spectateur, après le coucher du soleil, l'image d'une aurore boréale. A Marseille on est quelquefois témoin de ce spectacle durant les belles soirées d'été.

Il y a des vents qui se font quelquefois sentir en Provence avec une force extraordinaire. Le plus fréquent & le plus impétueux de tous est le nord-ouest, connu sous le nom de *mistral*. On appelle aussi de ce nom l'ouest-nord-ouest. Les anciens Auteurs parlent souvent de sa violence : il ôte la respiration quand on parle, dit l'un d'entre eux ; il ébranle un homme armé & un chariot chargé : mais, ajoute-t-il, les gens du pays, loin de s'en plaindre, sont persuadés qu'ils lui doivent la salubrité de l'air.

Pline en a parlé plus au long ; & comme il observoit la nature, dans la vue de se rendre utile, il avertit que c'est être bien mal avisé que de planter les arbres, dans la Gaule Narbonnoise, contre la direction de ce vent. La prudence, dit-il, exige qu'on les mette à l'abri, parceque si ce vent tempere la chaleur du climat, il est en même temps si violent, qu'il enleve le toit des maisons.

Diodore de Sicile en parle dans les mêmes termes ; & tous ces différents témoignages prouvent que si le défrichement des terres & le desséchement des marais ont produit quelque différence dans notre climat, elle n'a point influé sur les vents, dont la violence & la direction dépendent de bien d'autres causes.

Le mistral régna pendant quatorze mois de suite en 1769 & 1770, sans qu'on puisse expliquer ce phénomene. Tout ce qu'on peut dire, c'est qu'il souffle constamment durant plusieurs jours quand il a beaucoup plu dans le Languedoc, & sur-tout du côté du Vivarais. Peut-être que si l'on comparoit les observations météorologiques qui se font dans cette Province & même en Gascogne, avec celles qu'on fait à Marseille, on viendroit à bout de découvrir la cause de ce vent.

L'ouest-sud-ouest, un de ceux qui nous amenent la pluie, est quelquefois très violent. Le 2 du mois de Janvier 1768, il se fit sentir depuis les cinq heures du soir, jusqu'au lendemain à midi, avec une force dont on n'avoit point d'exemple. Le froid étoit fort vif, des masses de glace flottoient près du rivage ; une brume épaisse couvroit la surface de la mer, & la poussiere d'eau, que le vent emportoit sur les rochers, sur les mâts & sur les cordages des vaisseaux, s'étant glacée, offrit aux yeux des Marseillois un spectacle aussi étonnant que nouveau, quand le soleil donna dessus. La lune étoit ce jour-là dans sa plus grande déclinaison boréale, & le 4 elle fut dans son dernier quartier.

On peut encore se rappeller l'ouragan qu'il y eut en Provence le 8 Avril 1761. Dans l'espace d'une heure il renversa, dans le terroir, compris entre Aubagne & Roquevaire, dix-huit cents pieds d'arbres fruitiers, & six mille oliviers dans celui du Baussec. A Aix & à Marseille, il ébranla ou abattit de gros arbres, & les cheminées de plusieurs maisons. La lune avoit été nouvelle le 5, à sept heures cinquante-deux minutes du matin ; sa déclinaison boréale étoit le 8, de vingt

Des Vents. degrés vingt-trois minutes ; elle fut dans son périgée le 10, qui étoit le jour de sa plus grande déclinaison. Voici un autre fait.

Le 20 Novembre 1770, elle approchoit de son apogée, qui ne fut que le 22 ; elle avoit été nouvelle le 17 à dix heures vingt-sept minutes du matin, & dans sa plus grande déclinaison australe le 19 ; car elle étoit de vingt degrés cinquante-neuf minutes. On éprouva un ouragan des plus forts le 20 de ce mois à onze heures du matin, par un vent de sud-ouest. Les eaux du Port surmontèrent tous les quais ; vinrent jusqu'au premier degré de la Loge, & entrèrent dans la plupart des boutiques, s'étant élevées à vingt-quatre pouces environ au-dessus de leur état ordinaire. Le baromètre étoit alors à vingt sept pouces une ligne, trois quarts, & le thermomètre à treize degrés au-dessus de la glace.

Au reste, ces coups de vent dont je viens de parler, sont très rares ; car s'ils étoient fréquents le Pays seroit désolé, à cause de la position des montagnes, au milieu desquelles le vent s'engouffre, pour se déployer ensuite avec plus de fureur dans la plaine.

La pluie nous offre en son genre des singularités aussi surprenantes ; il ne tomba depuis le 24 Novembre 1769, jusqu'au 13 Octobre 1770, qui est le temps où regna le mistral dont nous avons parlé ci-dessus, que 6 pouces d'eau ; ce qui fut d'autant plus nuisible, que le climat est fort chaud, & le sol naturellement aride. De-là vient que la plus grande partie des sources & des puits, étoit tarie, & que plusieurs de nos rivieres, qui ne sont que des torrents, n'avoient point d'eau. Les arbres & les vignes dépérissoient, & n'auroient pu résister à cette grande sécheresse, si les fortes rosées, dans les pays voisins de la mer, n'avoient réparé durant la nuit les pertes qu'ils faisoient pendant le jour. Voici les différentes quantités d'eau tombée en dix ans.

Depuis le 24 Novembre 1769, jusqu'au 31 Décembre 1770, 10 pouces, dont 6 seulement en dix mois & demi.

En 1771, 13 pouces 3 lignes, dont 6 pouces une ligne en onze mois, & 7 pouces 2 lignes en Décembre.

En 1772, 50 pouces 2 lignes, dont 16 pouces 8 lignes en Septembre.

Il en tomba 10 pouces en douze heu-

De la pluie.

res le 15 de ce mois, ce qui n'étoit peut-être jamais arrivé. Si le terroir de Marseille étoit disposé de maniere que toutes les eaux vinssent aboutir au même endroit, à la ville, par exemple, ces 10 pouces l'auroient submergée. La lune avoit été pleine le 12, apogée le 13, & le 15 sa déclinaison boréale étoit de 10 degrés 54 minutes.

En 1773, il tomba 24 pouces 1 ligne $\frac{3}{4}$ d'eau, dont 4 pouces 5 lignes en Décembre ;

En 1774, 16 pouces 8 lignes $\frac{1}{3}$;

En 1775, 17 pouces 8 lignes $\frac{1}{3}$;

En 1777, 21 pouces 5 lignes $\frac{1}{3}$, dont 4 pouces 6 lignes $\frac{1}{3}$ en Novembre, & 4 pouces 11 lignes $\frac{1}{3}$ en Octobre : ce sont les mois où la pluie a été la plus abondante.

En 1778, 20 pouces 1 ligne $\frac{1}{3}$, dont 7 pouces 8 lignes $\frac{1}{3}$ en Mars.

En 1779, 17 pouces 7 lignes $\frac{1}{3}$, dont 9 pouces 2 lignes $\frac{1}{3}$ en Octobre. Il en tomba 5 pouces 3 lignes le 1er du mois.

Ces observations regardent particuliérement la ville de Marseille, & ne sont applicables qu'avec beaucoup de restrictions aux autres endroits de la côte jusqu'au Var. Le thermomètre, le 4 Janvier

1768, à 7 heures du matin, lorsqu'à Marseille il étoit à 9, ne descendit à Toulon qu'à 5 & demi : ce fut le terme le plus bas. Je veux que, dans l'exposition des deux instruments, il y ait eu quelque différence, qui en ait mis une dans l'abaissement du mercure, mais elle ne sera jamais de deux degrés & demi, suivant le rapport qu'on m'a fait de l'observation.

De la pluie.

Les montagnes qui regnent tout le long de la mer, changent la direction du vent, ou en moderent l'effet, & empêchent que le froid ne soit par-tout le même, & qu'il ne tombe par-tout la même quantité de pluie : c'est ce qu'on remarque particuliérement à Toulon, qui, par sa position, est à l'abri du nord; & où l'on éprouve le nord-ouest beaucoup plus foiblement qu'à Marseille.

Ces différences deviennent encore plus sensibles à mesure qu'on avance dans les terres. Les montagnes sont si confusément entassées, que les nuages qui partent de la mer, sont ordinairement divisés & dispersés dans leur course avec le vent qui les emporte ; car autrement le pays seroit continuellement ra-

De la pluie. vagé par les inondations. Mais toutes les fois que les nuages, étant bas, sont arrêtés par quelque montagne autour de laquelle ils s'entassent, on peut s'attendre à voir, dans moins de deux heures, les torrents furieux dont j'ai parlé ailleurs.

Une Province qui, par la différente situation des terres & l'élévation des montagnes, participe de tous les climats sous lesquels la plus grande partie de l'Europe est située, doit être extrêmement variée dans ses productions. Aussi un Naturaliste qui voudroit décrire les trois regnes avec attention, y trouveroit-il à-peu-près les mêmes especes & les mêmes variétés que dans le reste du Royaume, avec cette différence pourtant, que nous en avons quelques-unes qui ne sont point dans les autres Provinces. Notre plan ne nous permet pas de traiter cette matiere à fond; mais comme un Voyageur est bien aise de connoître les productions du pays où sa curiosité l'attire, nous allons mettre sous ses yeux le catalogue des plantes que nous avons déjà fait insérer plus au long dans l'histoire générale, & qui nous a été communiqué par M. Gerard de Cotignac, Docteur en Médecine.

Pour donner des idées exactes sur cette matiere, nous distinguerons les productions indigenes ou spontanées, d'avec les étrangeres qui se sont naturalisées en Provence, afin qu'on puisse reconnoître en même temps ce qui nous est propre, & ce que nous avons acquis. En admettant cette division, on verra ce que nous avons possédé dans tous les temps, & ce que l'art & le commerce nous ont procuré; en un mot, on verra quels ont été les progrès de notre industrie.

Des Plantes indigenes, les plus remarquables qui croissent en Provence.

1°. *Crocus.* Le Safran se trouve sur les collines & les endroits les plus stériles. Il fleurit vers la fin de l'hiver, & ne differe de celui des jardins, que par le défaut de culture.

2°. *Lilium.* Le Lis jaune & le martagon, qui en est une espece, viennent sur les hautes montagnes & dans les grandes forêts. Ces plantes méritent d'être citées pour la beauté de leurs fleurs.

Plantes indigenes.

Il en est de même des fritillaires jaunes, pourprées & blanches. Celle qui naît sur la montagne de Sainte-Victoire, forme une espece à part, qui est très rare.

3°. *Iris*. La Flambe, dont les racines sont hydragogues, pourroit servir à divers usages économiques. Si l'on en garnissoit le haut des murailles de pierre seche, elle en préviendroit souvent l'écroulement, par le moyen de ses racines, qui fournissent un lien naturel à des pierres qui n'en ont point, & pourroit être employée dans la Médecine comme l'Iris de Florence.

Narcissus. Le Narcisse vient dans les prés. La jonquille, qui en est une espece, naît sur les collines les plus arides de la Basse-Provence.

Tulipa Narbonensis. La Tulipe jaune, qui est une espece différente de celle des jardins, se trouve dans les endroits les plus incultes de la Basse-Provence, & dans quelques prairies d'Aix.

Colchicum. Le Colchique fleurit aux mois d'Août & de Septembre. On n'apperçoit alors que sa fleur, après quoi les feuilles commencent à pousser, & son fruit n'est mûr que l'année d'après, vers le mois de Mai & de Juin. Cette plante vient dans les prés.

Lilium convallium. Le Muguet, qui vient dans les pays Septentrionaux, mérite d'être cité à cause de l'odeur pénétrante & agréable de ses fleurs.

Asparagus. L'Asperge, outre l'espece sauvage, il en croît une autre, dont les pousses sont bonnes à manger, & dont la racine est diurétique.

Aristolochia. L'Aristoloche. On en compte quatre especes, la ronde, la longue, la clématite & la pistoloche. Les deux premieres ont des racines en forme de truffe; les deux autres les ont fibreuses. Ces plantes sont très ameres. L'aristoloche clématite, qui se multiplie quelquefois autour des vignes, cause, par son odeur, une amertume très désagréable aux raisins.

Hipocistis. L'Hipociste est une petite plante parasite, adhérente, par sa base, à la tige des différentes especes de ciste, & qui ne se nourrit que du suc qu'elle puise dans la substance de cette racine. Elle differe des autres plantes parasites qui s'attachent indifféremment, en ce qu'elle n'a d'autre attache que celle du ciste.

Plantes indigenes.

Althæa arborea olbia, espece de guimauve qui croît à Hyeres.

Scorzonera. La Scorzonere, qu'on cultive dans les jardins, vient dans les prairies naturelles de la Haute-Provence. On en trouve aussi une autre espece remarquable sur les montagnes les plus élevées, appellée par les Botanistes, *scorzonera humilis latifolia nervosa*.

Absinthium. L'Absynthe. Outre l'absynthe ordinaire, on en trouve sur les montagnes des Alpes, deux ou trois especes, qu'on appelle genepi, & auxquelles on attribue de grandes propriétés, dont l'essentielle est d'être un puissant sudorifique.

Dipsacus. Le chardon à Bonnetier, vient dans les endroits humides. Celui qu'on cultive pour peigner & polir les draps, a les écailles qui séparent ses fleurs, terminées par un crochet.

Rubia tinctorum. La Garance est commune le long des haies, des sentiers & autour des buissons. On sait que sa racine fournit une teinture rouge, & que cette partie colorante pénetre les os des animaux à qui on en a fait manger. Cette racine est une des cinq apéritives; & on l'emploie avec succès contre les obstructions du bas-ventre.

On trouve plusieurs plantes analogues à la garance, telles que l'écaille-lait, dont les racines fourniroient aussi une teinture rouge. Mais la garance a un avantage sur ces plantes, qui consiste en ce que ses racines sont beaucoup plus grosses.

Marum cortusi. C'est une espece de germandrée qui naît aux îles d'Hyeres. Cette plante a une odeur forte & pénétrante. Les chats ont un penchant à la flairer, & ensuite à s'y vautrer.

Chamædris pomum redolens. C'est une autre germandrée des îles d'Hyeres, remarquable par sa rareté & par l'odeur agréable qu'elle répand.

Acanthus. L'acanthe vient autour de la ville d'Hyeres.

Anchusa. L'Orcanete. L'écorce de cette racine donne une couleur rouge. On s'en sert pour colorer la cire, l'onguent rosat, &c. On pourroit extraire une couleur semblable de plusieurs especes de buglosse & de gremil.

Auricula ursi. L'oreille d'ours se trouve sur les plus hautes montagnes des Alpes.

Plantes Indigenes.

Azalea. Plante rare & alpine.

Gentiana. La gentiane. Outre la jaune, il en croît sur les hautes montagnes de la Haute-Provence, plus de dix autres espèces à fleurs bleues, violettes & pourprées.

Verbascum. Le bouillon blanc. On ne fait pas assez usage de ses fleurs qui sont béchiques, adoucissantes & vulnéraires. On doit recueillir de préférence celles de cette espèce, dont la tige est bordée d'un prolongement de la feuille.

Kali. La soude. C'est de la cendre de cette plante, qui croît sur le bord de la mer, qu'on retire ce sel alkali, qu'on emploie dans les verreries.

Alypum. Le Turbith blanc ou séné des Provençaux, est un sous-arbrisseau qu'on rencontre dans le terroir d'Aix, & qu'on substitue au séné. Mais comme c'est un purgatif violent, on feroit encore mieux de s'en abstenir. La buglosse à feuille de romarin, est un autre sous-arbrisseau qu'on recherche à cause de sa rareté, & qui vient dans les mêmes lieux que le précédent.

Jasminum luteum. Le jasmin jaune est commun tout le long des sentiers de la basse Provence.

Camphorata, la Camphre. Rien n'est si commun aux environs d'Aix, tout le long des chemins & autour des champs. Elle est résolutive, vulnéraire & céphalique; on l'a préconisée pour l'asthme. Malgré ce qu'on en a dit, elle est fort dénuée des grandes qualités qu'on lui avoit attribuées.

Plumbago. Cette plante, qui vient le long des chemins, est si âcre, qu'elle seroit capable de cautériser la peau, par la seule application de ses feuilles.

Isatis, le Pastel. On le cultive dans les champs. Celui qu'on cultive ne diffère en rien de celui qui vient sans culture. On sait que cette plante fournit une teinture bleue, dont les Teinturiers se servent pour donner aux laines la couleur bleu-de-Roi, & que les crayons bleus des Peintres proviennent des feuilles du pastel qu'on a fait macérer, & qu'on a réduits en masse.

Hesperis, la Julienne. L'espece naturelle croît dans les fentes d'un rocher escarpé du terroir de Cabasse. Cette plante y fleurit au commencement du printemps.

Leucoium. La Giroflée jaune vient dans les fentes des vieilles murailles.

Plantes indigenes. Celle des jardins, & plusieurs autres especes, sont très communes le long des côtes maritimes.

Nimphæa. Le Nénuphar est une plante aquatique, dont les feuilles sont étendues sur la surface de l'eau. Il y en a de deux especes : l'une à fleur blanche, & l'autre à fleur jaune. Le nénuphar est un excellent calmant, qu'on emploie très fréquemment, & qui est d'un usage journalier.

Viola, la Violette. On en trouve sur les hautes montagnes une espece à très petites feuilles & à grandes fleurs, qui sont violettes, rouges, jaunes & blanches. On voit aussi dans les mêmes endroits une autre violette à feuilles rondes & à fleurs jaunes. La Pensée, qui est une espece de violette, naît dans les champs.

Luteola. La Gaude fournit une teinture jaune. On s'en sert aussi pour donner une couleur verte aux étoffes qu'on fait tremper auparavant dans la cuve du pastel. Cette plante est très commune.

Ruta. La grande & la petite Rue naissent dans les endroits arides, exposés au soleil. La rue est antiputride, incisive & propre pour dissiper les vapeurs hystériques. La vapeur de sa décoction résout les taies de la cornée.

Fraxinella, la Fraxinelle ou Dictame blanc. Ses feuilles, & sur-tout les calices de ses fleurs, sont parsémées d'une infinité de petites glandes, à travers lesquelles exude un suc huileux, qui a une odeur de bouc. Ce suc, exalté par la chaleur, s'enflamme, si l'on approche une bougie allumée.

Pæonia. La Pivoine, qui a été si célébrée par les Anciens, est fort déchue des qualités merveilleuses qu'on lui attribuoit, depuis qu'on a banni les amulettes & toutes les superstitions ridicules qu'on mettoit en usage, quand on arrachoit cette plante, dont la belle fleur sera toujours l'ornement des parterres.

Ranunculus. On trouvé plus de vingt espèces de Renoncules, parmi lesquelles il y en a deux qui sont cultivées par les Fleuristes ; l'une à fleur blanche, qui vient sur les montagnes des Alpes ; & l'autre à fleur jaune : on la trouve dans les prés.

Anemone, l'Anémone, qu'on rencontre dans les bois de l'Abbaye du Toronet, est la plus belle des anémones sauvages. Sa fleur est composée de huit

Plantes indigenes. à dix feuilles, au lieu que les autres n'en ont que cinq.

Pulsatila. On trouve plusieurs Coquelourdes sur les plus hautes montagnes.

Helleborus. L'Hellébore noir vient presque par-tout. Celui qui est à feuilles d'aconit, est commun dans les prairies de la haute Provence.

Staphysagria, Staphysaigre. La graine de cette belle plante, qui est une espece de pied d'aloüette, fait mourir les poux de la tête. On en saupoudre les cheveux, qu'on assujettit avec un bandeau.

Aconitum. L'Aconit est une plante alpine. On en distingue trois especes; le Napel, dont la fleur est pourprée, l'Aconit Tue-loup, & l'Anthora. Ces deux dernieres ont la fleur jaune. On a cru, pendant long-temps, sans aucun fondement, que l'Anthora étoit le contrepoison du Thora, espece de renoncule. L'usage de ce prétendu antidote seroit presque aussi pernicieux que celui de l'aconit.

Aquilegia. L'Ancholie vient sur les montagnes de la haute Provence.

Saponaria. La Savoniere ainsi appellée, parcequ'elle enleve les taches des habits, croît le long des ruisseaux. Ses fleurs sont odorantes.

Lychnis coronaria sylvestris, Passefleur sauvage. C'est la plus belle plante des Alpes.

Linum, le Lin. On en trouve plusieurs especes à fleurs jaunes, blanches & purpurines.

Fragaria sterilis sericæa. Espece de fraisier à fleur jaune, qui vient sur la montagne de Sainte-Victoire.

Onobrychis aquisextiensis. Ce sainfoin sauvage naît dans les endroits stériles du terroir d'Aix. Cette espece pourroit être cultivée au défaut du sainfoin ordinaire. L'aspect du local où elle se trouve devroit engager les Cultivateurs à la multiplier dans des terreins semblables, qui ne produisent rien. Ce seroit un moyen bien simple de les mettre en valeur, sans recourir à des essais dispendieux.

Ricinoides. Le Tournesol vient dans les champs qui sont en gueret. Sa graine, qui tombe en automne, ne leve point le printemps suivant. Le champ qui a été ensemencé, & le chaume la conservent & l'empêchent de germer. Ce n'est que l'année d'après, lorsque les terres ont reçu un labour, & qu'elles reposent; que cette plante se reproduit.

Plantes indigenes.

Le Tournesol fournit une couleur bleue qu'on acheve d'apprêter en Hollande, & qu'on achete ensuite d'une nation étrangere, quoique nous possédions la matiere premiere qui reçoit son premier apprêt dans le bas Languedoc.

Rosmarinus, le Romarin. Tout le monde connoît ce petit arbrisseau, dont on feroit plus de cas, s'il étoit moins commun.

Vitex, l'Agnus-castus. On l'appelle aussi Poivrier, & à la faveur de cette mauvaise dénomination, on croit que la graine est une espece de poivre. Le seul rapport qu'il y a, vient de la ressemblance des graines. On trouve l'agnus-castus dans plusieurs endroits, & principalement vers le golfe de Saint-Tropez.

Nerium. Le Laurier rose vient à l'Esterel, où il a été observé par M. de M.

Rhus coriaria. Le Roudou vient entre Figaniere & Seillans. On s'en sert pour teindre en noir, & pour apprêter les cuirs.

Vaccinium, l'Airelle. Son fruit est employé pour teindre les étoffes en violer. Ce petit arbrisseau est une production de la haute Provence, où l'on en rencontre deux autres especes.

Plantes indigenes.

Thymelæa foliis candicantibus. La Tartonraire est un joli sous-arbrisseau qu'on trouve à Marseille, vers Montredon.

Laureola mas & fœmina. La Lauréole mâle & la Lauréole femelle. La premiere est toujours garnie de feuilles, & la seconde s'en dépouille. Ces plantes purgent violemment. La lauréole mâle se trouve dans les forêts de la basse-Provence. La femelle, du côté de Barcelonette. Au surplus cette dénomination de mâle & de femelle n'a été donnée que sur des rapports qui n'ont aucun fondement.

Thymelæa foliis lini. Le Garon vient le long des chemins & dans les lieux incultes de la basse Provence. C'est un purgatif dangereux; on l'emploie utilement pour les cauteres.

Thymelæa tomentosa foliis sediminoris. Plante maritime que j'indique à cause de sa rareté.

Casia poëtica, Ce petit sous-arbrisseau est, à cause de sa verdure & de ses baies rouges, d'un très-joli aspect.

Plantes Indigenes. *Eleagnus.* On trouve cet arbre à Gardane. La ressemblance de ses feuilles avec celles du saule, l'a fait appeller en Provençal, *Sauze mascau.* Ses fleurs ont une odeur agréable, & son fruit a la forme de l'olive.

Myrthus, le Myrthe. Les côtes maritimes de S. Tropez en sont garnies. On le trouve aussi dans plusieurs autres endroits. Il présente quelques variétés, suivant l'exposition dans laquelle il se rencontre. N'oublions pas que le myrthe à fleur double a été une production spontanée de la Provence, & qu'on en est redevable au fameux Peyresc, qui, en réunissant tous les goûts, avoit acquis toutes les connoissances possibles. Ce Savant le découvrit par hasard. Il en vit pour la premiere fois un rameau dans les mains d'un Muletier qu'il rencontra près du Castellet, en allant de Beaugensier à Marseille. Il se fit conduire dans le bois où cet arbuste se trouvoit ; & quand il l'eut cultivé pendant quelque temps avec succès dans son jardin, il en fit passer des rejettons dans toute l'Europe.

Terebinthus, le Térébinthe.

Lentiscus, le Lentisque. Celui ci &

le précédent ne se rencontrent que dans la basse Provence. Le lentisque ne perd point ses feuilles ; le térébinthe s'en dépouille : l'un & l'autre ont leurs fleurs mâles, distinctes des fleurs femelles, sur différents individus ; en sorte qu'une plante ne porte que des fleurs mâles, & l'autre des fleurs femelles.

Plantes indigenes.

(*Tamariscus Narbonensis*, *Tamariscus Germanica*). Le Tamaris de Narbonne & le Tamaris d'Allemagne. Ces deux especes sont très distinctes. Elles aiment les endroits aquatiques. La premiere semble être destinée pour la région du midi ; la seconde pour celle du nord.

Rhododendron, arbrisseau qu'on rencontre à Colmars.

(*Arbutus*), l'Arbousier. Les montagnes de la basse Provence en sont garnies, & entr'autres, celles de l'Esterel & des Maures. Cet arbre se plaît dans les endroits ombrageux & humides.

(*Uva ursi*). La Bousserole est une plante originaire des Alpes de la Provence.

(*Styrax*). L'Aligoufier. On le trouve en différents lieux, près de Cuers, à Montrieux.

Plantes indigenes.

Anagyris. Le Bois-puant, vient à Arles.

(*Rhamnus catarticus minor*). La graine d'Avignon ne diffère du nerprum, production de nos montagnes, qu'en ce que sa feuille & sa tige sont plus petites. Leurs baies sont purgatives. On recueille avec plus de soin celles-ci, qui servent à teindre en jaune.

Cerasus mahales, le Mahalès, espece de cérisier. On emploie son bois, qui prend un assez beau poli, à divers usages de tabletterie; & on lui donne le le nom de bois de Sainte-Lucie.

Mespilus folio rotundiore, fructu nigro. L'Amélanchier est un arbrisseau qu'on trouve sur les collines & dans les bois.

Mespilus folio rotundiore, fructu rubro. L'Amélanchier des Alpes. Ses feuilles sont cotonneuses.

Cotonaster folio oblongo serrato. L'Amélanchier lisse. Celui-ci & le précédent ne se trouvent qu'aux Alpes.

Pyracantha, le Buisson ardent. C'est avec cet arbrisseau qu'on forme des haies vives, qui sont si éclatantes, quand son fruit est parvenu à sa maturité.

Genista juncea. Le Genêt d'Espagne est une production de la basse Provence.

Genista.

Genista, seu Spartium purgans. Le Genêt purgatif. On trouve encore plusieurs espèces de genêt; celle entr'autres qui sert à teindre en jaune.

Le Cytise. On en trouve plusieurs espèces; savoir, 1°. le cytise épineux, commun dans toute la basse Provence; 2°. celui de Montpellier; 3°. celui des îles d'Hyeres; 4°. le velu; 5°. l'argenté; 6°. enfin, le cytise des Alpes, beau cytise, plus connu des Cultivateurs que des habitants chez lesquels on le rencontre.

Le *Barba Jovis*, très belle plante à feuille argentée, qui se trouve vers le bord de la mer.

L'*Emerus*, petit arbrisseau des montagnes.

Salix, le Saule. Outre l'osier & le marceau, on a trouvé des espèces de saules, dont la plupart naissent aux Alpes.

Suber, le Liége. C'est une espèce de chêne verd, répandu dans les Maures.

Ilex aculeata cocciglandifera, est un chêne verd, qui n'est qu'arbrisseau, & dont les feuilles sont vertes de chaque côté. La graine d'écarlate ou kermès est due aux œufs de l'insecte répandu sur

Plantes Indigenes.

ses feuilles & ses jeunes branches. Quoique cet arbuste soit commun dans les endroits chauds & stériles, il n'est pas également chargé de kermès, qu'on récolte abondamment aux environs d'Aix. On sait que le kermès fournit une belle teinture rouge.

Betula. Le Bouleau, à la vallée de Barcelonnette.

Rhus, le Sumach naît dans la basse Provence. On se sert de ses feuilles & de son fruit, qui sont très astringents, pour tanner les cuirs.

Cotinus, le Fuster. Son bois sert à teindre en jaune, & ses feuilles, aux mêmes usages que le précédent.

Juniperus major baccâ rufescente, le Cade. Ses baies sont plus grosses que celles du genievre, & d'une couleur jaunâtre. Rien n'est si commun dans toute la basse Provence que cet arbre, qui s'accommode de toutes sortes de terreins, & qui n'est bon qu'à être brûlé.

Juniperus. Le Genévrier est aussi commun que le précédent dans la moyenne & la haute Provence.

Sabina, la Sabine.

Larix. Le Meleze vient sur les montagnes de la haute Provence. On sait que la manne de Briançon se recueille sur le Meleze. Le cedre du Liban a beaucoup de rapport avec cet arbre. La plus grande différence qu'on y trouve, c'est que le cedre ne perd point ses feuilles.

Plantes exotiques.

On auroit pu augmenter ce catalogue, si l'on n'avoit craint de passer les bornes où l'on croit devoir se renfermer dans un Voyage.

Plantes Exotiques.

De toutes les productions dont l'Europe jouit, les plus précieuses, sans contredit, sont les fruits, les graines & les légumes qui s'y sont naturalisés. Nous en devons une partie aux expéditions militaires des Romains, les seuls peut-être qui aient su tirer parti de leurs conquêtes, tant qu'ils furent libres. Ils profitoient des découvertes & des arts des Vaincus pour s'instruire, & prenoient, dans chaque pays tout ce qui pouvoit enrichir le leur.

Ils cultiverent beaucoup de plantes, d'arbres & d'arbustes étrangers, long-temps avant qu'on les connût en de-çà des Alpes.

Plantes exotiques.   Les Peuples des Gaules, renfermés dans leur pays par les montagnes & la mer, séparés les uns des autres par de grands fleuves, ne connoissoient que la terre qu'ils habitoient; car on ne doit compter pour rien, les émigrations qu'ils firent au-delà des Alpes, puisque les peuplades qui s'y établirent ne conserverent aucunes liaisons avec la Métropole. Ils n'avoient donc que des arbres indigenes, dont le fruit mûrissoit à peine, dans un pays couvert de bois & de marais. Ainsi l'agriculture, chez ces Peuples, ne date, à proprement parler, que de la fondation de Marseille. Le commerce de cette ville, en excitant leur industrie, & en leur donnant des besoins, leur donna aussi des rapports avec la Grece, l'Afrique & l'Italie, d'où sont venues successivement les plantes étrangeres, qui font la richesse & l'ornement de nos jardins.

Elles furent d'abord cultivées dans le terroir de Marseille & de ses Colonies, ensuite dans toute la Provence, lorsque les Romains en eurent fait la conquête. La conformité de notre climat avec le leur, seconda heureusement l'envie qu'ils avoient de faire de cette Province une autre Italie. De-là ces productions se répandirent dans le reste des Gaules, lorsque la rigueur du climat, adoucie par les desséchements & les défrichements, permit de les cultiver.

Plantes exotiques.

La plupart étoient déjà connues en Provence avant la chûte de l'Empire Romain. On lit dans un Edit de l'Empereur Honorius, de l'an 418, qu'il croissoit dans cette Province les fruits les plus renommés des autres pays, & qu'on y trouvoit les parfums de l'Arabie, les richesses de l'Orient, de l'Espagne & de l'Afrique. On peut inférer de-là, que les productions qui s'y sont naturalisées, étoient à-peu-près les mêmes alors qu'aujourd'hui. Celles qu'on n'avoit point encore, on les a peut-être tirées de l'Italie, de la Sicile ou de l'Espagne, depuis qu'elles y ont été transplantées par les Arabes ou par le commerce. Mais il est certain que les plantes qui viennent originairement de l'Afrique ou de l'Asie, ont pénétré dans les Gaules par la Provence, excepté un petit nombre, qui, n'étant connues que depuis deux siecles, sont dues au commerce de l'Océan.

L'Oranger, le Citronnier & le Limonier, originaires d'Afrique, étoient connus

Plantes exotiques. des Grecs, & l'on a dû les transplanter en Provence, quelque temps après l'établissement des Phocéens. Les liaisons que cette Colonie eut avec la Grece me font croire qu'elle ne tarda pas à se procurer des arbres aussi précieux. Quoiqu'ils soient répandus dans toutes les contrées de l'Asie méridionale, & qu'ils soient cultivés à la Chine de temps immémorial, la fable d'Hercule, qui nous apprend que ce Héros apporta des jardins des Hespérides, dans la Grece, des plants d'orangers, prouve que les Grecs étoient persuadés que cet arbre leur étoit venu d'Afrique ; car on convient généralement que c'est dans cette partie du monde qu'il faut placer les Hespérides.

L'Olivier (*Olea*) vient naturellement dans la Syrie, la Palestine & les îles de l'Archipel. Nous devons cet arbre aux anciens Marseillois qui le transporterent de la Grece. L'olivier sauvage, duquel sont dérivées tant de variétés, se rencontre dans les lieux devenus incultes, & où ces abres, abandonnés à eux-mêmes, ont poussé des rejettons au-dessous de la greffe, lesquels en grandissant, l'ont épuisée.

On ne cultive l'olivier que dans la

basse-Provence, & dans une partie de la moyenne, parceque cet arbre ne peut endurer un trop grand froid. L'Hiver de 1709, les ayant fait périr jusqu'à la racine, on laissa croître les rejettons ; on en transplanta, on greffa les sauvageons, & par ce moyen on les renouvella. Cet arbre est d'une très longue durée : comme son accroissement est très lent, on présume qu'il peut subsister plus de trois cents ans. Rien ne montre mieux l'utilité de l'olivier, que le soin avec lequel on le cultive. De toutes les découvertes, dont l'Agriculture s'est enrichie, la plus importante est celle qu'on a faite depuis quelques années : elle consiste à émonder l'arbre de trois en trois ans, & à retrancher tout le bois mort & inutile. Depuis que cet usage s'est introduit, les récoltes sont infiniment plus abondantes. La graine ne leve que très difficilement. Aussi a-t-on renoncé à ce moyen de s'en procurer des plants.

L'Aloès (*aloe folio in oblongum aculeum abeunte*) Caf. Bauh. Pin. Garidel s'est trompé lorsqu'il a rapporté cet aloès à l'*aloe vulgaris* de Caf. Bauhin. On emploie celui-ci en Médecine ; l'autre sert à divers usages économiques.

Plantes exotiques.

Notre aloès est naturalisé depuis long-temps en Provence. On le trouvoit aux îles d'Hieres il y a plus de deux cents ans.

Sa fleuraison excite l'admiration du public; &, comme il est assez rare de lui voir pousser des fleurs, on a regardé comme un phénomene le développement de sa tige, qui, en peu de temps, s'éleve jusqu'à vingt-cinq pieds, & jette divers rameaux qui sont terminés par un grand nombre de fleurs. Il ne seroit pas difficile de donner de ce développement, une explication plus satisfaisante que celle de Garidel. Il est certain qu'il est dû à une abondance de seve; mais elle ne doit pas avoir lieu quand toutes les parties sont parvenues à leur parfait accroissement, parceque les feuilles précédent la tige. Ainsi, lorsque les racines & les feuilles auront acquis cette plénitude dans leur façon d'être, la végétation s'excitera dans une autre partie, par le moyen d'une seve qui deviendroit superflue, si elle n'alloit développer des organes reproductifs. Si l'on compare ce prompt accroissement, avec celui des autres plantes, & notamment des liliacées, qui ont plus de rapport avec l'aloès, on trouvera la même uniformité, proportion gardée. Il faut encore observer que tout ce qu'on rapporte du prétendu bruit qui précède la naissance de la tige, est destitué de fondement.

plantes exotiques.

Le Coignassier (*Cydonia*) sorti originairement de l'île de Crête, ou du territoire de Cydon, qui en étoit la Capitale, naît aussi sur les collines qui bordent les rives pierreuses du Danube. On le rencontre assez fréquemment le long des haies, dans les endroits humides. La facilité avec laquelle il prend racine, par le moyen de boutures, a dû beaucoup contribuer à sa propagation. Parmi les variétés qu'on cultive, celle qui nous vient de Portugal mérite la préférence, pour la grosseur de ses coings, qui pesent jusqu'à deux livres.

Le Prunier (*Prunus*) : je n'ai pu découvrir quel est son lieu natal. Il faut pourtant que ce lieu ait beaucoup d'affinité avec notre climat. Cet arbre étoit cultivé dans la Grece avant qu'il fût répandu en Italie.

Les prunes séches sont un objet de commerce pour la Provence. Celles de Brignolles tiennent le premier rang. On en recueille aussi beaucoup à Digne & à Castellane.

<small>Plantes exotiques.</small>

Le Poirier (*Pyrus*) : l'espece sauvage, de laquelle dérivent tant de variétés, naît par-tout. L'âpreté, la sécheresse de ce fruit, comparée avec la délicatesse d'une excellente poire, nous montrent jusqu'à quel point l'homme exerce son empire sur les végétaux, & combien la culture contribue à leur amélioration. C'est par elle en effet que les plantes prennent un nouvel aspect, & se dépouillent de la rudesse qu'elles contractent dans les endroits stériles & sauvages.

Le Pommier (*Malus*) a la même origine que le poirier. Les variétés des pommes sont aussi nombreuses que celles des poires. J. Bauhin en comptoit soixante, & depuis ce temps-là elles sont encore plus multipliées. Cet arbre est plus commun dans la haute-Provence que dans la basse. Il a, sur les autres arbres fruitiers répandus en Europe, une primauté d'origine inconcevable, &, quoique le poirier y vienne aussi naturellement, il n'est pas douteux qu'on a fait usage des pommes plutôt que des poires ; car le fruit du pommier sauvage pouvoit se manger, au lieu qu'il a fallu, pour se procurer de bonnes poires, une culture assidue, qui a dû exiger un long espace de temps. Il y a bien moins de différence entre le fruit du pommier sauvage & la plus excellente pomme, qu'entre celui du poirier sauvage & une poire beurrée.

Plantes exotiques.

L'Abricotier (*Armeniaca*) est ainsi appellé, parceque les premiers plants sont venus de l'Arménie, d'où on les transplanta en Grece, & de-là en Italie. L'abricotier est commun en Provence, & sujet à moins de variétés que les autres arbres dont nous venons de parler. Quant à son lieu natal, tout ce qu'on peut conjecturer, c'est qu'il naît dans l'Asie septentrionale, parcequ'on en a découvert une espece dans la Sybérie, avec laquelle il a beaucoup de rapport.

Le Pêcher (*Persica*) : son nom indique le pays où il naît, ou bien d'où il a été transporté ; car il n'est pas décidé qu'il vienne naturellement dans la Perse. Cet arbre, dont les variétés sont très nombreuses, & qu'on cultive par-tout, à cause de l'excellence de son fruit, est d'une courte durée dans les terreins aquatiques, & sujet à périr lorsqu'il est adossé contre un mur trop exposé à l'ardeur du soleil.

Plantes exotiques.

Le Figuier (*Ficus*) s'est naturalisé en Provence, puisqu'il naît dans les fentes des rochers où il n'a pas été planté, s'étant ainsi multiplié par le moyen de ses graines. On doit vraisemblablement cet arbre, ainsi que ceux dont nous venons de parler, aux anciens Marseillois, qui ont dû l'apporter du Levant, où il croît naturellement, & où il a été connu de temps immémorial.

La fructification du figuier est unique dans son espèce. La figue n'est pas à proprement parler, le fruit du figuier : c'est un assemblage de fleurs renfermées dans une enveloppe commune, qui les recouvre de par-tout, & qui est percée à son sommet : mais ce trou est environné de petites écailles qui le ferment. Ainsi les fleurs sont intérieures, & pour les appercevoir il faut ouvrir l'enveloppe.

Depuis que nous nous sommes approprié le figuier, nous jouissons d'une des plus précieuses productions de la nature, & nous avons sur les pays qui nous l'ont transmis, l'avantage de recueillir les meilleures figues. Celles qu'on séche, & dont on fait une branche de commerce, sont fort recherchées.

Le Pistachier (*Pistacia*), originaire

du Levant, se greffe sur le térébinthe & le lentisque, qui sont du même genre que le pistachier. Son fruit mûrit assez bien dans toute la basse Provence. On doit observer à ce sujet, que les fleurs mâles sont distinctes des fleurs femelles, & que l'individu, qui n'a que des mâles, n'a point de fleurs femelles, *& vice versâ.*

plantes exotiques.

Le Jujubier (*Ziziphus*) nous est venu de l'Afrique & du Levant. Cet arbre n'exige aucune culture ; il se multiplie de lui-même par le moyen de son fruit, & par ses racines qui poussent de nouveaux jets ; car on voit autour d'un jujubier, dont le terrein n'a pas été labouré, beaucoup de jeunes plants venus de graine ; ce qui prouve que notre climat lui est assorti.

L'Amandier (*Amygdalus*) a été observé dans plusieurs contrées de l'Afrique, à Alep, à Tripoli, &c. Cet arbre n'exige point de culture, & s'accommode de toutes sortes de terreins, pourvu qu'ils ne soient pas trop humides. On en retireroit un meilleur produit, s'il étoit possible de retarder sa fleuraison. Quand l'hiver est doux, l'amandier fleurit en Janvier & Février. S'il survient ensuite de grands froids, son fruit gèle & se

Plantes exotiques. détache. On est sujet à cet inconvénient dans les endroits sur-tout où le climat est plus tempéré, & où les chaleurs sont plus précoces. Aussi les complantations d'amandiers sont-elles plus nombreuses dans la Provence que par-tout ailleurs.

Le Cerisier (*Cerasus*). Les premiers plants furent apportés par Lucullus, au retour de cette expédition mémorable, qui fut suivie de la conquête des Etats de Mithridate. Ce fut à Cerasonte, ville principale du Pont, qu'on trouva cet arbre, qui conserva le nom du lieu d'où on l'avoit tiré.

Le cerisier s'est presque naturalisé, puisqu'il se multiplie de graine, sans aucune culture. Ce que nous appellons *aigriotte*, est la cerise de Paris; & comme c'est de toutes les variétés du cerisier la plus estimée, on la greffe sur tout autre, quand on veut se procurer le meilleur fruit.

Le Grenadier est, suivant Pline, une espece de *Malus*, qui croît à Carthage, & à qui on a donné le surnom de *Punicus*, dérivé du lieu où il naît; ou de *Granatus*, à cause des grains que son fruit renferme. Les fleurs du grenadier sont d'un rouge éclatant, & son fruit, quand il est d'une bonne espece, est excellent. Les meilleures grenades viennent d'Hyeres & de Toulon.

Le Laurier-Cerise (*Lauro-Cerasus*) est un arbre toujours verd, dont les feuilles ont quelque ressemblance avec celles du laurier, & le fruit a beaucoup de rapport avec la cerise. Pierre Belon, Naturaliste François, l'observa à Trébizonde en 1546. Trente ans après, Leicluse en reçut un plant qu'il cultiva avec succès, & depuis ce temps-là, il est employé à garnir les allées & à décorer les parterres, que son feuillage toujours verd, embellit & vivifie.

Le Laurier (*Laurus*) est un grand arbre toujours verd, natif de la Grece & des contrées orientales qui l'avoisinent. On sait quelle étoit la vénération des Anciens pour le laurier. L'usage qu'on en fait à présent, se réduit à quelques compositions médicinales, à des assaisonnements de cuisine, & à une teinture grossiere. On pourroit multiplier le laurier en semant ses baies qui levent facilement. La canelle, le cinnamome, le camphre, le benjoin & le sassafra, sont le produit de tout autant d'especes de laurier.

Plantes exotiques.   Le Marronnier d'Inde (*Hypocastanum*) n'est connu en Europe que depuis 220 ans. Il est originaire de l'Asie septentrionale.

Le port de cet arbre, la hauteur de sa tige, l'étendue & la beauté de son feuillage, ses fleurs en grappe, son prompt accroissement, son aspect sous quelque point de vue qu'il se présente, lui ont acquis une préférence fondée sur la réunion de tant de qualités. De tous les arbres uniquement destinés à orner des allées, des avenues, à donner de l'ombrage, le marronnier est sans contredit celui dont on retire le plus d'agrémens. Il seroit à souhaiter qu'on en pût retirer autant d'utilité que de plaisir.

Le Platane ou Plane (*Platanus*). On en connoît deux especes. Le platane oriental & le platane occidental. La premiere, célébrée par les Grecs & les Romains, naît dans la Grece, les îles de l'Archipel & l'Asie mineure ; la seconde vient dans l'Amérique septentrionale. On désigne assez communément, sous le nom de platane, une espece d'érable qui ne lui ressemble que par les feuilles, & qu'on doit nommer érable plane. Il en est de même d'un autre érable qui croît sur nos montagnes, & qu'on appelle *sycomore*. Le vrai sycomore est une espece de figuier qui vient en Egypte & dans la Palestine. plantes exotiques.

Le platane est un très bel arbre, qui sert aux mêmes usages que le marronnier. Le premier qui ait été connu en France, a été planté dans le terroir de Marseille. On les y a beaucoup multipliés.

Le Noyer (*Juglans*) est un arbre depuis long-temps naturalisé en Europe, & qui nous est parvenu de l'Asie septentrionale. Les propriétés économiques & médicinales du noyer sont connues de tout le monde. On en rencontre plus fréquemment vers la haute Provence, où l'on trouve, en divers endroits, la variété la plus remarquable par la grosseur de ses noix. Depuis la découverte de l'Amérique, on a observé plusieurs autres especes de noyer dans la Virginie, la Caroline, la Jamaïque, &c. Le bois de noyer, si généralement estimé, le devient encore davantage lorsque cet arbre est venu sur un sol sec & stérile, qu'il y a vieilli, & qu'il s'y est rabougri. Son bois en est plus compacte, plus brun, plus veiné & plus susceptible d'un beau poli.

Azedarach : c'est un nom arabe don-

Plantes exotiques.

né à un arbre qui se trouve dans la Sirie, & dont on rencontre quelques plants dans la Provence méridionale. Son feuillage est disposé comme celui du frêne. On fait des chapelets avec ses noyaux.

La vigne (*vitis*), on voit assez fréquemment le long des rivieres & des sentiers humides & ombrageux, des ceps de vigne en échalas venus de graine, dont la fleur répand une odeur agréable, & dont le raisin est infiniment plus petit que celui de la vigne cultivée. C'est la lambrusque, ainsi appellée, parcequ'elle naît au bord des terres *in marginibus seu labris*.

C'est à la situation & à la nature d'un sol maigre, sec & pierreux, plus favorable à la vigne qu'aux autres productions, qu'il faut attribuer la propagation de cette plante. Elle s'est extrêmement accrue en Provence, malgré les réglemens généraux, dont l'application ne pouvoit concerner une Province qui ne peut subsister du produit de ses grains, à cause de la nature du sol; & qui ne s'en procure, que par le produit de la vigne, de l'olivier, & des autres productions qui lui sont particulieres.

Le faux Acacia (*pseudo acacia*) vient

de l'Amérique septentrionale. On le connoît depuis le commencement du dernier siecle. Ses fleurs légumineuses, & disposées en grappes, répandent une odeur très agréable. Ses graines levent facilement. Le prompt accroissement des plantes qui n'exigent aucune culture particuliere, & qui ont trouvé en Europe à-peu-près la même température, que celle dont ils jouissoient en Amérique, a contribué à les multiplier. Toutes les plantes légumineuses fournissent un bon fourrage, & la feuille du faux acacia est dans le même cas. On ne doit excepter de cette regle, que celles dont les feuilles sont entourées de piquants qui en écartent le bétail.

Plantes exotiques.

Le cassier (*acacia indica farnesiana :*) on le cultive dans les endroits bien exposés, à cause de sa fleur, qui répand une bonne odeur. Les Parfumeurs l'emploient dans leurs essences & pommades. Il vient de graine & croît aisément, mais il craint le froid. Le cassier vient de Saint-Domingue; on ne doit pas le confondre avec l'arbre qui produit la casse.

Le cyprès (*cupressus*), grand arbre toujours verd, natif de l'Asie mineure,

& des îles de l'Archipel; symbole funèbre des Grecs & des Romains, si souvent célébré par leurs Poètes, qui, en nous transmettant leurs idées, nous ont inspiré pour cette arbre une aversion fondée sur des usages anciens, inséparables de la tristesse. Le port du cyprès, sa verdure perpétuelle, sa longue durée, son bois presqu'incorruptible, sont des avantages, dont la réunion auroit dû effacer un préjugé trop adopté. Le moyen peut être le plus efficace de se garantir des punaises, seroit d'avoir des lits faits de bois de cyprès. L'odeur résineuse, qui s'en exhale continuellement, ne leur permettroit pas de s'y fixer.

Plantes exotiques.

Le Mûrier (*Morus*). On sait qu'il y en a deux especes dans ce Pays, qu'on éleve avec beaucoup de facilité; le mûrier noir & le mûrier blanc, qui est infiniment plus répandu que l'autre. Le mûrier noir produit des mûres bonnes à manger, avec lesquelles on compose des syrops & des gargarismes.

De tous les arbres étrangers, le mûrier blanc est celui qui s'est le plus aisément familiarisé avec notre climat, & l'on pourroit le regarder comme une production indigene, s'il suffisoit d'accorder cette qualité à celles dont la conservation est due à la nature plutôt qu'à l'art.

Le mûrier blanc, originaire de la Chine, est parvenu en Europe, sans avoir éprouvé aucune altération ; & ses qualités, bien loin de dégénérer, se sont plutôt renforcées.

Par-tout où le mûrier vient naturellement, le ver à soie, qui est sa chenille, s'y attache, y vit, & s'y métamorphose, sans aide & sans soin. Mais dès qu'il quitte son lieu natal, sa chenille l'abandonne. Dans cet état, il faut, pour gouverner cette chenille, que l'art supplée à la nature, & que le mûrier dont on arrache la feuille avec violence, ne soit pas plus affecté de ce retranchement que celui qui, servant de domicile aux vers à soie, leur fournit la nourriture dont ils ont besoin, & qu'ils puisent, sans meurtrir les parties de l'arbre, qui ne peuvent leur servir d'aliment.

Les complantations du mûrier se sont excessivement accrues.

Le Rosier. Quoique son nom soit dérivé du Latin, comme le Latin est dérivé du Grec, cette omonymie n'est

Plantes exotiques. point une preuve exclusive en faveur de la Grece; car rien n'est plus commun que le rosier sauvage. Il paroît vraisemblable que tous les rosiers, tant sauvages que cultivés, ne viennent que d'une espece, & que cette espece a subi, à la longue, tous les changements qu'on remarque dans cette prodigieuse variété de rosiers.

La Tubéreuse (*Hyacinthus Indicus tuberosa radice.* Clus. Hist. Plant.) Simon de Tovar, Médecin Espagnol, en eut le premier oignon qu'on lui envoya des Indes orientales. Il en fit part à Bernard Paludanus, qui doit en avoir fait mention dans l'Itinéraire de l'Inschot, & qui en communiqua un échantillon à Charles de l'Ecluse, connu sous le nom de Clusius, lequel en donna la figure dans son Histoire des Plantes, imprimée à Anvers en 1601, avec la description de Simon de Tovar, qui dès-lors avoit envoyé à ce Botaniste plusieurs oignons de tubéreuse.

Cette plante a été apportée en Europe avant l'année 1594; & depuis la publication de l'Histoire des plantes de Clusius, elle s'est répandue par-tout, avec cette différence qu'on est obligé de la tenir dans des serres, dans les climats qui sont moins tempérés que le nôtre.

Plantes exotiques.

Le Jasmin (*Jasminum vulgare*) est originaire des Indes, & connu de tout le monde.

Le Jasmin d'Espagne (*Jasminum catalonicum*) ainsi nommé, parcequ'il fut d'abord apporté en Espagne, vient naturellement dans le Malabar. Il est cultivé en Europe depuis plus de deux cents ans.

Le Jasmin jaune odorant (*Jasminum indicum, flavum, odoratissimum*) est dû au fameux Peyresc, qui, au rapport de son Historien, le reçut de la Chine. Ce Savant, dont les talens s'étendoient sur tous les objets, cultivoit dans son jardin de Beaugencier, les plantes les plus rares. Il fit part de celle-ci à Gui de la Brosse, démonstrateur des plantes du jardin du Roi, de Paris, & depuis ce temps-là, ce jasmin n'a cessé d'être cultivé, excepté en Provence où il n'existe plus.

Le Jasmin d'Arabie (*Nyctanthes*) a été transporté d'Egypte depuis près de deux cens ans. Comme il étoit répandu dans les contrées voisines, & sur-tout dans l'Arabie, il en a conservé le nom,

Plantes exotiques. comme le jasmin d'Espagne, quoiqu'il ne vienne naturellement que dans les Indes orientales.

Le lilas, dont on cultive trois especes, vient de la Perse. La plus commune a des feuilles larges & entieres. L'autre, qui est plus recherchée, les a étroites & découpées ; & la troisieme à les feuilles étroites & non découpées.

Ces arbrisseaux ne sont recherchés qu'à cause de l'agrément qu'on retire de leurs fleurs, qui sont odorantes & printanieres. Leur disposition en grappe, forme un coup d'œil agréable.

Le Siringa est employé aux mêmes usages que le Lilas ; & comme on l'éleve avec beaucoup de facilité, on le trouve presque par-tout. Celui qui est à fleur double, est assez rare, & plus odorant que l'autre.

Le Palmier (*palma major*) : on en voit d'assez beaux dans les contrées méridionales, qui fructifient, & dont les fruits parviendroient à leur maturité, s'ils étoient fécondés par un individu mâle. J'en ai vu un à Cavalaire, dont les dattes étoient sans noyau : ce qui ne pouvoit manquer d'arriver, parcequ'il n'y avoit point de palmier mâle dans

dans le voisinage, & qu'il faut le concours des deux sexes pour féconder le fruit.

Plantes exotiques.

Le Caprier (*capparis*) naît en Sicile, dans la Grece, dans l'Egypte, &c. Il est cultivé en Provence de temps immémorial: car son fruit conserve encore le nom Grec dans le mot provençal *tapenos*, qui signifie rampant. En effet, cet arbrisseau rampe à terre ou le long des murailles, où il croît. On le plante en pleine terre, dans les endroits où le climat est plus chaud, & ailleurs, au pied d'un mur. Les capres sont les boutons de la fleur qui n'est pas encore épanouie.

Voilà ce que nous avions à dire des plantes. Les autres parties de l'Histoire-Naturelle ouvriroient un vaste champ aux recherches d'un Physicien. Mais dans un Ouvrage tel que celui-ci, c'est assez d'en indiquer les principaux objets.

Des Poissons qu'on estime le plus en Provence, ou qui méritent d'être remarqués.

Des Poissons.

Le Rouget, poisson très délicat, en hiver sur-tout, qu'il a la chair plus ferme.

Deux sortes de Soles, dont l'une est l'*Oculata* de Rondelet, poisson excellent.

La Vive, dont la chair est très bonne, & de facile digestion ; mais elle a des arrêtes fort piquantes, que l'on croit faussement venimeuses.

Le Merlan, bon poisson, & fort commun.

Le poisson Royal, en Provençal, *peis rei*, ainsi nommé, à cause de la délicatesse de sa chair.

Le Rouchau, *Scarus varius*, si estimé des Grecs, n'est pas commun dans la Méditerranée. On le pêche à Marseille & à Antibes : il est excellent.

Le Gerres, *Smaris*, est le même dont les Anciens faisoient leur véritable *Garrum*.

Le Serran, *Hiatula*, est fort bon ; mais il n'est pas commun. On le pêche quelquefois du côté du Martigues.

La Perche de mer, la Dorade & le

Denti, méritent aussi d'être distingués. Ils sont compris, sur-tout le Denti, dans l'espece connue sous le nom de *Sparus*.

Les Anchois : les meilleurs se pêchent dans la mer de Fréjus, où ils sont plus abondants qu'aux environs de Marseille.

Les Sardines, celles de Provence sont très bonnes, quoique moins grosses que celles de l'Océan.

Le Mulet, en Provençal *Mujou*. Il y en a de cinq especes, toutes fort communes dans la mer & l'étang du Martigues. La plus singuliere est celle du Mulet aîlé. C'est avec les œufs du Mulet & du Loup, autre poisson commun en Provence & bon, qu'on fait la poutargue au Martigues. La poutargue est un mets que les anciens Grecs aimoient beaucoup, & il paroît que l'usage s'en est toujours conservé en Provence.

La Vergadelle, ainsi nommée en Provence, à cause de l'agréable variété de ses couleurs. On l'appelle en Latin *Salpa*. Ce poisson n'est pas rare dans l'étang du Martigues.

Le Turbot, bon poisson, qui abonde vers l'embouchure du Rhône.

Le Fanfre, que je nomme à cause de

Des Poissons. sa rareté. On l'appelle en Latin *Gasterosteus Ductor*.

Le Pageau, le Tourdre, en Latin *Turdus*, remarquable par la variété de ses couleurs, mais peu estimé. On en compte jusqu'à onze especes.

L'Esturgeon remonte dans le Rhône, où l'on en trouve d'assez gros.

La Pélamyde, l'Orcynus, le Thon : on prétend que les deux premiers sont des especes de Thon. La chair de celle-ci est délicate. Les Anciens faisoient la pêche du Thon à-peu-près de la même maniere que nous la faisons aujourd'hui. Le Thon a quelquefois six à sept pieds de long. La pêche la plus abondante s'en fait en Avril & en Mai; on en prend aussi, mais beaucoup moins, en Août & en Septembre. On en a quelquefois pris en un seul jour jusqu'à deux mille.

Ce poisson a été fort rare après le tremblement de terre de Lisbonne, arrivé en 1755. On prétend qu'il fuit quand il voit du blanc dans la mer. Le tremblement de terre avoit-il occasionné, dans le détroit de Gibraltar, quelqu'éboulement de terre cretassée, ou d'une autre matiere blanche, qui le fit reculer ? car on fait qu'il vient de l'Amérique dans la Méditerranée. Si cette conjecture est fondée, le Thon ne doit passer le Détroit qu'à mesure que le fond de l'eau reprend sa couleur ordinaire. En effet, ce poisson est aujourd'hui moins rare qu'il ne l'étoit il y a six ans.

L'Empereur, ou poisson épée, est peut-être meilleur que le Thon. Il a au-devant de la tête un os en forme d'épée, plat & pointu, long quelquefois de quatre à cinq pieds, avec lequel il se défend & coupe les filets. Oppien parle de la pêche qu'on faisoit de ce poisson auprès de Marseille.

Le Veau marin. Rondelet a fait dessiner dans son Ouvrage celui qu'on prit, de son temps, aux îles de Lerins. Il vécut quelque temps dans le Monastere, où il se traînoit sans faire aucun mal, sans avoir peur des hommes, & montoit les degrés en rampant. Ce poisson fait en dormant un bruit semblable au meuglement des veaux ; c'est de-là que lui est venu son nom. Aux îles de Lerins on en voit qui s'endorment au soleil, sur les bords de la mer ; & quand le bruit les réveille, ils poussent un mugissement & se culbutent dans l'eau.

Des Poissons. Le Dauphin : de tous les poissons c'est peut-être celui qui nage avec le plus de rapidité. Dans les beaux jours d'été on le voit bondir sur l'eau dans la rade de Marseille. On sait tout ce que les Anciens ont débité sur la prétendue amitié du Dauphin pour l'homme. Ils prenoient pour amitié, cette voracité qui le fait courir après les vaisseaux pour atteindre sa proie.

Le Requin. Je ne nommerai plus que celui-ci parmi les gros poissons de la Méditerranée : c'est un des plus voraces. Il a six rangs de dents en forme de dard crénelé, trois à chaque mâchoire. Comme la mâchoire supérieure avance beaucoup sur l'inférieure, il se renverse sur le dos pour attraper sa proie : il fait ce mouvement avec tant de rapidité qu'elle ne sauroit lui échapper. On en prit un près de la Ciotat, il y a environ trente-cinq ans, qui avoit au moins vingt pieds de long. On lui trouva deux thons dans le ventre, & un homme tout entier avec ses habits.

Nous pouvons encore nommer parmi les poissons singuliers, le Marteau, le Serpent de mer, qui est bon à manger, & qu'on rejette à cause de sa forme;

la Morene, espece de serpent de mer, que l'on confond mal-à-propos avec la Lamproie. Le poisson volant que nos vaisseaux rencontrent après avoir passé le Détroit pour aller aux Canaries, se voit quelquefois dans les mers de Provence. Rondelet assure que de son temps on en pêcha plusieurs vers l'embouchure du Rhône. Le Silat, en françois le *Congre*, est un poisson de mer & de riviere, qui ressemble à l'anguille. Le Spondile se pêche dans la mer du Martigues, & quelquefois dans le Rhône. Il y a dans le même fleuve des Brochets, des Aloses, des Cops, des Barbeaux qui pesent jusqu'à dix livres ; des Perches excellentes ; enfin on trouve en Provence des Tanches, des Carpes & des Truites fort délicates. Les meilleures Truites sont au lac d'Alloz, Diocese de Senez.

DES OISEAUX.

Parmi les oiseaux, nous remarquerons le Coq de bruyere & le Faisan, l'un & l'autre assez communs dans les montagnes de la haute-Provence. On voit aussi des faisans dans celle des îles d'Hyeres, qu'on appelle Porquerolles,

Des oiseaux. où Louis XIV en fit transporter pour les y perpétuer.

La Grandoule, *attagen seu perdix asclepica herculei campi*, oiseau très délicat, un peu moins gros que la perdrix, avec laquelle il a beaucoup de ressemblance; on ne le trouve que dans la crau d'Arles, où l'on assure qu'il niche.

Le *Garrulus argentoratensis*, & le *Loxia curvirostra*, deux oiseaux curieux, mais qui ne sont que passagers.

L'Outarde : on en a trouvé qui pesoient plus de trente livres.

Le Fenouillet, *Regulus non cristatus*, plus petit que le Roitelet, car il ne pese pas deux dragmes; ainsi la Nature rassemble dans la même Province, le plus gros & le plus petit oiseau qu'on voie dans nos climats : ils sont l'un & l'autre passagers.

Le Moineau Solitaire, comparable au Rossignol par la douceur de ses accens.

Le Chardonneret, dont le chant est si agréable, & que je nomme pour avoir occasion de rapporter, sur le témoignage d'un Savant digne de foi, que cet oiseau, qui vit jusqu'à vingt-trois ans, est sujet à mourir d'apoplexie ou d'épilepsie. On connoît en Provence un autre Chardonneret, plus gros que le précédent & moins beau ; mais il est étranger.

Le Tarin, *Cizrinella*, est aussi un oiseau de passage, qui n'a pas le chant aussi agréable qu'on le prétend.

Le Lucre, *Spinus* ou *Ligurinus*, est un oiseau de passage qui se trouve quelquefois en Provence, quoiqu'Aldrovande assure qu'on n'en voit point, ou que du moins on en voit très rarement en France & en Allemagne : il a un chant agréable quoique foible.

L'Impériale, *Cardueli congener*, ressemble au Chardonneret, quoiqu'il en differe un peu par la grosseur, & par deux taches purpurines qu'il a sur les côtés de la tête, & qui, à cause de leur situation, sont appellées petites oreilles par les Oiseleurs.

Deux especes de Chic, *Cirlus*; le jaune & le gris.

La Pétronelle des Italiens.

La Bouscarle, *Cannevarola. Bononiensium*, dont le chant est assez mélodieux.

Le Pendulino. Il en est parlé, ainsi que de son nid, dans le Journal de Physique du mois de Décembre 1774. Cet oiseau niche aux environs du Rhône.

Q v

Des Oiseaux. Je ne parle pas des oiseaux de proie, des Pics, dont on compte jusqu'à cinq espèces, & d'une infinité d'autres oiseaux qu'on voit en Provence, mais qui se trouvent aussi dans le reste du Royaume ; ces détails nous meneroient trop loin. Quant à ceux qui sont recherchés pour la délicatesse de la table, les personnes occupées de ce soin doivent s'applaudir des ressources que la Provence leur offre. Je dois remarquer en finissant cet article, que M. de Chasteuil, qui s'étoit fort occupé de l'Histoire de son Pays, prétendoit que la Perdrix rouge avoit été apportée de Sicile dans cette Province, par le Roi Robert, Comte de Provence.

Oiseaux aquatiques. Les oiseaux aquatiques, dont les marais d'Arles sont remplis, offrent des variétés pour le moins aussi remarquables. Nous nous bornerons à les nommer.

Le Fuma, gros comme une pie, ayant sur la tête quatre plumes en forme d'aigrette.

Le Rei de Faucre, dont le corps est noir, & du poids de deux livres & demie. Sa tête ressemble à celle d'une macreuse. Il a sous le gosier deux pendants comme les coqs; les yeux sont rouges, les jambes & les pieds bleus, & garnis d'écailles.

L'Aissadelle, du poids de quatre livres. Cet oiseau est blanc, excepté le bec & les doigts du pied, qui sont noirs & séparés comme ceux d'une poule.

La Gallinesegue, grosse comme un pigeon, ayant le devant de la tête, le bec & les yeux rouges; le col, les ailes & la queue noirs; les pieds & les jambes jaunes.

La Galligastre, de la grosseur d'un gros canard, & du poids de trois livres, pond jusqu'à trente œufs dans les trous de lapin.

L'Œil de verre, qui pese environ deux livres, est ainsi nommé, à cause de sa vue perçante. On assure qu'aussi-tôt que le feu prend au bassinet du fusil, cet oiseau plonge dans l'eau, & évite le coup.

Le Babiloni, gros comme un canard, a la tête, le bec & le col rouges, & le reste du corps, d'un blanc d'albâtre.

Le Ganté pese jusqu'à neuf livres. Son bec, en forme de rasoir, a environ neuf pouces de long.

Le Cueilleras, qui pese près de deux

Des oiseaux. livres, tire son nom de la forme de son bec, qui ressemble à celui d'une cuiller.

Le Moa est un des oiseaux les plus remarquables, si ce que les gens du pays assurent est vrai ; savoir, qu'il a sept fiels, un dans le corps, un à chaque aile, deux à chaque cuisse.

Le Flammant *ou* Phœnicoptere, gros comme un coq-d'inde, & remarquable par la beauté de ses plumes. Celles de son corps tirent sur l'aurore ; celles des ailes sont d'un rouge éclatant dans la partie supérieure, & d'un très beau noir à l'extrémité. Cet oiseau niche vers l'étang de Berre, & ne fait qu'un ou deux œufs fort gros.

On dit que les Romains, les plus recherchés pour la délicatesse de la table, se faisoient servir des langues de cet oiseau, comme un mets exquis. Cependant Gassendi rapporte, qu'étant malade, son ami M. de Peyresc, lui en fit servir, & qu'il ne les trouva rien moins qu'excellentes : mais sur cette matiere on peut bien ne pas s'en rapporter à un homme malade & dégoûté.

On voit aussi en Provence, du côté d'Arles, la Cicogne, quoique rarement ;

la Grue; plusieurs especes de Hérons. Le héron se bat quelquefois avec l'épervier, pendant près d'une heure, avec un acharnement qui étonne. On peut encore nommer :

Le Cormarin, gros comme une poule; il fait un bruit semblable au mugissement d'un bœuf. La chair de cet oiseau est excellente.

Deux sortes de Pluvier, le verd & le doré.

Le Cygne sauvage, pesant ordinairement vingt-cinq livres. Rien ne seroit plus étonnant que la longue vie de cet oiseau, si ce qu'on dit est vrai, qu'un cygne avoit vécu trois cents ans.

Trois sortes de Méjan : la Sarcelle, un peu différente de celle que l'on connoît ailleurs, & dont la chair est d'un goût exquis.

Le Siffleur, pesant environ deux livres. Il a un fort joli plumage.

Plusieurs especes de canards.

Le Cormoran, gros comme une oie domestique, quoiqu'il ait beaucoup moins de chair. Les Provençaux l'appellent Gabian.

Enfin l'on voit quelquefois l'Onocrotale, dans les marais formés par le

Rhône. Les Consuls d'Arles firent exposer à l'Hôtel-de-Ville, celui qu'on tua au mois de Juin 1722 : on l'y voit encore. On prétend que cet oiseau vit quatre-vingts ans.

Insectes.   Si l'on vouloit parler des insectes, on en trouveroit de beaucoup plus d'espèces que dans les autres Provinces du Royaume : pour nous, c'est assez de nommer la mouche luisante, les mouches à dard, qui piquent les olives, dont se nourrissent les vers qu'elles y déposent ; la cigale, le scorpion, cet animal cruel à l'égard même de ses petits, que la mere dévore presque tous à mesure qu'ils naissent. Les scorpions, dit un Moderne, n'observent pas mieux les loix de la société entr'eux, que les sentiments de la nature ; car ils se mangent les uns les autres. Leur piquûre est rarement mortelle. Plusieurs circonstances concourent ou s'opposent à ses effets, comme la qualité des vaisseaux que l'aiguillon rencontre, les aliments qu'aura mangés l'insecte, une trop grande diete qu'il aura soufferte ; peut-être aussi que la liqueur empoisonnée ne découle pas toutes les fois qu'il pique.

On pourroit encore parler de plusieurs

espèces de sauterelles & de papillons ; Des Insectes. du lézard allongé, qui ne diffère de l'orvet que par ses quatre pattes courtes, dont il se sert pour sortir des tas de pierres où il vit ; & du lézard moyen, connu sous le nom de Tarente de Marseille, un peu plus grand que le petit lézard gris, & moins que le lézard jaune & verd. Il est d'un blanc sale, & n'a aucune des mauvaises qualités que le peuple lui attribue.

Nous laissons aux Naturalistes le soin Animaux. de parcourir la classe des animaux, parmi lesquels on remarque le castor du Rhône, peu différent de ceux du Canada, & les loutres du même fleuve. Dans la haute Provence, on voit le jumerre, qui naît de l'accouplement de l'ânesse & du taureau. Il a la tête plus courte que le mulet, auquel il ressemble par les jambes, les pieds & la queue; mais il a beaucoup de rapport avec le bœuf par le museau, les narines & la couleur du poil. Le jumerre ne se reproduit point ; il est d'un grand usage dans la vallée de Barcelonette.

On trouve encore en Provence le chevreuil, le cerf, le sanglier, deux espèces de bléreau, dont l'un a quelque

Des animaux. rapport avec le cochon, & l'autre avec le chien; enfin le loup cervier: il y en eut un qui fit beaucoup de ravage aux environs de Grasse en 1712. Les ours paroissent quelquefois dans les hautes montagnes: on en tua un fort gros à Saint-Vincent en 1776.

OBSERVATIONS CRITIQUES

SUR

LES TROVERES ET LES TROUBADOURS.

Lettre de M. A..... à M.**.

Comme vous aimez, Monsieur, tout ce qui a rapport à notre ancienne Littérature, je vous envoie un Ouvrage où l'on en débrouille l'origine. C'est un recueil de Fabliaux que j'ai vu louer par quelques personnes, critiquer par d'autres, & dont je crains que vous ne soyez pas infiniment content; je suis bien sûr du moins que vous n'approuverez pas la maniere dont l'Auteur parle de nos Provinces méridionales, auxquelles on diroit, à l'entendre, que la Nature a refusé les *dons éminens de l'esprit*. Il est également injuste envers nos *Troubadours*, qui valent bien les *Trouveres*; (*)

____

(*) On entend par *Trouveres* les Poëtes François, & par *Troubadours*, non-seulement les Poëtes Provençaux; mais encore ceux qui quoiqu'à tout prendre, ni les uns ni les autres, n'aient eu des talens dont on doive se glorifier. Vous ne feriez pas mal, Monsieur, si vous en aviez le temps, de faire le parallele de ces Poëtes, de rapprocher les divers genres dans lesquels ils se sont exercés, & d'examiner si les *Trouveres* ont eu effectivement à l'exclusion de leurs rivaux, comme on l'insinue, *cette vertu créative, cette vigueur & cette fécondité de production,* *qui depuis, pour la seconde fois, mais à plus juste titre, a rendu nos bons Ecrivains les modeles & l'admiration de l'Europe.* J'ai voulu lire ces Fabliaux; que j'entendois vanter par une personne qui, non plus que moi, je gage, n'a eu la patience d'aller jusqu'à la fin du second volume; & je pensois, en les lisant, à ce mot de Madame la Duchesse de Longueville, qui disoit, en parlant de la Pucelle, à un admirateur de Chapellain; *oui, cela est parfaitement beau, mais il*

Pref. p. 53.

étoient nés dans les Provinces situées au midi de la Loire, & que l'on comprenoit sous la dénomination générale de *Provence*. Je donnerai aussi quelquefois aux *Trouveres* le nom de *Fabliers*, à cause des Fabliaux, dont ils sont Auteurs.

est bien ennuyeux. Vous en jugerez peut être différemment : vos connoissances vous feront découvrir dans cet Ouvrage des beautés qui m'ont échappé. Je vous prie de me faire part de vos observations; & si vous avez le temps de leur donner une certaine étendue, soyez persuadé qu'elles feront plaisir aux gens de lettres; & à ceux de nos Provençaux qui s'intéressent encore à nos anciens Poëtes & à la gloire de leur Patrie.

Je suis, &c.

Paris, le 18 Février 1780.

RÉPONSE
A LA LETTRE PRÉCÉDENTE.

Défauts essentiels dans le recueil des Fabliaux, & questions qu'on se propose d'examiner dans ces Lettres.

LETTRE PREMIERE.

J'AI reçu, Monsieur, avec bien de la reconnoissance, votre lettre & les Fabliaux que vous m'avez envoyés. Je n'ai rien eu de plus pressé que de les lire, & j'ai mieux fait que vous, je n'en ai passé aucun; les lisant tous avec attention pour voir si je pourrois faire sur le sujet que vous me proposez, quelques observations qui méritassent d'être publiées. L'entreprise est difficile : l'Ouvrage est fait de maniere qu'on a bien de la peine à porter un jugement sur le mérite des *Trouveres.* Ma réflexion vous surprendra peut-être ; mais elle n'en est pas moins juste. M. Le *, qui a publié ce recueil, n'a point gardé l'ordre chronologique des Poëtes, dont il nous donne les Fabliaux. Il les a distribués avec art pour corriger, par la variété des sujets & du style, ce que les premiers contes, rangés suivant l'ordre des temps, auroient eu de fade, de rebutant & d'insipide. Il a donc mis à la tête du premier volume ceux qui roulent sur la féérie, persuadé que les traits d'imagination, les descriptions, & les choses merveilleuses qu'ils contiennent, pourroient intéresser un certain nombre de lecteurs. D'ailleurs il a voulu se ménager l'occasion de présenter, au début, des notes sur les mœurs & les usages de la Chevalerie ; c'est peut-être ce qu'il y a de plus estimable dans l'Ouvrage. Nous le remarquons avec d'autant plus de plaisir, que l'Auteur ne partage avec personne les éloges qu'elles méritent. Voulez-vous juger vous-même, Monsieur, s'il est vrai qu'il ait interverti l'ordre des Fabliaux ? Lisez les vers suivants, cités dans le tome premier, page 5 & 8.

 Cil en sortant li dist, Dame
 Vos estes ma mie & ma fame :
 Or ne me etiez pas si seure *
 En peti de tems diex * labeure *

---

* Si fort.
* Dieu * Travaille, fait beaucoup.

Et ceux-ci.

> Einſi orgueil paie ſon oſte *...
> Et mi enfans les mains me tendent,
> Et plorent qu'ils meurent de faim....
> Si que pitié le cuer me part, *
> Et leur mere vient d'autre part
> Qui m'aſſaut de rage & d'amors.

Je demande à tout juge impartial, qui connoît nos anciens Poètes & proſateurs, ſi c'eſt-là le langage du milieu du douzieme ſiecle? Car, puiſque ce conte ſe trouve le premier, il y a toute apparence qu'on nous le donne comme le plus ancien; mais vous verrez dans une autre lettre ce qu'on en doit penſer.

Les vers que vous venez de lire me font regretter qu'on n'en ait pas rapporté un certain nombre de chaque Fabliau : c'eût été un ſupplément à la chronologie, & un moyen ſûr de connoître le temps où ces différentes poéſies ont été faites : nous aurions vu la langue ſe dépouiller de ſon ancienne rouille, prendre inſenſiblement du nombre & de la clarté, s'enrichir de nouveaux termes, ſe prêter à des tours de phraſe inuſités aupara-

---

* Son hôte....
* Me fend.

vant, & se former par dégrés, ce caractere, qui devoit l'élever au-dessus des autres langues, quand elle auroit été maniée par des hommes de génie.

Ce n'est pas encore là tout ce que j'ai à reprocher à l'Editeur. Je ne puis me résoudre à lui pardonner la liberté avec laquelle, de plusieurs fabliaux sur le même sujet, composés dans des temps différens, il n'en a fait qu'un seul, retranchant ce qu'il y avoit de mauvais, n'en présentant que l'agréable ou le supportable, tansposant, rapprochant & arrangeant à sa maniere tous ces morceaux épars, pour en faire un conte, qui ne ressemble à aucune des copies qu'il a eues sous les yeux. Je conviens qu'il n'a pas toujours usé d'une liberté si grande; mais soyez persuadé qu'il y a peu de pieces dans son recueil qui soient une copie fidelle de l'original. Il les a toutes embellies par quelques changemens. C'étoient la plupart des squelettes dans le tombeau; il les en a tirés pour leur donner la vie & la couleur. Je sais bien que cette maniere plaît davantage aux Lecteurs, qui ne cherchent qu'à s'amuser. Mais vous qui cherchez dans ce Recueil les progrès de la Langue, & sur-tout cette succession & cette progression d'idées, par laquelle l'esprit s'épure, pour ainsi dire, s'élève, & se fraye le chemin de la perfection, vous auriez voulu que l'Auteur eût suivi l'ordre chronologique ; qu'il eût rapporté quelques vers de chaque fabliau ; qu'il nous eût donné un tableau exact de notre ancienne littérature, au lieu de suivre une méthode défectueuse, en ce que, après quelques contes du premier volume, qui annoncent du talent & du goût, vous en trouvez dans le second, & sur-tout dans le troisieme, qui ne sont que des productions informes d'une raison dans l'enfance. Est-ce là un tableau philosophique de l'esprit humain ?

Cependant, soyons de bonne foi, Monsieur ; ces défauts que je reproche avec trop de sévérité peut-être à l'Auteur, sont l'effet d'un art nécessaire, pour corriger la sécheresse & la monotonie du sujet, & sur-tout pour cacher la pauvreté de ces Poëtes, *que toutes les nations ont copiés ou imités ; de ces Modeles sur lesquels l'Europe s'est formée dans le treizieme siecle, & chez qui l'on est venu puiser dans le genre agréable des contes.*

Préface, page 42, 59.

contes. Pour moi, Monsieur, qui ne leur ai point voué tant d'admiration, j'ai entrepris d'examiner, sans préjugés, ce que ces Patriarches de la littérature moderne ont tiré de leur propre fonds, & de vous montrer les dépouilles étrangeres dont on les pare : quand cette discussion sera faite, vous serez étonné de les voir dans un dénuement total de tout ce qui peut attirer l'attention ; dépourvus d'imagination & de sentiment, réduits à nous présenter pour toute preuve *de cette vertu créative & de cette fécondité de production* dont on les gratifie si libéralement, quelques fabliaux insipides, remplis de choses triviales & froidement contées.

Je m'engage dans cet examen avec d'autant moins de répugnance, que ma critique ne tombera sur rien de ce qui appartient à l'Editeur. Les notes, le style, l'art même avec lequel il distribue les contes ; art qui est pourtant la source de quelques défauts, méritent des éloges. Personne en un mot n'aura à se plaindre de mes observations. Qu'importe après tout aux habitants des Provinces septentrionales du Royaume, que leurs premiers Fabliers aient été des hommes sans talent & sans goût ? Est-ce avec leurs ouvrages qu'ils prétendent disputer la supériorité aux autres nations savantes de l'Europe ? N'ont-ils pas des titres plus glorieux & plus solides de leur prééminence dans les sciences & dans les lettres ? Et doivent-ils envier aux Orientaux, aux Italiens & aux Provençaux l'honneur de leur avoir fourni ce qu'ils ont eu anciennement de plus propre à les amuser, & alimenter leur gaieté naturelle & leur sensibilité ? Car c'est à ces trois peuples qu'on est redevable des meilleurs contes qu'il y ait dans ce Recueil.

Cependant, Monsieur, je vous avoue ingénument qu'en considérant de sangfroid la tâche que je m'impose, je devrois peut-être y renoncer. Mes occupations forcées me laissent peu de loisir. Je n'ai aucun des livres & des manuscrits nécessaires pour remonter au temps où les fabliaux, auxquels j'attribue une origine étrangere, ont été connus en France, en Italie & en Provence ; cependant ce moyen de critique seroit d'autant plus nécessaire, comme je l'ai remarqué ci-dessus, qu'il trancheroit la difficulté. Malgré cela, j'ose me flatter que vous vous rendrez à l'évidence de mes autres preuves, & que mes réflexions pourront faire naître à quelqu'un l'idée de faire la comparaison de l'ancienne Littérature françoise avec l'italienne & la provençale : ainsi vous ne devez regarder mes observations que comme une ébauche légere d'un ouvrage qui seroit véritablement intéressant, s'il étoit bien fait.

Je suis, &c.

LETTRE SECONDE.

Beaucoup de Fabliaux des Trouveres ont été imités des orientaux. Caracteres auxquels on peut les reconnoître.

Toutes les nations, Monsieur, ont un caractere, un tour d'esprit qui leur est propre; & leurs ouvrages, de quelque nature qu'ils soient, en portent nécessairement l'empreinte. Je sais bien que, dans les siecles éclairés, lorsque le commerce, les lumieres & l'amour des voyages rapprochent tous les peuples, ce caractere national s'altere & s'affoiblit, ou, pour mieux dire, il se généralise. Mais dans les siecles d'ignorance, lorsque chaque peuple vit isolé; lorsque, circonscrit dans ses propres idées, il n'a ni les moyens ni la volonté d'en emprunter d'étrangeres; ses productions ont une teinte si forte de son génie, que vous les distinguez facilement des productions que le même siecle voit naître dans les autres parties de l'Europe.

Je vous demande à présent, Monsieur, si vous connoissez un pays où les Arts & les Lettres aient dû pénétrer plus tard & plus difficilement qu'en France, depuis le regne de Louis d'Outremer, jusqu'au milieu du douzieme siecle ? Le Royaume, dont les limites étoient bien plus resserrées qu'elles ne le sont aujourd'hui, se trouvoit partagé entre une infinité de Seigneurs, qui n'aimoient que la chasse & les exploits guerriers. Le Souverain lui-même, tantôt aux prises avec ses vassaux, tantôt en guerre avec ses voisins, n'avoit guere le loisir d'encourager les talents ; ou du moins il n'encourageoit que les connoissances généralement reconnues pour utiles, telles qu'une mauvaise théologie scholastique, & une dialectique plus mauvaise encore.

Les peuples voisins étoient peut-être plus ignorants que les François : les autres, ceux qui conservoient quelques restes précieux de l'ancienne littérature, tels que les Grecs & les Italiens, n'avoient aucun rapport avec les Provinces septentrionales du Royaume, dont les limites ne s'étendoient point jusqu'aux ports, qui lui ouvrent aujourd'hui une communication libre avec le reste de l'univers.

Ainsi, la France réduite, pour ainsi dire, à sa propre expérience ; privée des lumieres que les Anciens lui avoient transmises, & qui, dans les siecles de barbarie, ne jetterent qu'un foible éclat, à la faveur duquel l'esprit humain s'égara dans les subtilités de l'école, que pouvoit-elle produire qui méritât l'attention de la postérité ? La Langue Latine, dans laquelle on écrivoit, étoit devenue barbare, inintelligible : la Romane Françoise, pauvre, stérile, informe, telle en un mot qu'elle devoit être dans sa naissance, ne pouvoit fournir ni images, ni expressions ; & un homme de génie qui auroit voulu l'employer pour rendre ses idées, ou auroit renoncé à s'en servir, ou n'auroit écrit que des choses basses, triviales & méprisables ; telles en un mot que sont les productions des premiers Romanciers & des premiers Fabliers, sur-tout lorsque ceux-ci n'ont imité ni copié les Orientaux, les Italiens & les Provençaux.

Si vous en voulez des preuves, lisez dans le premier volume, les Contes que je vais vous citer, & qui appartiennent tout entiers aux François. Commencez par celui qui est intitulé, *de Cocagne*, *pag.* 227, vous verrez par le choix du sujet, que l'Auteur se proposoit d'amuser & de plaire ; mais, malgré le soin que l'Editeur a pris de le remanier & d'élaguer tout ce qu'il y a de fade & d'ennuyeux, ce conte, dans l'original, devoit être fort insipide. Lisez encore lo *Bachelier Normand*, p. 274. *Le Siege prêté & rendu*, 291, & presque tous ceux qui suivent ; je dis presque tous, parcequ'il y en a quelques-uns, où se trouvent des circonstances imitées des Auteurs étrangers.

Voyez dans le second volume, *la Robe d'écarlate*, pag. 87 ; *les deux Anglois*, p. 107 ; l'*Arracheur de dents*, p. 110 ; l'*Indigestion du Vilain*, p. 112 ; le *Prud'homme qui retira de l'eau son compere*, p. 164 ; le *Curé qui eut une mere malgré lui*, p. 259 ; le *Curé & les deux Ribauds*, p. 272 ; *Dom Argent*, p. 369 ; & enfin le *Grand-Chemin*, p. 425 ; car il faut abréger, sans aller chercher dans le troisieme volume des exemples que le Lecteur appercevra aisément.

La plupart de ces contes roulent sur un sujet plaisant ; mais comme la plaisanterie demande une délicatesse & un agrément dans l'esprit, que les *Trouveres* n'avoient pas ; comme elle dépend aussi beaucoup du choix de l'expression, des allusions ingénieuses, & du rapprochement de certaines idées, qui ne paroissoient pas d'abord faites pour aller ensemble: ces mêmes *Trouveres*, qui n'avoient ni assez de talent, ni assez de goût pour réunir ces qualités, sont froids, insipides, & vous étalent avec une diffusion insupportable des idées quelquefois basses, & presque toujours triviales. Ainsi, Monsieur, ne faites pas difficulté de leur attribuer les fabliaux où vous trouverez une gaieté sans vivacité & sans saillie; une plaisanterie sans sel & sans agrément. Je vous avertis que vous les distinguerez à ces défauts, qui leur donnent un air de famille auquel on les reconnoît aisément.

Peut-on s'imaginer, me direz-vous, que tels aient été des hommes nés chez une nation gaie, vive, spirituelle, féconde en saillies, & fameuse par le talent qu'elle a de badiner avec autant d'esprit que de grace? Oui sans doute; & leur caractere prouve combien la culture de l'esprit influe sur les qualités de l'ame, & leur donne de jeu & de ressort.

Le Laboureur, qui nourrit sa patrie du fruit de ses travaux; le Soldat, qui la défend; l'Artisan, qui la vivifie, parlent aujourd'hui une langue polie &

savante; ils puisent dans la fréquentation des autres hommes des idées & des lumieres qu'on n'avoit pas, il y a six cents ans : cependant, allez les voir dans leurs habitations loin de la capitale ; assistez à leurs jeux, écoutez leurs historiettes, voyez les farces qui les amusent, vous trouverez des hommes gais ; mais rarement, dans ces exercices de l'esprit, aurez-vous occasion de remarquer de l'agrément & de la bonne plaisanterie. Pourquoi cela ? Parceque les Acteurs n'ont que cette dose de raison que la nature départ au commun des hommes, & qui ne suffit pas pour exciter de l'intérêt, quand elle n'est pas cultivée par la réflexion & l'étude ? Or, tels ont été les Fabliers depuis le douzieme siecle jusques vers la fin du treizieme. Je vous demande si, dans cet état de barbarie, où l'histoire nous les représente, vous croyez qu'ils aient été capables de donner de l'agrément & de l'intérêt à leurs poésies? Non, Monsieur, & je me flatte de vous faire connoître les différentes sources où ils ont puisé leurs meilleurs fabliaux. Je vous ai promis de vous prouver d'abord, qu'ils en ont beaucoup pris des Orientaux ; vous verrez qu'ils

R v

ont imité servilement les uns, en y faisant des changements pour les adapter à leurs usages, & qu'ils ont mis simplement les autres en vers.

Les Contes qu'ils ont imités sont ceux où regne la féerie, inventée par les Arabes, & ensuite employée par les Troubadours. Mais je n'insisterai pas sur le mérite de ces productions, calquées toutes sur le même dessein, comme le remarque l'Editeur, & qui, ne contenant pour le fond, que *de la féerie, des combats incroyables, de grands moyens qui ne produisent que de petites choses;* & pour les détails, *un Nain, un Géant, des Monstres, des entreprises périlleuses, une belle, pour qui le héros expose ses jours sans la connoître*, ne sont guere propres à intéresser.

Les autres Contes, ceux que je crois littéralement traduits, ont un mérite bien différent: on s'y propose, non d'étonner par des événements invraisemblables, mais d'instruire, tantôt par une morale sage, tantôt par une philosophie indulgente. Voyez, par exemple, dans le Tom. I, pag. 197, *le Lai d'Aristote*, de ce Philosophe grave, qui, ayant combattu dans Alexandre la passion qu'il avoit pour une jeune personne, tombe lui-même plus grossiérement encore dans les filets dont il vouloit retirer son éleve. L'aventure est plaisante, agréablement contée, & le récit est semé de réflexions, orné de circonstances qui en relevent le fond. J'en dis autant d'*Hippocrate*, pag. 212 : c'est la même teinte de génie que dans l'autre. Le nom du Médecin & le lieu de la scene, qui est à Rome, font d'ailleurs présumer que ce n'est point en France que ce Conte fut imaginé. Voyez aussi dans le deuxieme volume, pag. 167, *le Jugement de Salomon*. Deux freres d'un caractere fort opposé, l'un inhumain & féroce, c'est l'aîné ; l'autre vertueux & doux, se disputent l'héritage de leur pere, qui vient de mourir. Salomon leur fait donner à chacun une lance, & promet l'héritage à celui qui montrera le plus d'adresse. Le but où ils doivent tirer, c'est le corps du pere. L'aîné accepte la condition, tout abominable qu'elle est ; le cadet recule d'effroi, & jure de punir quiconque osera outrager le cadavre. Salomon, touché de ces sentiments, le déclare héritier, disant qu'il ne reconnoît pour fils que celui qui, après la mort du pere, fait encore le respecter & le chérir. *Le Jugement sur les deux Barrils d'Huile*, pag. 170, est encore un Conte oriental; le sujet le décele. Un François qui en auroit été l'inventeur, n'auroit pas imaginé deux barrils d'une liqueur qui n'est point une production de son pays; & n'auroit pas reservé le Jugement à un Philosophe grave, plus digne de l'ancienne école de Platon, que de celle d'Aristote dans le XIIIe. siecle.

J'en dis autant *du Marchand qui perdit sa bourse*, pag. 175; vous y trouverez la même subtilité de sens, le même tour d'esprit. Le Juge est encore un grave philosophe, & le sujet de la dispute un serpent d'or; c'est-à-dire un animal pour lequel on a toujours eu dans les Gaules une espece d'horreur; & qui en Orient étant regardé comme le symbole de la vie, eut d'abord un rang parmi les idoles, ensuite parmi les bijoux.

Le fabliau intéressant du *Chien & du Serpent*, pag. 303, est le même que dans les Fables de Bidpaïs, à quelques changements près. Enfin le *Prud'-Homme qui donna des instructions à son fils*, pag. 379; & les *deux Amis*, où tout respire l'amitié la plus tendre, & l'honnêteté de sentiments la plus naive, sont également orientaux. Il regne dans le dernier un pathétique qui en décéle l'origine. J'en pourrois citer un plus grand nombre ; mais il suffira que vous lisiez ceux-ci, & que vous les compariez avec les suivants ; le *pauvre Mercier*, Tom. 2, pag. 240 ; *le Tailleur du Roi & son Sergent*, Tom. 3, pag. 109 ; *le Vilain qui vit sa femme avec un ami*, pag. 122 ; *le Bourgeois d'Abbeville*, pag. 210, *& le Palefroi vair*. Je vous cite ce dernier pour vous donner une idée de la maniere des *Trouveres*. Le fond du sujet est intéressant ; mais le Conte est ennuyeux, froid, insupportable ; parceque l'Auteur, comme les autres Fabliers, ses Contemporains, n'a aucuns détails agréables de poésie, & manque de cette sensibilité qui anime tout.

Lisez donc ces Contes, Monsieur ; faites-en la comparaison avec les Contes orientaux que je vous indique, & jugez vous-même si la teinte du génie est la même dans les uns & dans les autres ; si vous croyez qu'ils aient été inventés & composés par des hommes nés dans le même pays & dans le même temps, élevés dans les mêmes écoles, imbus des leur enfance, de ces idées, de ces maximes & de ces préjugés qui, joints aux usages reçus, laissent dans chaque individu l'empreinte ineffaçable du caractere national & de l'esprit du siecle.

Quand vous les aurez lus, Monsieur, vous reconnoîtrez les Fabliaux imités, ou traduits des Orientaux, à deux caracteres; les uns à la féerie, & aux avantures extraordinaires, dont elle est le mobile: ce sont en général les moins estimables, excepté par quelques détails poétiques, qui leur donnent, comme au *Lai de l'Anval* sur-tout, Tom. 1, pag. 93, de la chaleur & de l'intérêt.

Vous distinguerez les autres à la gravité du style, à la moralité, qui est presque toujours une leçon de sagesse, de prudence, d'honnêteté & de vertu; vous les reconnoîtrez encore à ce bon sens rafiné, qui annonce la subtilité des Grecs, & à cette maniere de conter qui tient au bon goût, à la culture de l'esprit, & au ton d'un siecle où regnoit la politesse. Je pourrois étendre un peu plus mes réflexions sur un sujet aussi important; mais je vous ai prévenu que je prétendois ébaucher la matiere, & non pas faire un Ouvrage; & je sortirois des bornes que je me suis prescrites, si j'ajoutois encore à ces observations. Ainsi, Monsieur, je terminerai ici ma Lettre, & demain je vous parlerai des obligations que les *Trouveres* ont aux Italiens. Mais je serai plus court; c'est un mérite que je regrette de n'avoir pu donner à celle-ci.

Je suis, &c.

LETTRE TROISIEME.

Les Trouveres ont pris des Italiens un grand nombre de Contes. Origine de la Poésie Italienne.

Si c'est la France, Monsieur, qui a fourni aux Italiens les premiers modeles de la Poésie moderne, il faut avouer qu'elle a obligé des ingrats. Comme les Italiens sont naturellement railleurs, je ne sais pas s'ils écouteroient sans rire celui qui leur diroit sérieusement qu'ils ont imité nos Fabliaux, excellents, si vous voulez, pour amuser, dans nos Provinces septentrionales, les bonnes gens du XIII, XIV & XVme. siecles ; mais incapables d'intéresser une Nation qui avoit des Poëtes de mérite, tels que *Ugolin Ubaldini*, qui florissoit en 1240 ; le *Dante*, né en 1265 ; *Cinno de Pistoie*, en 1270 ; *Pétrarque*, en 1302 ; *Boccace*, en 1313. Je pourrois vous en citer de plus anciens; je pourrois, s'il falloit approfondir la matiere, appeller à mon secours les Savants d'Italie, qui connoissent les Ouvrages manuscrits de leurs premiers Poëtes, & vous découvririez la mine cachée d'où nos Fabliers ont tiré plusieurs de leurs Contes. Mais j'ai promis d'être court; & je vous manquerois de parole, si j'allois m'engager dans des recherches qui demandent trop de temps.

Ainsi, Monsieur, discourons sur ce sujet, comme nous avons fait dans la Lettre précédente, sans aucun étalage d'érudition. Vous savez que, de l'aveu de l'Auteur, la plupart des Fabliaux qu'il a tirés de la poussiere, se trouvent depuis long-temps imprimés en tout ou en partie, dans des Ouvrages Italiens. Je vous demande en quel temps & comment ils ont été connus au-delà des Alpes, tandis que la plupart étoient inconnus parmi nous ? Furent-ils portés en Italie par les Normands ? Ils n'étoient pas faits lorsque la race de ces Conquérants finit dans la personne de Guillaume le Bon, en 1189. Le furent-ils par des Voyageurs Italiens ? Mais ceux qui alloient dans les Provinces septentrionales de la France, étant plus occupés de la banque & du commerce que des Lettres, ne s'amusoient guere à copier des Fabliaux écrits dans une langue qu'ils n'entendoient pas, ou qu'ils entendoient fort mal. Dira-t-on que ce fut le Dante & Boccace, qui, étant venus à Paris, enrichirent leur Patrie de ces productions littéraires ? Mais le voyage du Dante, exilé de Florence en 1301, fut si court que quelques Auteurs le révoquent en doute. Pour Boccace, si je ne me trompe, il naquit à Paris, où son pere & sa mere se trouvoient pour des affaires de commerce, & il fut ramené si jeune en Italie, qu'il n'étoit guere en état de profiter des leçons de nos Poëtes : l'honneur de former ses talens étoit réservé à Cinno de Pistoie. Il est donc certain que nos Fabliaux ne furent point introduits en Italie par ces deux hommes célebres : il restoit d'ailleurs à prouver que ceux que nous les accusons d'avoir imités, existoient en 1310 : or c'est ce qu'on n'a point encore fait.

Plusieurs de ces Contes ont été si souvent retouchés qu'il est difficile de fixer la date du premier qui parut, & qui, en passant par d'autres mains a acquis de nouvelles circonstances, & s'est grossi de divers incidens. En voulez-vous une preuve, Monsieur, lisez le Conte des *trois Voleurs*, qui renferme plusieurs tours de finesse, rapportés séparément dans les Auteurs Italiens. Un Poëte François les aura réunis ; mais en les arrangeant à sa maniere, il n'a pu leur ôter ce je ne sais quoi, qui décele leur origine. Vous en allez juger vous-même : la scene se passoit pendant la nuit.

Deux Frippons, dont le pere avoit été pendu, volent fort adroitement un cochon mort, à un nommé Travers ; celui-ci, qui étoit un Maître-Filou, trouve à son tour le moyen de le leur enlever. Que fait l'un des Voleurs ? il se dépouille, met sa chemise par-dessus ses habits, se fait une espece de coëffe de femme, & dans cet accoutrement, court à toutes jambes par un autre chemin à la maison de Travers, qu'il attend auprès de la porte ; & quand il le voit arriver, il s'avance au-devant de lui, comme si c'étoit sa femme, & lui demande, en contrefaisant sa voix, s'il a rattrapé le cochon ? *Oui, je le tiens*, répondit-il : — *hé bien, donne le moi ; je vais le rentrer : cours vîte à l'étable ; j'ai entendu du bruit, & je crains qu'ils ne l'aient forcée.* Travers lui charge les épaules, & va faire sa ronde.

Ne croyez-vous pas voir Arlequin faisant un de ces tours d'adresse & de travestissement tels qu'on en voit en Italie, dans les farces que les Charlatans donnent au peuple? Dites-moi encore si vous ne reconnoîtrez pas le même génie dans le tour suivant?

[Tome 3, page 1.] Travers, qui ne vouloit point perdre son cochon, ayant appris le tour que les Voleurs venoient de lui jouer, les suit dans une forêt voisine où ils s'étoient retirés, & où ils faisoient déjà quelques grillardes. Il se déshabille tout nud, monte sur un chêne, se suspend d'une main, dans l'attitude d'un pendu; puis, quand il les voit occupés à souffler le feu, d'une voix de tonnerre, il s'écrie: *malheureux! vous finirez comme moi!* Ceux-ci troublés, croient voir & entendre leur pere, dans un siecle où l'on croyoit aux revenants, & ne songent qu'à se sauver.

Si vous aimez à démêler le génie des Nations par leurs Ouvrages, lisez encore dans le Tom. 2, *la Culotte*, &c. pag. 66; *les trois Aveugles de Compiegne*, pag. 149, qui est peut-être originairement un Conte Arabe, remanié par les Auteurs Italiens, chez lesquels on le trouve; car ces mots qu'on met dans la bouche d'un des Aveugles, *allons man-*

ger le besant de ce brave Chrétien, paroissent à voir été employés dans un pays, où tout le monde n'étoit pas Chrétien, & où le besant étoit assez commun pour qu'on le donnât en aumône ; ce qui n'arrivoit pas en France, même sous le regne de S. Louis. Voyez *L'Enfant qui fond au soleil*, pag. 229. On suppose qu'il étoit fils d'un Marchand qui vint à Gênes le vendre à un Sarrasin. Les Marchands nés sur les bords de la Meuse, de la Seine ou de la Loire, n'alloient guere à Gênes avant la fin du XIIIe. siecle. Ainsi, les Italiens qui ont mis ce Conte dans leurs Recueils, ne font que se servir d'un bien qui leur appartient.

Lisez encore le *Testament de l'Ane*, p. 249 ; *la Femme qui ayant tort, parut avoir raison*, pag. 281. Quant à celui-ci, la jalousie du mari décele, par sa maniere seule, le lieu où le Conte a été inventé. Enfin, vous pouvez regarder comme puisés dans la même source, *le Vilain & sa Femme*, pag. 330 ; *le pré tondu*, 334, *& la Dame qui fut corrigée*, 336. Si vous en voulez connoître un plus grand nombre, vous parcourrez le troisieme Volume ; &

vous conviendrez vous-même qu'en général il faut attribuer aux Italiens l'invention des Contes, où, avec du choix dans les détails, des circonstances bien amenées, de la facilité, & un certain agrément dans le tissu de la narration, vous trouverez quelque trait de libertinage, ou la satire des Moines, des Gens d'Église & des femmes; avec cette différence pourtant, que ces traits, qui ne sont point rares chez les Fabliers, ont dans les Contes, qui sont originairement Italiens, une tournure subtilement ingénieuse. Je vous avoue que le Fabliau intitulé le *Manteau mal taillé*, Tom. 1, pag. 60, me paroît tout-à-fait dans ce genre, & je ne ferois pas difficulté d'en faire honneur à l'Italie.

Cette Contrée, Monsieur, a eu des Poëtes dans tous les temps. Un Auteur Italien du X°. siecle, se plaignoit que tout retentissoit de vers, la ville & la campagne.

Desine: nunc etiam nullus tua carmina curat.
Hæc faciunt urbi, hæc quoque rure viri.

Scipt. rer. Ital. t. 2. part. 1. p. 387.

Vous savez que tous les peuples ont commencé par avoir des Chansons &

des Contes ; & vous voulez qu'une Nation gaie, qui s'est toujours distinguée dans ce genre de littérature, ne s'y soit point exercée avant que les François lui en aient fourni des modeles ! Les Grecs & les Arabes, c'est-à-dire les deux peuples qui, les premiers ont excellé dans ce genre, auront occupé long-temps la partie méridionale de l'Italie ; ils y auront fait connoître ces sortes de Poésies, que la tradition conserve parmi le peuple, lors même que la barbarie a détruit l'empire des Lettres, & les Italiens ne les auront pas traduites, ou imitées en leur langue ! D'après ces modeles, ils n'en auront pas fait de plus analogues à leur goût & à leur génie ! Qu'étoit-ce donc que ces petits Poëmes Latins dont la ville & la campagne retentissoient dans le Xe. siecle ? *Hæc faciunt urbi, hæc quoque rure viri.* N'est-il pas naturel de croire que c'étoient des Fabliaux, puisque c'est par les Fabliaux que les Nations modernes ont ouvert la carriere de la Poésie ? Les mêmes sujets furent ensuite remaniés en Italien par des Auteurs de la même Nation, qui nous les ont transmis dans leurs Ouvrages, & l'on trouveroit les

Originaux dans les Bibliothéques d'Italie, si l'on vouloit s'occuper de ces sortes de recherches.

C'est de-là qu'ils nous ont été apportés par les François, qui, depuis l'an 1205, jusqu'en 1260, fréquenterent les Universités de Bologne, de Vicence, de Padoue, de Milan, &c. On comptoit parmi eux des Flamands, des Poitevins, des Normands & des Bourguignons : c'est un fait qui résulte des Histoires de ces Universités. Quelle absurdité y a-t-il à supposer que c'est à eux que nous sommes redevables de ces Contes où respire encore le génie Italien, soit pour l'invention du sujet, soit pour la maniere dont il est raconté ?

Cependant, Monsieur, l'Italie n'eut des Poëtes qui écrivirent dans leur propre Langue, & d'autres qui écrivirent en Provençal, que vers l'an 1200 : on n'en trouvera point d'exemple antérieur à cette époque. Mais avant que cette aurore des beaux jours de la Littérature se levât, (*) les Troubadours avoient fait

---

(*) Je ne fais que développer ici ce que j'ai déjà dit dans le deuxieme volume de l'Histoire de Provence. Mais je ne prétends pas, comme briller

briller au-delà des Alpes, les charmes de leur Poésie; les Calabrois & les Siciliens avoient transmis au reste de l'Italie les Ouvrages d'agrément dont ils étoient Auteurs, & ceux qu'ils avoient imités ou traduits du Grec & de l'Arabe. Le goût des vers fut alors général; les Lombards sur-tout se distinguerent, & dès l'an 1227, on les vit disciples des

───────────────

on pourroit le croire, que la Provence ait été la berceau de la Littérature moderne: la Littérature embrasse plusieurs genres, dont l'un est la Poésie; & c'est de la Poésie seule, & même de la Poésie, en langue vulgaire, que les Troubadours, dont l'un florissoit en 1070, ont donné les premiers modeles. Je suis autorisé à le croire & à le dire, par rapport à l'Italie sur tout, jusqu'à ce qu'on m'ait cité un Poète, qui ait écrit en Italien en 1185; c'est le temps à-peu-près où nos Troubadours passerent les Alpes. Muratori prétend que le plus ancien Poète moderne en Italie, ne remonte pas à l'an 1200. Pour décider cette question de Littérature, il ne faut que des faits. Quant à ce qui regarde la langue Provençale, son origine, ses progrès, & son influence sur les langues Italienne, Françoise & Espagnole, on peut voir le Mémoire que j'ai fait imprimer dans le t. 2. de l'Histoire de Provence, page 453, tel que je l'avois lu dans une Séance publique de l'Académie de Marseille en 1773.

Provençaux, dont ils empruntoient souvent le langage; briller avec eux à une Cour pléniere tenue à Gênes cette année là. Ainsi la littérature en Italie, devint un fond où les Provençaux, les Lombards & Siciliens, puisoient & versoient tour à tour.

<small>Antiq. ital. med. avi. t. 1. p. 843.</small>

Les François furent les seuls qui ne purent l'accroître de leurs productions, lorsqu'ils passerent les Alpes avec Charles d'Anjou, en 1265; ou du moins je ne trouve aucun monument dans l'Histoire, qui dépose en leur faveur. Tout prouve au contraire que leurs Poëtes, formés sur ceux que le XIII°. siecle vit naître en Italie, commencerent sous Charles d'Anjou, d'alimenter leurs talents des Ouvrages étrangers ou nationaux, dont cette Contrée faisoit alors ses délices; & ce fut là l'époque où leur Poésie, jusqu'alors morte & inanimée, prit une sorte de vigueur, & sortit de cette longue stérilité qui l'avoit déshonorée.

Le Traducteur des Fabliaux vient à l'appui de mon sentiment, quand il dit que la plupart des *Fabliers* sont Contemporains de Jean de Condé. Jean parle des Franciscains qui ne s'établirent à Paris qu'en 1240: ils eurent des Cou-

<small>Tome I. p. 259.</small>

vents plus tard dans le Hainaut, dont Jean étoit natif, & d'où nous croyons qu'il écrivoit : il n'y a donc pas d'apparence qu'il ait vécu avant la fin du XIIIe. siecle. Cette époque s'accorde parfaitement avec le temps où beaucoup de Fabliaux furent transportés d'Italie en France. (*)

Il me reste à vous parler de ceux que la Provence à fournis. Comme on affecte de ne pas rendre aux Troubadours la justice qu'ils méritent, je profiterai de cette occasion pour venger l'honneur de notre ancienne Littérature. La matiere est assez importante pour mériter que je consacre une Lettre entiere à la discuter.

Je suis, &c.

―――――――――

(*) Les vers suivans, cités dans le t. 1. des Fabl. page 44 & 45, sont encore une preuve de ma conjecture. Ils sont de la fin du treizieme siecle.

Sachiez que je n'ai chose faite
Par coi je doie être à mort traite.
Lors l'en a gauvain mercié :
Sire, dit-il, bien suis payé
De la Pucelle seulement.

LETTRE QUATRIEME.

Les Trouveres ont aussi imité ou copié les Troubadours. La langue Provençale fut générale dans tout le midi de l'Europe.

Les Ouvrages des Troubadours, Monsieur, jouissoient du temps de ces Poëtes d'une réputation étonnante. On les recherchoit non-seulement en Italie, mais encore en France, en Angleterre, en Espagne; & la plupart n'existent plus que dans les traductions qu'on en a faites, & qu'on veut nous faire regarder comme des productions des Fabliers. Je sens bien que je n'ai aucun titre authentique pour vous prouver le plagiat! Mais, Monsieur, quand un Fabliau respirera la loyauté & l'amour pur, tels qu'on les trouve dans plusieurs Chansons amoureuses des Troubadours, ou dans quelques-uns de leurs Contes; quand ces sentiments seront peints avec une naïveté, une candeur & une simplicité que n'ont point les Ouvrages qui appartiennent véritablement aux Trouveres; quand les Fabliaux contiendront des circonstances locales qui désignent le pays où ils ont été faits; quand ils paroîtront visiblement calqués sur des poésies provençales; enfin, quand ils seront publiés sans nom d'Auteur, ne serons-nous pas autorisés à dire qu'ils ont été traduits du Provençal; ou du moins qu'ils ont été faits d'après des pieces que vous connoissez dans cette langue, & qui sont d'une ancienneté à laquelle le Fabliau ne peut remonter ? Or c'est ce que vous avouerez en lisant *Gautier d'Aupaïs*, Tom. 3, pag. 23, & *Guillaume au Faucon*, pag. 41. (*)

Gautier & Guillaume étoient deux jeunes damoiseaux, qui, servant en qualité de Pages chez deux Seigneurs différents, se rendirent amoureux, l'un de la fille, & l'autre de la femme du Châtelain, auquel ils étoient attachés. Vous

―――――――――

(*) Je croirois volontiers que l'Auteur du Fabliau, en transportant dans la langue françoise, ce conte qu'il tiroit du Provençal, a mis *Guillaume au Faucon*, pour Guillaume de *Faucon*. Faucon est un village près de Sisteron & d'*Aupaïs*.

connoissez l'histoire de Guillaume de Cabestaing & la vie de Rambaud de Vaqueyras ? Imaginez-vous qu'elles ont servi de modele à ces deux contes; que toutes ces pieces portent l'empreinte du même caractere national, & de cette sensibilité vive, qui étant l'effet du climat, prend une teinte forte des mœurs du siecle, & l'imprime aux productions de l'esprit. Il s'en faut bien que vous trouviez la même couleur dans les ouvrages des Fabliers. —Que direz-vous donc si je vous montre, dans ceux-ci, des endroits visiblement calqués sur les autres, tels, par exemple, que celui où Rambaud de Vaquieras & Guillaume au faucon font leur déclaration d'amour ? Ils demandent conseil à leur Dame sur la maniere dont ils doivent se comporter; l'un, comme si ce n'étoit point elle qu'il aimât; l'autre, comme s'il consultoit pour un ami : les deux morceaux sont assez curieux pour mériter d'être rapportés : les voici.

Rambaud étant à la Cour de Montferrat vers l'an 1195, devint amoureux de la sœur du Comte; mais il n'osoit, par respect, lui parler de ses feux. L'ayant un jour trouvée seule dans sa chambre,

il crut que l'occasion étoit favorable pour s'expliquer ; & voici de quelle maniere il s'y prit. « Madame, daignez me don-
» ner conseil, j'en ai un besoin ex-
» trême ; j'aime une dame gentille &
» pleine de mérite, que je vois familié-
» rement, sans oser lui dire tout le bien
» que je lui veux, sans oser même le
» laisser entrevoir, tant je redoute sa
» vertu. Pour Dieu, & par pitié, dites-
» moi de grace ce que je dois faire, si
» je dois mourir plutôt que de prier
» d'amour celle qui possede mon cœur
» & ma volonté ».

Madame Béatrix, qui pénétroit sa pensée, lui dit, touchée de pitié : « En-
» core faut-il bien, Rambaud, qu'un
» loyal amant, qui aime une dame de
» mérite, pour laquelle il a autant de
» crainte que de respect, lui explique
» ses sentiments plutôt que de se laisser
» mourir. Je vous conseille de lui dé-
» clarer votre amour, & de la prier
» de vous prendre pour serviteur &
» pour ami. Si la dame est sage & cour-
» toise, bien loin d'en être offensée,
» vous en estimera davantage. Je suis
» donc d'avis que vous lui ouvriez votre
» cœur : avec le mérite que vous avez,

Histoire de Prov. t. 2. p. 249.

» il n'y a point de dame dans le monde
» qui ne se fasse un plaisir de vous re-
» tenir pour Chevalier. J'ai bien vu la
» Comtesse de Saluces souffrir l'amour
» de Peyre Vidal. Madame Marie de
» Ventadour, celui de Gaucelin Faidit,
» & la dame de Marseille, femme du
» Seigneur Barral, celui de Folquet
» de Marseille : c'est pourquoi je vous
» conseille de la requérir d'amour, &
» je vous assure, sur ma parole, qu'elle
» en sera bien aise ».

Quand Rambaud eut entendu ce conseil, il lui déclara que c'étoit elle-même qu'il aimoit ; & l'aveu ne pouvoit être fait avec plus de candeur & de naïveté.

Dans le Fabliau, c'est à-peu-près la même chose. Vous y voyez un jeune Ecuyer combattu, comme Rambaud, par l'amour, la crainte & le respect, & qui s'étant enfin armé de courage, entre chez la Châtelaine, un jour qu'elle étoit seule dans sa chambre ; & feignant de la consulter pour un de ses amis, malade d'amour, lui dit : « depuis sept ans
» entiers il soupire pour la plus belle &
» la plus accomplie des femmes ; mais
» quoiqu'il ait le bonheur de vivre au-
» près d'elle, il n'a point encore eu la

» hardiesse de lui parler de son amour.
» J'ose implorer pour lui vos lumieres.
» Que doit-il faire ? Aimer ailleurs, si
» on ne veut point l'aimer, répondit la
» dame, qui se doutoit de la feinte :
» mais, avant tout, je lui conseille de
» parler, puisqu'il en a l'occasion; amour
» favorise les cœurs hardis : qu'il ne
» craigne rien, je présume que sa belle
» aura pitié de lui ».

Guillaume alors soupira ; & se jettant aux genoux de la Châtelaine : « Ma
» douce dame, reprit-il, le voici cet
» Ecuyer malheureux, qui, depuis sept
» ans, meurt d'amour. Malgré tout ce
» qu'il a souffert jusqu'ici, il vous l'au-
» roit laissé ignorer encore, si votre
» bouche compatissante ne venoit de
» l'encourager, &c.

Vous voyez, Monsieur, que c'est le même esprit qui a présidé à la composition de ces deux morceaux, avec cette différence pourtant, que celui-ci est bien inférieur à l'autre par le naturel & par la tournure délicate que prend Rambaud pour faire l'éloge de Béatrix.

Je vous avertis que vous trouverez la même empreinte de sentiments & de mœurs chevaleresques dans le Fabliau

S v

de Gautier d'Apaïs : c'est, comme dans les deux autres, une déclaration d'amour faite par le jeune Page à la fille du Châtelain. Mais les circonstances & la tournure en sont différentes ; cependant le tout ensemble donne à ce Fabliau un ton que n'ont point ceux que les Provinces septentrionales ont vu naître. Que sait-on même si Aupaïs & Beauvais dont il y est fait mention, ne seroient point Aupaïs dans le Diocese de Gap, près de Sisteron ; & Beauvais dans le haut Languedoc, à cinq lieues de Montauban.

Les noms de *Beaucaire* & de *Saluces* par exemple, où se passent l'aventure intéressante d'*Aucassin* & de *Nicolette*, t. 2, p. 180, & l'attendrissante histoire de *Grizelidis*, t. 1, p. 269, nous autorisent à disputer aux *Trouveres* l'invention de ces deux contes, qui, par les rapports & l'affinité qu'ils ont avec les productions des Troubadours, viennent se ranger d'eux-mêmes parmi leurs ouvrages, & semblent se détacher de la foule des fabliaux par un air étranger qui les fait remarquer. Lisez sur-tout *Aucassin* & *Nicolette* : ces deux personnages élevés dans nos climats *, en ont pris les mœurs & le langage. On diroit même qu'ils se sont nourris de la lecture de nos meilleurs Troubadours, tant on leur trouve de ressemblance avec eux pour les pensées & le tour d'esprit.

Vous me direz peut-être que c'est un art des Trouveres qui, ayant imaginé ces deux héros, & leur ayant choisi pour théâtre de leurs actions, la ville de Beaucaire, ont eu le talent de les naturaliser par un effort de génie. Cet effort heureux méritoit bien qu'on nous fît connoître l'Auteur à qui nous devons cette fiction charmante, ainsi que le fabliau de Grizelidis & les deux autres, que je vous ai déjà cités. Cependant personne ne les réclame, quoiqu'il n'y eût alors aucun Poëte qui ne dût se faire gloire de les avouer, s'il en eût été véritablement l'Auteur. C'est que ces contes n'étoient en France que par adoption ;

―――――――――――――――――

(*) La scène se passe à Baucaire, où l'Auteur fait naître Aucassin. Les circonstances locales, les usages particuliers, sont, comme l'a judicieusement remarqué un Journaliste, des moyens de découvrir le pays où les Fabliaux ont été faits.

Svj

ils y sont restés ; & le temps auroit fait oublier le lieu de leur origine, s'il avoit pu effacer ce caractere national qui fait leur mérite.

Je ne finirai point cet article sans dire encore un mot de Grizelidis. On prétend que l'histoire pathétique qui fait le sujet de ce conte, est arrivée à Saluces au commencement du onzieme siecle. Si quelque chose peut en faire douter, c'est le caractere de l'héroïne qui est trop beau pour n'être pas idéal. Il est vrai qu'il a pu être embelli par le Poète qui a mis l'aventure en recit. Quoi qu'il en soit de cette opinion, il est certain que le conte est fort ancien. Je vous demande s'il est vraisemblable qu'une histoire qu'on suppose être arrivée à Saluces en Piémont, à une époque aussi reculée, ait été traitée pour la premiere fois par des Auteurs François vers la fin du quatorzieme siecle ; car on n'en cite point de copie plus ancienne. Croyez-vous que les Troubadours du douzieme & du treizieme siecles, qui faisoient, par leurs poésies, les délices de l'Italie, de la Savoie, du Dauphiné & des Provinces méridionales ; qui ne laissoient échapper aucun des sujets propres à faire briller leurs talents, & à piquer la curiosité, auront été les seuls à ne pas traiter une historiette, qui, vraie ou fausse, avoit pris naissance au milieu d'eux? Je dis au milieu d'eux, parceque nous connoissons des Troubadours de Gênes, du Piémont, de la Savoie, du Dauphiné & de la Provence.

Vouloir nous faire croire que ce sont les Fabliers qui les premiers l'ont mise en recit; que c'est d'après eux que Pétrarque & Boccace ont travaillé, n'est-ce pas trop compter sur notre crédulité? Ces deux Auteurs, ainsi que le Dante, ont puisé dans les ouvrages des Troubadours; ils en parlent avec éloge; mais je ne crois pas que nulle part ils fassent mention des Fabliers, ignorés par-tout ailleurs, excepté dans la partie du Royaume où l'on parloit leur langue: aussi n'a-t-on découvert aucun Recueil de Poésies, hors de ces Provinces où se bornoient la Littérature Françoise & leur réputation: & supposé qu'il s'en trouve quelqu'un dans les Bibliotheques d'Italie, il y aura été mis comme un simple objet de curiosité, long-temps après la renaissance des lettres; & non comme renfermant les premiers modeles sur lesquels les Italiens se sont formés (*).

Il est arrivé tout le contraire pour les Poésies des Troubadours. Les Provinces qui furent leur berceau, sont les seules où leurs ouvrages ne se soient pas conservés. L'empressement des Nations étrangères, qui estiment souvent plus que nous les choses, dont l'usage diminue le prix en nous les rendant familieres, l'a emporté sur l'amour national. Les Poésies Provençales n'étoient pour nos Ancêtres que des objets d'amusement ; pour les François, les Italiens & les Espagnols, elles étoient des ouvrages de goût & de littérature : voilà pourquoi ils les recueillirent & les traduisirent ; mais la Langue Italienne & la Françoise s'étant ensuite perfectionnées, tandis que la Provençale est tombée dans l'oubli, les pieces écrites en cette Langue ont disparu ; il n'en est resté que la traduction.

Je vous demande s'il sied bien, quand

―――――――――――――――――

(*) J'ai vu en Italie beaucoup de manuscrits ; j'y ai trouvé quelques Romans fort anciens, écrits en Provençal, & d'autres écrits en françois ; mais je n'ai trouvé aucun recueil de contes en notre langue.

on est tout brillant de nos dépouilles, de venir nous reprocher notre pauvreté ? On nous accuse *de n'avoir pas un seul roman d'amour, pas un seul de chevalerie*. Mais cela prouve-t-il que nos Poëtes n'en aient jamais fait ? Giraud de Calanson, qui florissoit avant l'an 1210, fait une énumération des contes & des romans, dont un Jongleur doit être instruit pour être bien venu dans le monde. Il en cite plus de trente. La plupart sont de pure invention, & roulent sur des sujets tirés de la Fable, de l'Ecriture-Sainte & de l'Histoire. Il parle des *Fables d'Orc*, du *Jeu de Borc*, de *Dracon*, du *Roi Amon*, de *Natan*, du *Roi Bressus*, de *Doer*, de *Barachi* & du *Devin, qui ne put jamais échapper au loup*; de l'*Histoire tragique de Didon, qui se donna la mort*; de *Loiselet*; de *Teris, que l'amour fit mourir*; du *Duc bâtard de Laziart*; du *Berger* & du *Pêcheur*; de *Cledomir*; d'*Arnier, le fils de Renier*, &c. &c.

Ces Romans, & les autres que je ne vous cite pas, étoient écrits en Provençal ; car vous jugez bien, Monsieur, qu'on ne conseilloit pas à un homme qui se destinoit à faire l'amusement des cercles & des cours, où l'on n'entendoit & ne parloit que cette langue, d'apprendre & de débiter des Contes & des Romans écrits en François? Nous avons donc eu les nôtres ; & ils étoient sûrement en plus grand nombre qu'on ne pense ; car je vois un autre Troubadour nommé Arnaud d'Entrevenes, citer *Bertalei, Renard le Roux, Belin le Mouton, Isangrin le Rusé, Floris Amant, Tilsas de Roai, Raoul de Cambrai, & les questions de Perceval l'Enfant.* Je finis cet article en ajoutant qu'on lit dans la vie de Pierre d'Auvergne, qu'il se tenoit des *assemblés aux flambeaux, où l'on récitoit les nouvelles ou fabliaux.* Après des autorités si décisives, est-on bien fondé à nous reprocher la stérilité de nos Poëtes?

Eh! Monsieur, si nous avions nos anciens Romans, nous verrions peut-être qu'il en est des Romans François, dont on fait tant de bruit, comme de ces Contes auxquels nous avons trouvé une orgine Provençale : car nos premiers Poëtes Provençaux ont précédé de 80 ans au moins les premiers Fabliers. D'ailleurs notre Langue, quoi qu'en dise M. le ** étoit répandue dans presque tout l'Occident. Les Auteurs Italiens les plus versés dans la Littérature & du Cange dont l'autorité est d'un grand poids, en conviennent; les Anglois nous rendent le même témoignage. *Chaucer*, dit Dryden, *comme vous l'avez appris de notre savant Rymer, orna & enrichit notre langue de beaucoup de mots & d'expressions tirés de la Langue Provençale, qui étoit alors la plus polie des langues modernes.*

Fabl. de Dryd. Préf.

Je vous citerois, si je voulois, des Troubadours de l'Etat Vénitien, de la Lombardie proprement dite, de la Toscane, du Piémont & de la Savoie : je vous prouverois que ceux de nos Provinces étoient accueillis dans toutes les Cours d'Italie : je vous les montrerois ensuite chez les Rois de Castille & de Léon, chez les Rois d'Arragon, à la Cour de Normandie & à celle d'Angleterre. Je vous ferois voir que la langue Espagnole & la Françoise se sont enrichies de mots & d'expressions tirées du Provençal : faisant enfin paroître parmi les Troubadours illustres l'Empereur Frédéric Barberousse ; Frédéric III, Roi de Sicile, & Richard Cœur-de-Lion, Roi d'Angleterre (*). Je vous demanderois, après tant de preuves éclatantes de l'universalité de notre Langue, si l'on est bien venu à dire qu'étant *propre à certaines Provinces, elle ne pouvoit être entendue dans les autres, & à plus forte raison dans les Royaumes étrangers.*

Préf. p. 17.

N'est-ce pas vouloir s'aveugler & se rendre suspect de partialité, que de nier un fait attesté par les meilleurs Auteurs & par les vies des Troubadours ? Ce qu'il y a de plus étonnant encore, c'est qu'après avoir contesté à la Romance sa supériorité sur les langues contemporai-

---

(*) Je mets Richard de ce nombre, parce-qu'il fut un des plus zélés protecteurs des Troubadours ; il aimoit leur Poésies, & plusieurs lui furent adressées. N'est-il pas naturel, après cela, de lui attribuer deux pieces provençales qui se trouvent sous son nom dans des manuscrits provençaux du treizieme siecle, & dont l'une est adressée au Dauphin d'Auvergne, & l'autre aux Poitevins & aux Gascons, c'est-à-dire à des hommes qui ne parloient que la *romance*? Mais cela n'empêche pas que Richard, qui savoit le françois, n'ait pu faire aussi une chanson françoise avec un Jongleur, nommé Blondel ; car nous ne chicanerons pas sur ce fait, puisqu'il ne détruit pas l'autre.

nes, & son espece d'universalité, on veut attribuer ces avantages à la Romane Françoise ; & pour établir ce système tout-à-fait nouveau, on nous dit qu'elle fut transportée à *Naples & en Sicile par les Normands ; en Angleterre par Guillaume le Conquérant ; en Syrie, en Palestine, dans la Morée, dans l'île de Chypre, à Constantinople par les Croisades & les conquêtes qui en furent faites.*

Préf. p. 43.

Eh ! que ne dit-on aussi qu'après le Grec & le Latin, la plus belle de toutes les Langues fut celle du nord, parcequ'après la destruction de l'empire d'Occident, elle fut portée dans les Gaules par les Francs & les Bourguignons ; en Italie, par les Ostrogoths & les Lombards ; en Espagne & en Portugal, par les Sueves, les Alains & les Visigoths ; en Afrique, par les Vandales ; en Angleterre par les Pictes, & dans une partie de l'Asie, par les Huns (*). Sont-ce les

---

(*) Je crois que tous ces Peuples parloient, au fond, la même langue & qu'elle ne différoit dans les divers Pays qu'ils habitoient, que par de légeres altérations, qui ne les empêchoient pas de s'entendre entr'eux. Au reste, dans le cas présent, on me pardonneroit ma supposition, quand même elle seroit fausse.

conquêtes qui font la fortune des langues; ou les ouvrages des bons Ecrivains ? Les Grecs n'ont pas été de grands conquérants ; cependant voyez quel a été le triomphe de leur langue, même après qu'ils furent soumis à l'Empire Romain ? Elle fit une fortune prodigieuse. Tous les gens polis se faisoient gloire de la parler ou de l'entendre.

La Romane Françoise au contraire, quoiqu'appuyée de l'autorité des Vainqueurs à Naples, en Sicile & dans l'Orient, du temps des Croisades, n'a laissé dans ces pays aucun monument qui ait survécu à la race des Conquérants. Personne en Italie ne s'avisa même de l'employer dans ses écrits sous la domination de Charles d'Anjou, qui gouvernoit presque toute cette contrée, depuis Naples jusqu'à Gênes, comme maître ou comme protecteur.

Sous son regne, les Boulonnois chasserent de leur ville en 1278 (*), des

Antiq. med. ævi. t. 2. p. 843.

(*) Ce n'est pas en 1228, mais en 1278, lorsqu'une partie de la France combattoit pour Charles d'Anjou en Italie. Ces chansonniers, gens désœuvrés, avoient suivi l'armée; mais ils éprouverent que ce qui étoit bon pour amuser la Soldatesque, n'étoit pas fait pour

Chansonniers François, qui, à la faveur de la supériorité que leur nation avoit en Italie, se hasardèrent les premiers d'y porter leurs poésies. Ce fait n'est pas d'un préjugé favorable à ces Poètes : cependant on en conclut " que les Fran-
» çois qui disputent aujourd'hui si vi-
» vement sur le mérite de la musique
» Italienne, introduite chez eux depuis
» quelques années ; les François qui se
» glorifient quelquefois de voir leur
» langue, leur théâtre, & jusqu'à leurs
» modes en honneur par toute l'Europe,
» sont bien loin de se douter assurément
» que leur patrie, il y a quelques sie-
» cles, a joui d'une gloire bien plus
» étendue encore ; que c'est à elle qu'on
» doit les premiers Poètes & le renou-
» vellement de la poésie ; que sa musi-
» que fut recherchée, ses contes.....
» admirés..... chez toutes les nations ».
Cette conséquence d'un fait peu honorable, ne peut pas être moins heureuse.

L'Auteur avoit-il oublié, quand il

Riff. p. 42

---

plaire à un Peuple poli. Cependant, ce Peuple goûtoit depuis quatre-vingts ans les Poésies provençales, & les Troubadours, & c'est peut être ce qui les rendit si difficiles sur le compte de ces chansonniers françois.

écrivoit ceci, qu'avant cette scène humiliante pour les Trouvères, neuf Troubadours Italiens avoient déjà écrit en Provençal ? que ceux de nos Provinces étoient en possession depuis cent ans, d'être accueillis au-delà des Alpes dans les Cours & dans les villes les plus polies, & qu'on y recherchoit leurs ouvrages. " que les Jongleurs qui entendoient
" le Provençal accouroient chez les
" Marquis d'Est, lorsque ces Princes
" donnoient des fêtes & des tournois ;
" que Ferrari, natif de Ferrare, s'étoit
" rendu fameux, parcequ'il l'entendoit
" mieux que personne en Lombardie,
" & qu'il composa de meilleurs livres
" en cette langue ".

Par quelle fatalité, Monsieur, aucun Peuple étranger n'a t-il fait le même honneur à la Romane Françoise ? N'est-ce point parcequ'elle étoit rude, barbare & pauvre ? N'est-ce point parcequ'elle n'avoit à produire pour titres uniques de sa supériorité, que des nazalles, de syllabes muettes, des sons durs, des constructions embarrassées, & des poésies incapables d'amuser & d'instruire ? Car une langue s'éleve d'elle-même au-dessus de ses rivales, & se répand lorsqu'elle

Histoire des Troub. t. 1. p. 411 & 412.

est née parmi des hommes, qui, par la beauté de l'imagination, l'ont rendue riche, harmonieuse, élégante; & lorsque parmi ces hommes il s'en est trouvé qui étoient faits pour éclairer les autres, ou pour les intéresser en les amusant. Vous devinez à présent, Monsieur, la cause de cette prédilection générale qu'on avoit pour notre Romane. Il faut donc, ou qu'elle eût, ainsi que nos Poésies, un mérite que la Romane Françoise, & les Contes des Trouveres n'avoient pas; ou, ce qu'on n'oseroit soutenir, que les Italiens, les Espagnols, les Anglois & les François même, fussent alors bien barbares; les uns pour composer dans notre langue; les autres pour estimer & rechercher nos Ouvrages preférablement à ceux de nos rivaux.

V. diss. sur la lang. prov. Hist. de Prov. t. 2. p. 433.

Je tirerai de là, Monsieur, une autre conséquence qui n'est pas moins naturelle, & à laquelle je vous prie de faire attention. Il faut nécessairement que les François ne soient point Auteurs des Contes auxquels j'ai attribué une origine étrangere; car les mêmes Nations qui ont rendu justice aux Provençaux, se seroient fait un devoir de citer avec éloge les François, s'ils avoient été les

Auteurs de ces productions charmantes. D'où vient donc ce silence de tous les Littérateurs de l'Europe sur les phénomenes littéraires que leur siecle auroit vu naître ? Vous ne pouvez l'expliquer qu'en disant avec moi, que ces Contes, ainsi que je l'ai prouvé, n'appartiennent point aux François; & qu'ils n'ont passé chez eux, qu'après avoir excité l'admiration des autres Peuples ? D'un autre côté, Monsieur, ne sommes-nous pas autorisés à dire que, puisque les Ouvrages des Troubadours jouissoient d'une si grande réputation chez les étrangers, on devoit y trouver autre chose que des *sirventes*, des *tensons*, d'*éternelles & ennuyeuses Chansons d'amour, sans couleur, sans images, sans aucun intérêt*. En un mot, autre chose qu'une *assoupissante monotonie*. Vous jugez bien, Monsieur, que cette critique mérite d'être examinée ; mais comme j'ai déjà outrepassé les bornes d'une lettre, je vous ferai part une autre fois de mes réflexions.

Préf. p. 48.

Je suis, &c.

LETTRE

LETTRE CINQUIEME.

Mérite des Troubadours. Utilité de leurs Poésies.

CEUX qui connoissent, Monsieur, les Poésies des Troubadours, traduites en notre Langue, sont étonnés de la fortune prodigieuse qu'elles firent autrefois dans le monde, & s'imaginent que nos peres étoient bien grossiers, pour avoir admiré des productions, qui, en général, ont pour nous fort peu de sel & d'agrément. Ils ne font pas attention à une chose qu'on ne devroit jamais perdre de vue, quand on lit des Ouvrages anciens; c'est qu'il y a des beautés qui dépendent du style, & d'autres qui sont relatives aux mœurs, aux usages du temps où l'on écrit.

Quant aux premieres, il faut nous en rapporter au jugement des Contemporains; & lorsque vous verrez, non-seulement les Nationaux, mais encore les Etrangers, rechercher des Ouvrages de

T

pur agrément, soyez assuré qu'ils leur trouvent du côté du style, un charme qui ne peut être senti que par eux. Or, ce mérite, Monsieur, est absolument perdu pour nous. Il n'y a peut-être personne aujourd'hui qui puisse se flatter d'entendre toutes les Pieces des Troubadours; soit à cause de la difficulté de la Langue; soit aussi parceque le texte est souvent corrompu. Est-il juste, Monsieur, de rendre ces Poëtes responsables des pensées triviales, louches ou basses, que nous lisons dans les traductions? Vous savez combien le choix des mots, le tour de phrase, une métaphore, une image, donnent de grace & d'agrément à la Poësie: si vous ne connoissez parfaitement les richesses de la Langue, comment rendrez-vous ces beautés? La pensée, qui avoit de la vie & de la couleur dans l'original, reparoîtra dans la traduction; mais elle y sera froide, inanimée. La monotonie même, par cette raison, se fera sentir malgré l'élégance & l'art du Traducteur, dans tous les Ouvrages qui roulent sur le même sujet, & qui dans l'original different essentiellement entr'eux par la variété piquante du coloris. Ainsi, Monsieur, soyons plus réservés à condamner les Troubadours, & les Nations qui les ont admirés.

D'ailleurs ne vous imaginez pas que leurs Poésies soient aussi méprisables qu'on veut le faire entendre : on y trouve souvent des traits fort délicats. Voyez, par exemple, à l'article du diocèse d'Aix, l'Eloge de la Comtesse Garsende, p. 65, & cet autre, *je voudrois qu'elle accordât amour & merci, puisqu'elle accorde en sa personne des choses bien plus opposées, qui sont la blancheur & l'incarnat de son teint.* L'endroit suivant où vous trouverez quelques idées gracieuses, est terminé par une pensée ingénieuse & fine.

« Tout me peint la dame que j'aime :
» la fraîcheur de l'air, l'émail des prés,
» le coloris des fleurs en me retraçant
» quelques-uns de ses appas, m'invitent
» sans cesse à la chanter ; grace aux exa-
» gérations des Troubadours, je puis la
» louer autant qu'elle en est digne ; je
» puis dire impunément qu'elle est la
» plus belle dame de l'univers. S'ils n'a-
» voient pas cent fois prodigué cet éloge
» à qui ne le méritoit pas, je n'oserois
» le donner à celle que j'aime, *ce se-*

« *roit la trahir* ». Je ne finirois pas si je voulois citer tous les endroits où la monotonie du sujet est corrigée par des images gracieuses, ou par des traits pleins de sentiment : tel est le morceau que voici : « A la vue du rossignol qui caresse « sa fidelle compagne, qui prend dans « ses regards autant d'amour qu'il lui « en donne, qui chante si mélodieuse- « ment leurs plaisirs communs, je sens « passer dans mon ame toute la joie « qui les anime.... Heureux oiseaux ! « il vous est toujours permis de dire ce « que vous sentez ; & moi, retenu par « des loix que vous ne connoissez point, « je n'ose parler à celle que j'aime » !

Au reste, Monsieur, il me semble que pour nous mettre en état de juger du mérite des *Troubadours* & des *Fabliers*, on auroit dû produire les Chansons amoureuses, le tensons & les sirventes de ceux-ci ; les uns & les autres seroient entrés dans la lice avec des armes égales ; & par le succès, nous aurions jugé de la force & de l'art des Champions : mais on a mieux aimé laisser dans la poussiere ces productions insipides des *Fabliers* ; & l'attention qu'on a de les cacher, prouve combien elles étoient peu faites pour le grand jour.

En fait de Pastourelles l'Auteur n'en cite qu'une, & vraisemblablement il n'a pas choisi la moins intéressante. Je voudrois pouvoir la transcrire, & mettre à côté la premiere de *Giraud Riquier*; Vous verriez dans celle-ci, Monsieur, beaucoup de naturel & de vivacité dans le dialogue; de la naïveté dans les pensées, & quelquefois un retour sur ces pensées plein de finesse. Le caractere honnête de la bergere, & son enjouement répandent dans cette piece un charme que la Pastourelle françoise n'a pas. Le dialogue dans celle-ci est très brusque, & la bergere semble n'être redevable de sa vertu qu'à la crainte qu'elle a de son pere; en quoi l'Auteur a manqué d'art.

L'autre Pastourelle de Giraud Riquier se fait aussi lire avec plaisir; ainsi que celle qui est rapportée dans le tom. 2 des Troubadours, pag. 461: elle intéresse particuliérement par le naturel & la simplicité qui la caractérisent. L'art du dialogue est porté dans toutes les trois à un point, qui me fait croire que les

Fabl. t. 1. p. 109.

Troub. t. 3. p. 333.

T iij

Troubadours s'étoient exercés sur des sujets plus sérieux & plus relevés que les Chansons (*).

Ce seroit à présent le cas de vous parler des Contes de nos Troubadours : mais que puis-je ajouter à ce que j'en ai dit en parlant des plagiats des Trouveres ? Cependant, si vous êtes bien aise de connoître les seuls Contes Provençaux qui nous restent, lisez ceux de Pierre Vidal & de Raymond son fils. Ils sont en tout au nombre de quatre. Dans l'un Pierre donne des instructions à un Jongleur ; tantôt vous croirez entendre un Sage formé dans la meilleure compagnie ; tantôt un homme d'esprit, nourri de la lecture des meilleurs modeles.

T. 2. p. 290.
« N'imitez pas, lui dit-il, ces insipi-
» des Jongleurs, qui affadissent tout le

(*) Comme un des principaux mérites des pieces de théâtre, est l'art du dialogue, & l'expression marquée & soutenue des caracteres ; & comme ces qualités se font remarquer dans les Pastourelles des Troubadours, je croirois en effet qu'ils s'exercerent dans le genre dramatique. Nostradamus parle quelque part des tragédies d'un Troubadour.

» monde par leurs chants amoureux &
» plaintifs. Variez vos Chansons selon
» le temps, les lieux, & les personnes;
» changez à mesure que le siecle change;
» proportionnez-vous à la tristesse & à
» gaieté des auditeurs; évitez sur-tout
» de vous rendre méprisable par des
» récits bas & ignobles.

Je vous invite à comparer ce Jongleur avec les deux Ménestriers françois, dont il est parlé dans le premier tome des Fabliaux, pag. 299. Vous jugerez de la différence des deux Nations, par le mérite des personnes destinées à les amuser. L'une vouloit avoir des Jongleurs qui eussent du goût, des talents, des sentiments, de la conduite, de l'honnêteté: l'autre, qui est aujourd'hui la plus polie de l'Europe, celle qui met le plus de délicatesse dans ses amusements, se contentoit de misérables bouffons, faits tout au plus pour amuser la populace.

L'autre piece, de Pierre Vidal, est une allégorie pleine d'imagination, de détails poétiques & de descriptions agréables. *Ib. p. 292.*

Ce seroit vous ennuyer, Monsieur, que de vous faire l'analyse des deux *T. 3. p. 296.*

T iv

Contes de Raymond de Bezaudun. Le second, plaisant pour le fond, pourroit, sous une plume légere, devenir aussi intéressant que ces sortes de Poésies peuvent l'être.

Au reste, si vous aimez à connoître les mœurs du XIIIe. siecle, vous en trouverez une peinture vraie & naturelle dans tous ces Ouvrages. Il y regne une teinte de Chevalerie qui fait plaisir, & que n'ont pas les Ouvrages des Trouveres.

Voilà, Monsieur, ce qui éleve nos Troubadours au-dessus de leurs rivaux. Ce sont les Peintres des mœurs & des usages. L'esprit de leur siecle respire dans leurs Poésies. Vous le voyez ardent & impétueux dans les combats ; magnifique & libéral dans les Cours ; loyal dans les sociétés ; fidele dans les liens de l'amitié ; respectueux & tendre sous la loi de l'amour : mais vous le voyez aussi emporté dans la haîne ; grossier dans la jalousie ; satyrique dans le dépit ; destructeur dans le brigandage ; barbare dans le fanatisme ; cruel dans la vengeance ; en un mot, il s'y montre sous toutes les faces : & les Ouvrages des Troubadours forment un tableau, qui, malgré ses défauts, est précieux pour quiconque veut connoître l'homme, l'histoire, les familles, les usages & les mœurs.

En effet, combien d'anecdotes n'y trouve-t-on pas, touchant le caractere & la conduite privée des Princes & des autres personnes qui ont eu le plus de part aux événemens du temps? Combien de faits inconnus sur les Croisades; sur la guerre des Albigeois, sur les guerres particulieres de Seigneur à Seigneur? sur les légats du Pape, sur le clergé, sur les moines? Combien de lumieres sur tout ce qui regarde l'état des personnes, la vie privée des grands & des gens du peuple, leur éducation, les lettres & les arts (*)?

(*) Je ne trouve par exemple rien de plus intéressant que les instructions qu'Amanieu des Escas donne à un Damoiseau, & à une Demoiselle de qualité, sur la maniere dont ils doivent se conduire dans le monde. Vie des Troub. t. 3, p. 199 & suiv.

Les conseils que donne Arnaud de Marsan à un Chevalier, sur le même sujet, ont le même prix à mes yeux: indépendamment du mérite qu'il y a d'avoir mis cette matiere en vers, il faut convenir que ces pieces sont d'une utilité bien supérieure à tout ce qu'il y a dans les Fabliaux françois.

T v.

Ajoutez à cela tout ce que nous y apprenons touchant les anciennes familles, qui subsistent encore, & dont les ancêtres, à la faveur de ces poésies, reparoissent sur la scène avec un éclat que le temps avoit effacé. Vous les voyez briller à la guerre, & aux Tournois par leur courage; à la suite du Prince par leur fidélité; dans leurs châteaux, au milieu d'une Cour pleiniere, par leur magnificence; souvent ils entrent dans la lice des Troubadours, où tantôt armés de la latyre ils sont aussi naïfs que les Héros d'Homere; & tantôt aveuglés par l'amour, ils se montrent aussi tendres & aussi passionnés que les Héros de Romans.

Les fabliaux, Monsieur, ne présentent aucuns de ces avantages ni pour l'histoire générale, ni pour celle des familles. La nation y est absolument muette. Que nous offrent-ils pour nous dédommager? Je vous en fais le juge. Vous avez vu quel étoit leur mérite du côté de l'invention & des détails de poésie : vous êtes en état de décider à present, si c'étoit la peine d'en faire un titre aux provinces septentrionales pour les élever si fort au-dessus des nôtres, & leur donner à l'exclusion de celles-ci les *dons éminens de l'esprit; une vertu créative, la vigueur & la fécondité de production*. Toutes ces réflexions, qui ont pour objet de flatter une partie de la nation aux dépens de l'autre, sont aussi injustes que déplacées; & je suis surpris qu'elles aient échappé à l'Auteur, qui est trop versé dans l'histoire moderne, pour ignorer que le midi de la loire a vu naître plus d'un grand homme dont la France se glorifie.

Vous me demanderez peut-être, pourquoi avec touts ces avantages, les poésies des Troubadours sont ennuyeuses, & en général insuportables à la lecture? C'est qu'elles n'ont pu conserver dans le françois, les beautés qui sont propres à la langue Provençale : c'est que l'amour qui fut presque le seul sujet que les Troubadours traiterent dans leurs chansons, y répand une uniformité fatigante : on voit souvent dans la traduction françoise, les mêmes images & les mêmes tours, quoique dans l'original ils soient variés : d'ailleurs il faut l'avouer, la langue provençale n'ayant pas acquis dans le XIIe & le XIIIe siecle toute sa perfection, & les Poëtes ayant l'esprit peu cultivé, il leur étoit difficile de rendre les différentes nuances d'un sentiment qui

Histoire de Prov. t. 1. p. 119.

T vj

pour être bien peint demande des traits trop fins, & des combinaisons d'idées trop réfléchies. Ces poésies ne pouvoient donc rien avoir de neuf ni de piquant pour un siecle, qui jouit des poésies érotiques des anciens, & de tout ce que les modernes ont de plus agréable dans ce genre. Ainsi telles que nous les avons dans les traductions, vous ne devez pas les juger comme ouvrages de goût; mais les regarder comme des monuments précieux pour l'Histoire, & ce mérite rachete bien des défauts. Cependant je crois vous avoir prouvé, que comme poëtes, nos Troubadours étoient de beaucoup supérieurs aux fabliers; & si l'on vouloit faire un choix de leurs pieces, on pourroit en donner un volume in 12 qui seroit aussi agréable qu'instructif, & qui feroit honneur à notre ancienne Littérature.

Je finirai ici mes observations: il seroit aisé d'y ajouter; j'en laisse le soin à quiconque voudra l'entreprendre. C'est assez pour moi de vous avoir donné une preuve de mon zele pour la Patrie, & de ma déférence pour vous.

Je suis &c.

Marseille, le 11 Mars 1780.

INSCRIPTIONS.

Terroir de Brignolle vers le Luc.

N°. I.

IMP. CAES. M. AUR. PROBO.
P. F. INVICTO. AUG. P. M.
GERM. TRIB. P. IIII CONS III
PROCONS.....

A Cimiez.

N°. II.

P. SECUNDO. SEVERINO. M. F.
EQUITI. PUBLICO. IIII VIRO....
CURATORI. CEMENELENSIUM.
Q. ALIMENT........
. . . .
L. D. DECR. DECC.

N°. III.

C. ALBINO. C. F. FALER.
Q. II VIRO. ET. CURATORI
KALEN. PECUNIAE
CEMENELENSIUM.
L. D. DECR. DECC. CENIN.

N°. IV.

C. I. VALENTI. I. F.
VI VIRO. CIVIT. SALIN.
ALPIUM. MARITIMARUM.
PATRONO OPTIMO
TABERNARII. CEMENEL....

446. INSCRIPTIONS.

N°. V.
FLAVIO. VERINI. FIL. QU. *estori.*
ALBINO. DECURIONI. IIVIRO... *sa*
LIN. CIVITAT. IIVIRO.... *sor*
OJULIENS. FLAMINI. PROVIN... *ciæ*
ALPIUM MARITIMARUM. OPTIMO
PATRONO. TABERNAR. SALINIEN
POSUERUNT. CURANTIBUS. MATU...
.....NSUETO ET. ALBUCI....
....IMP. COMMODO. III. ET. AN... *tistio*
BURRO COSS.

A Falicon près Nice.

N°. VI.
JUNII COGNATI
ECOMAICI....FECER.

A Aspremot près Nice.

N°. VII.
M. ATTILIO. L. F. FALER. ALPINO
FLAMINI. DIVI. CAESARIS
NERVAE. PERPETUO
PATRONO. MUNICIPII.
TRIBUN. MILIT. COHORT.
LIGURUM.
D. D.

A Marie, Diocese & Comté de Nice.

N°. VIII.
IM. CAES.
CONSTANTINO
PIO. FELICI. INVICTO
AUGUSTO
XXII.

INSCRIPTIONS. 447

Au Villars Diocese & Comté de Nice.

M. A. ELPIDIO. M. F. AIPINO.   N°. IX.
PRAEF. MILIT. COHOR. 7. LIGUR.
ACCIA. C. FIL. VXOR. . . .

Au Puget, Diocese de Glandeves.

M. IVLIO. A. F. NIGRONI   N°. X.
PATRONO MUNICIPI.
. . . .
. . . .
QVO HONORE CONTENTVS
IMPENDIVM. REMISIT.

C. ATTILIO. M. F. FAL. .   N°. XI.
. . . .
. . . . . . PRAEF .
LEGIONIS. LIGUR. COHOR. 7.
HONORIS. CAVSA. LOCVS
EX DECR. . . . . .

A Nimes.

D. M.   N°. XII.
L. VELLOVDII
STATVTI. DEC.
SANIT. ET. DEC.
ORN. COL. AVG. N.
SEMPRON. STATVTA. PATRIS
PIISSIMI.

NOMBRE DES POSTES.

SUR LES GRANDES ROUTES DE PROVENCE.

D'Aix à Avignon.

D'Aix à Saint-Cannat, deux postes.
De Saint-Cannat au Pont royal, deux postes.
Du Pont royal à Orgon, deux postes.
D'Orgon à Saint-Andiol, une poste.
De S. Andiol à Avignon, deux postes & demie.
      Total, neuf postes & demie.

D'Aix à Antibes.

D'Aix à la Galiniere, poste & demie.
De la Galiniere à Porcioux, deux postes.
De Porcioux à Tourves, poste & demie.
De Tourves à Brignolles, poste & demie.
De Brignolles au Luc, deux postes & demie.
Du Luc à Vidauban, poste & demie.
De Vidauban au Muy, poste & demie.
Du Muy à Frejus, deux postes.
De Frejus à l'Esterel, deux postes.
De l'Esterel à la Napoule, poste & demie.
De la Napoule à Antibes, deux postes & demie.
      Total, vingt postes.

D'Aix à Tarascon.

D'Aix à Orgon, six postes.
D'Orgon à Saint-Remy, deux postes.
De Saint-Remy à Tarascon, deux postes.
      Total, dix postes.

D'Aix à Toulon.

D'Aix à Roquevaire, trois postes.
De Roquevaire à Cujes, poste & demie.
De Cujes au Beausset, deux postes.
Du Beausset à Toulon, deux postes.
    Total, huit postes & demie.

D'Aix à Marseille.

D'Aix au Pin, deux postes.
Du Pin à Aix, deux postes.
    Total, quatre postes.

De Marseille à Toulon.

De Marseille à Aubagne, deux postes.
D'Aubagne à Cujes, une poste & demie.
De Cujes au Beausset, deux postes.
Du Beausset à Toulon, deux postes.
    Total, sept postes & demie.

De Toulon au Luc, pour aller prendre la route d'Antibes.

De Toulon à Cuers, deux postes & demie.
De Cuers à Pignan, deux postes.
De Pignan au Luc, poste & demie.
    Total, six postes.

Distances des principaux lieux.

D'Aix à Antibes, 24 lieues de Provence.
D'Aix à Saint-Remy, . . 10.
 A Tarascon, . . 13.
 A Vence, . . 26.
 A Apt, . . . 8.
 A Arles, . . 12.
 A Aubagne, . . 8.

D'Aix. . . .	A Avignon, . .	12.
	A Aulps, . .	14.
	A Barcelonette, .	26.
	A Barjols, . .	10.
	A Brignolle, . .	9.
	A Carpentras, . .	16.
	A Castellane, . .	21.
	A Digne, . . .	16.
	A Draguignan, .	16.
	A Entrevaux, . .	26.
	A Fréjus, . . .	15.
D'Aix. . . .	A Grasse, . . .	23.
	A Gréouls, . .	8.
	A Lorgues, . .	14.
	A Manosque, . .	6.
	A Marseille, . .	5.
	A Nice, . . .	29.
	A Riez, . . .	12.
	A Salon, . . .	5.
	A Senez, . . .	25.
D'Aix. . . .	A Sisteron, . .	16.
	A Saint-Maximin, .	6.

Noms des lieux mentionnés dans ce Voyage; & quelques noms propres.

A.

Aigues, la Tour (d') Seigneurs qui l'ont possédée, p. 69
Aix. Ancienneté, & curiosités de cette ville, page 36 & suiv.
Alaunium. Sa position, 97
Albiose & *Alebece*, 87
Alloz, 279, 367
Anatilii, (les) Leur position, 133
Antibes. Antiquités de cette ville, & ses curiosités, 139, & suiv.
Arc, (l') fameux par la bataille de Marius, 74
Arles. Fondation, antiquités & curiosités de cette ville, 110
Arluc. Sa position, 235
Aspremont, 264
Athenopolis, colonie grecque Sa position, 221
Auban, (St) lieu remarquable près de ce village, 277
Avatici, (les.) Leur position, 133
Avignon. Ancienneté & curiosités de cette ville, 13 & suiv.

B.

Beaugencier, 295
Beaume, la (Ste) description de ce lieu, 56
Beririni, (les.) Leur position, 273
Bormani, (les.) Leur position, 202
Bormes, idem.
Bormettes, 206
Briançon, ses antiquités, 275
Brignolles, 63

C.

Cabasse ; lieu pittoresque près de ce village,	206
Cadenet. Ses antiquités,	66
Cadenet, le Troubadour,	67
Calissane,	122
Canal de crapone,	142
Cannat, (St)	29
Cannes, son ancien nom,	236
Canet. (le) Son ancien nom,	216
Carces,	207
Cassis, son ancien nom,	172
Cassini J. Dominique,	261
Castellane, origine de cette ville,	285
Catulaca, sa position,	81
Ceireste,	175
Chamas, (St) ses antiquités,	133
Champtercier,	105
Ciotat, (la)	174
Cimiez, ses antiquités,	259
Cogolin,	206
Collobrieres,	204
Colmars,	279
Commoni. (les) Leur position,	202
Cotignac,	215
Corail. Sa génération,	173
Curbans,	95

D.

Dauphin. Ses mines de charbon,	100
Deciates, (les) Leur position,	252
Diocese d'Apt,	74
D'Arles,	10
De Digne,	106
De Fréjus,	206

De Glandeve, 172
De Grasse, 233
De Marseille, 149
De Nice, 254
De Senez, 279
De Sisteron, 94
De Toulon, 184
De Vence, 250
Draguignan, 230
Durance. La. Inégalités de cette riviere, 25

E.

Estini, les. Leur position, 266
Eguituri, (les) Leur position, 267
Entrevaux, 273
Escragnolle, 231
Esterel ; Histoire-Naturelle de cette montagne, 227
Esteron. Etymologie de son nom, 267

F.

Fallicon, 264
Ferrieres, 117
Fonvieille, 124
Forcalquier, son ancien nom, &c. 99
Foz, Plage de, 129
Fosses de Marius, 133
Fréjus, 221

G.

Gabriel. (St) Son ancien nom, 146
Gapeau, 106
Gassendi, 106
Gemenos, 177
Glandeves. Evêché, 275
Gordes, 80
Grasse, ville, 233

Graffe, Notre-Dame de, 213
Gréouls, ſes eaux minérales, 88

H.

Hyéres, 195

I.

Iſle de (St) Marguerite, 245
Iſtre, 121
Iſſole, 279

J.

Jonquieres, 137
Julius Agricola, 227

L.

Lambeſc, 27
Lanſon, 140
Le.ins, Abbaye de, 234
Loup, (le) riviere, 252
Lorgues, 210
Lurs, 103

M.

Manne, 100
Manoſque, idem.
Marguerite, Iſle de (Ste) 245
Marié, 266
Marignane, 118
Maritima, 135
Martigues, (le) 137
Mas, (le) 277
Maſque de fer, le priſonnier au, 246
Maſſillon, 195
Maximin, (St) 55
Meyrargues, 72
Monaco, 263
Mons, 231
Mouſtiers, 90

NOMS DES LIEUX.

N.

Nans,	61
Napoule, (la)	236
Nerufi, (les)	252
Nementuri, (les)	266
Nice,	255
Noftradamus,	141
Noves,	26

O.

Olbia,	200
Ollioules,	184
Oxibii, les	233

P.

Paul, le Chevalier,	188
Peliffane,	29
Pennes, (les)	170
Penne, (la)	273
Peyrefc,	195 & 277
Pierrefeu,	204
Pilon, le (St)	56
Porcellet,	119
Pourrieres,	54
Provence, (la)	1
Puget de Theniers, (le)	267

R.

Ramatuelle,	179
Remy, (St)	143
Reveft, (le)	96
Riez,	83
Rognac,	198
Rouffillon,	75

S.

Sabran, Garfende de,	65
Salinæ,	284
Sallon,	141
Senez,	283
Signe,	178

Sisteron, 94
Sixfours, 184
Sorgue, (la) 21
Stoecades, isles, 100
Stoublon, 89
Suetri, (les) 267

T.

Tarascon, 147
Tauroentum, 174
Toronet, (le) 210 & 230
Toulon, 185
Tourves, 61
Touloubre, 118
Triullati, (les) 278
Tropez, (St) 219
Turbie, (la) 263

U.

Ubaye, 280
Utel, 265

V.

Vançon, 96
Var, (le) 252
Veamini, 278
Vaucluse, (fontaine de) 20
Veaugine, 81
Vediantii, (les) 261
Velauni, (les) 252
Vence, 252
Verdon, 279
Verignon, 88
Viens, 81
Villars, (le) 266
Villars, Duché-pairie 80
Villecroze, 209
Vintimille, 263
Volx, 100

Fin de la Table.

www.ingramcontent.com/pod-product-compliance
Lightning Source LLC
Chambersburg PA
CBHW072128220426
43664CB00013B/2171